大学生の
学びをつくる
New Basics for
Collegiate Learning

企業と社会が見える
経営学概論

井上秀次郎・安達房子 編

大月書店

はじめに

初めて経営学を学ぶ人のために

　読者のみなさんのなかには，これまで経営学を学んだ人はほとんどいないでしょう．けれども自分の身の回りには，家族や親戚，またあなた自身もバイトで働いているとか，誰かが経営しているなどということがあるのではないでしょうか．そしてそこには会社があり，その会社では働いている人がいて，またそこで商品を買う人もいます．またテレビや新聞，ネットなどで経済や企業のこと，経営のことを見たことがあるでしょう．じつは，みなさんは，身近に，たとえば高校で「政治・経済」だけでなく，「日本史」「世界史」や「地理」などでも経営に関することを学習してきているのです．日本史・世界史では，近代資本主義の成立などで始まり，三井・三菱・住友などの財閥や新紙幣の肖像に決まった実業家の渋沢栄一，西欧諸国が貿易のためにつくった東インド会社など，また地理では，グローバル化による国内経済・産業の空洞化，自動車の普及や地方経済の衰退などからくる環境変化や街づくりと地域の地場産業や商店街問題などの課題等，多くの企業・経営関係のことを学んできています．大学の経営学も，まずこういったところから学んでいきます．本書は，これまで見聞きし高校などで学んできた学習内容と，これから専門的に学ぶ経営学への入門をめざしたものです．

この本の構成

　本書は，まず序章で高校までの学習との橋渡しとして「企業と社会」について述べ，ついで三部構成の「第Ⅰ部　経営学の基礎」で，経営学とは何かを学ぶために，経営学の性格やこれまでの歴史と学派・学説，経営形態やティラーやフォードなどが生み出した近代経営学の歴史的発展，経営管理各論など，経営学についてこれだけは知っておいてほしい基礎的内容を述べています．

　「第Ⅱ部　現代経営学の各領域」では経営学の専門科目としての各論，たとえば経営組織，経営戦略，生産システム，人事管理などについて学びます．

「第Ⅲ部　現代企業の諸問題とその展開」では，日本の代表的な企業であるトヨタ自動車，データ改ざんなどで問題となった生産現場の組織と管理，情報ネットワークと組織の改革，巨大化したIT経営の問題，企業のグローバル化と反グローバリゼーション，そして終章で企業の倫理とこれにたいする企業の社会的責任など，現代の企業がかかえているいくつかの重要な問題について学びます．

本書の利用の仕方

本書は読者である皆さんの日常的な学習への便宜や授業課題（論文やレポート作成），就活や研究者の道に進む人たちなどにたいしてできるだけ使いやすくするための工夫を豊富に盛り込みました．本文には，重要な用語には欧文を加え，［論点］を入れ，学習や研究の便宜のために経営学史年表などをつけました．このことによって経営学の歴史と学説，現代の企業・経営の基本的な事項を資本主義の原理や仕組みとの関連で学ぶことができます．学生だけでなく，院生や研究者にとっても本書は役立つものと期待しています．

また実際に企業で働いている人や，これから起業したい人，投資家など社会人にとってもビジネス教養として基礎知識が学べるようにしています．経営学に興味をもつすべての人が，本書全体を読むことによって，基本的な経営学の修得やそれを学ぶ面白さ，意味を実感してほしい．そして今後の経営学の学修をより深めていってほしい．それがこの本の執筆者に共通する思いです．

最後に，本書の出版には，大学の同僚や指導教授，また管理論研究会の諸先生方にもさまざまな指導や援助を受けました．近年，出版事情が厳しいなかで本書を出版してくださった大月書店の中川進社長をはじめ編集者の森幸子氏にもあらためてお礼を申し上げます．

編者　井上秀次郎

安達　房子

目 次

はじめに（井上秀次郎・安達房子）　003

　経営学史年表ガイド（井上秀次郎・安達房子）　010
　　経営学史──学びと研究　　経営学史体系順主要項目一覧
　　資本主義の歩み　　経営学史年表

序　章　企業と社会 （井上秀次郎）⋯⋯⋯⋯⋯⋯⋯⋯⋯021
　　企業 ／ 企業を中心とした現代社会 ／ 社会的存在としての企
　　業 ／ 二重構造から格差拡大社会へ ／ 経済のグローバル化の
　　進展 ／ 巨大IT企業の出現

第 I 部　経営学の基礎

第1章　経営学の歴史と学説 （井上秀次郎・安達房子）⋯⋯⋯⋯034
　　1. 経営学への招待 ⋯⋯⋯⋯⋯⋯⋯⋯⋯⋯⋯⋯⋯⋯⋯⋯034
　　　研究方法論を考える ／ 研究方法 ／ 学としての経営学 ／
　　　経営学の性格 ／ 経営学の成立
　　2. 経営学史 ⋯⋯⋯⋯⋯⋯⋯⋯⋯⋯⋯⋯⋯⋯⋯⋯⋯⋯039
　　　ドイツ経営学のあゆみとその特徴 ／ アメリカ経営学のあゆみと
　　　その特徴
　　3. 現代経営学説 ⋯⋯⋯⋯⋯⋯⋯⋯⋯⋯⋯⋯⋯⋯⋯⋯042
　　4. 経営学史（日本）⋯⋯⋯⋯⋯⋯⋯⋯⋯⋯⋯⋯⋯⋯⋯048
　　　日本の経営学の成立 ／ 日本の現代経営学説
　　論点 19世紀中葉のイギリスの状態とその観察
　　　──エンゲルスとナイチンゲール ⋯⋯⋯⋯⋯⋯⋯⋯⋯054

第2章　経営形態の歴史的発展 （柴田努）⋯⋯⋯⋯⋯⋯⋯056
　　1. はじめに ⋯⋯⋯⋯⋯⋯⋯⋯⋯⋯⋯⋯⋯⋯⋯⋯⋯⋯056
　　2. 経営形態論と企業形態論 ⋯⋯⋯⋯⋯⋯⋯⋯⋯⋯⋯⋯058
　　3. 経営形態の発展 ⋯⋯⋯⋯⋯⋯⋯⋯⋯⋯⋯⋯⋯⋯⋯060
　　　協業 ／ 分業とマニュファクチュア ／ 機械制大工業

4. 企業形態の発展と現代資本主義……………………………**067**
  企業形態 ／ 株式会社の発展と経営者支配 ／ 現代資本主義と
  M&A
5. おわりに……………………………………………………**072**

第3章　生産管理の歴史的発展 （牧良明）……………**074**
  1. 経営学における生産管理………………………………**074**
  2. 科学的管理法……………………………………………**075**
  科学的管理法が課題とした組織的怠業 ／ 熟練研究による作
  業内容の「科学化」／ 分離された構想と実行の「再統合」／ テ
  イラーが思い描いた労使対立の「克服」と「精神革命」
  3. フォード・システム……………………………………**081**
  フォード・システムの歴史的位置づけ ／ フォード・システム
  による流れ生産の実現 ／ フォード・システムにおける同期化
  原理と標準化 ／ フォード・システムの労働負担
  4. 科学的管理法とフォード・システムの関係…………**085**
  5. 科学的管理法とフォード・システムが残した課題……**086**

第4章　経営管理論の展開 （井上秀次郎）……………………**088**
  1. 経営の管理過程と経営職能……………………………**088**
  経営職能と管理過程 ／ 近代的経営管理の成立
  2. 生産過程の経営管理……………………………………**092**
  生産計画 ／ 原価管理 ／ 在庫管理
  3. 流通過程の経営管理……………………………………**095**
  流通過程の経営管理 ／ 価格管理
  4. 財務過程の経営管理……………………………………**099**
  株式会社の資金調達と運用 ／ 予算統制の成立 ／ 全般的管理
  ／ 資金管理

第Ⅱ部　現代経営学の各領域

第5章　現代企業の経営組織 （安達房子）……………………106
  1. 組織………………………………………………………106

公式組織 ／ 非公式組織

  2. サイモン理論における意思決定, 組織影響力,
    組織均衡 ･･ 108
    意思決定 ／ 組織影響力 ／ 組織均衡

  3. 経営組織の形態 ･･ 111
    基本形態 ／ ネットワーク型組織の進展

  4. 環境と組織 ･･ 115
    コンティンジェンシー・アプローチ ／ 戦略と組織の関係

  5. 組織文化, 組織学習, 組織的知識創造 ･･･････････････････････ 116
    組織文化 ／ 組織学習 ／ 組織的知識創造

第6章　現代企業の経営戦略 (岩橋建治) ･･････････････････････ 122

  1. 経営戦略 ･･ 122

  2. 企業戦略 ･･ 124
    企業戦略の構成要素 ／ 多角化の種類 ／ 事業ポートフォリオ

  3. 競争戦略 ･･ 130
    五つの競争要因 ／ 三つの基本戦略とバリュー・チェーン ／
    コア・コンピタンス

  4. 環境変化と経営戦略 ････････････････････････････････････ 135
    イノベーションと経営戦略 ／ アライアンスと経営戦略 ／
    経営戦略と社会

  論点 ザ・トゥルー・コスト ･･････････････････････････････････ 141

第7章　現代企業の生産システム (井上秀次郎) ･･････････････ 142

  1. 生産システムの意義と機能 ･･････････････････････････････ 142

  2. 生産システムの日本的特殊性 ････････････････････････････ 144
    日本的生産システムの形成 ／ 世界標準としてのディーセントワー
    ク

  3. 品質管理 ･･ 147
    品質管理の展開 ／ 乖離品質の本質 ／〔補論〕統計的管理状態と
    中心極限定理

  論点 生産的労働と事務労働 ･･････････････････････････････････ 152

第8章　現代企業の人的資源管理 （木村三千世）………………156

1. 変化する雇用のマネジメント …………………………156
   雇用形態 ／ 採用活動 ／ 採用後の雇用管理

2. 労働時間・賃金のマネジメント ………………………160
   労働時間管理 ／ 賃金管理 ／福利厚生

3. 人材マネジメント ………………………………………165
   評価制度 ／ 目標管理 ／ 能力開発

4. 働き方改革 ………………………………………………168
   新たな働き方 ／ 健康経営をめざして

第Ⅲ部　現代企業の諸問題とその展開

第9章　トヨタ生産方式とその発展 （木野龍太郎）……………174

1. トヨタ生産方式の基本理念 ……………………………174
2. ジャスト・イン・タイム生産 …………………………176
3. 生産の平準化とサイクル・タイム ……………………181
4. ニンベンのある自働化と改善 …………………………184
5. トヨタ生産方式の他分野への応用……………………187
   論点 日本の産業の基礎となった繊維産業……………………190

第10章　労働組織再編と現場管理の展開 （永田瞬）………192

1. 日本的生産システムの特質 ……………………………192
   日本的生産システムの特質 ／ 現場労働者の働き方 ／ 日本的
   生産システムの歴史的・社会慣行上の位置

2. 企業主義的協調組合の成立過程………………………195
   生産管理闘争から経済復興会議へ ／ 輪番制と生産コントロー
   ル ／ 鉄鋼業における合理化と作業長制度 ／ 企業主義的協調
   組合の成立

3. 現場労働者の技能形成と労働負担……………………200
   付加価値をともなう作業の最大化 ／ 作業スピードの決定 ／
   現場労働者の機能形成の限界 ／ 労働負担と労働強化

4. おわりに …………………………………………………204

第11章　情報化と企業の変革 （安達房子）・・・・・・・・・・・・・・・・・・・・207

1. 情報システムの基本的な概念・・・・・・・・・・・・・・・・・・・・・・・207
データ・情報・知識 ／ 情報システム ／ 情報システムのICT活用

2. e ビジネス・・・・・・・・・・・・・・・・・・・・・・・・・・・・・・・・・・・・213
ICTの進展とeビジネス ／ eビジネスの動向 ／ プラットフォーマーの興隆と問題点

第12章　現代企業のグローバル化 （森原康仁）・・・・・・・・・・・・219

1. はじめに・・・・・・・・・・・・・・・・・・・・・・・・・・・・・・・・・・・・219

2. 多国籍企業とは何か・・・・・・・・・・・・・・・・・・・・・・・・・・・220
表現の揺れとグローバル化の進展 ／ 多国籍企業の定義

3. 直接投資を説明する理論・・・・・・・・・・・・・・・・・・・・・・・222
なぜ多国籍企業は直接投資をおこなうのか ／ 多国籍企業はどのような戦略をとるのか

4. 現代企業のグローバル化・・・・・・・・・・・・・・・・・・・・・・・225
多国籍企業のつくりだす企業内国際分業 ／ 出資をともなわない国際事業活動 ／ 独占的競争の現実

5. グローバル・バリューチェーンと経済摩擦・・・・・・・・・・229

論点　技術進歩と「雇用なき成長」・・・・・・・・・・・・・・・・・・・・・・・・233

終　章　現代の企業統治と倫理・社会的責任 （芳澤輝泰）・・・・・235

1. 企業統治・・・・・・・・・・・・・・・・・・・・・・・・・・・・・・・・・・・235
経営者の専横と株主権益の侵害 ／ 現代企業の大規模化と社会性の増大 ／ 企業統治構造

2. 企業倫理・社会的責任・・・・・・・・・・・・・・・・・・・・・・・・241
企業倫理 ／ 企業の社会的責任

3. 企業不正と機関・制度の形骸化・・・・・・・・・・・・・・・・・243

事項索引　247

人名・企業名・機関名索引　255

欧文索引　257

経営学史年表ガイド

▶ 経営学史——学びと研究

　経営学においては，他の社会科学とは異なり，ドイツ経営学やアメリカ経営学，あるいは日本経営学など，国別に発展し学説が生まれてきた．経営学はしばしば「独占の申し子」ともいわれるように，一般にどこの国でも資本主義経済のある特定段階，すなわち独占的競争の段階に照応して求められ，顕在的に形成されたものである．それゆえ，経営学は最初に独占資本主義が成立したドイツにおいて確立した．商業は商品と貨幣が存在しているところではどこでも成立しうる．日本では，江戸時代の井原西鶴『日本永代蔵』（1688年）に，町人の商人による商売の才覚が披露されている．重商主義の時代に入ると，ドイツでは官房学派が隆盛し，ロイクス（Leuchs, J. M.）らの商取引学の体系化がおこなわれ，のちの商科大学の設立や商事経営学（商業学）の成立へと導いた．

　独占資本主義の支配的な資本は，自由主義段階における産業資本にたいして，金融資本であり．経営学は，経営形態としてだけでなく，企業形態としての組織も整うことが必要である．アメリカ経営学の成立は，一方で1830年代から始まる地方鉄道の建設，50年代の幹線鉄道，60年代の大陸横断鉄道へと発展し，同時に鉄道建設からくる鋼レール需要や交通の利便の向上などによる，一大産業構造の確立があり，他方で，この鉄道建設を支える金融資本が形成される．資本集中と支配集中の二大集中機能をもつ株式会社制度が急速に拡大していった過程で成立したのである．

　さて，以上はいわば時間と空間による段階論的な規定である．「旧社会のうちに多かれ少なかれ発展してきていた商品経済が，資本家的に発展する条件を確保すればよいので，それまでのその国の歴史やまた資本主義的生産方法を輸入する時期，時代によって種々異なるのが当然」（宇野弘蔵『資本論の経済学』岩波書店，1969年，70ページ）なのである．現状分析においては，現

実の社会に資本主義の原理がそのまま直接的に機動するわけではない．人間社会では国の政策や環境変化，企業の戦略などによって人為的な操作や市場・競争がつねにゆがめられることになる．したがってある経営理論もその根拠となる土台（社会の経済的構造）が変化すれば，この土台によって規定される上部構造（文化やイデオロギー，理論・学説など）もこれまでの理論・学説は限界となり，修正・新説を余儀なくされる．たとえば旧来の日本的経営を根拠に生まれてきた経営理論は，新しい「日本的経営」に依拠した経営理論につくりかえなければ，理論としての根拠を失うことになる．

　たしかに普遍的経営原理なるものがあるように想起されるが，それは使用価値を生産する労働過程としての側面であり，一般に経営という場合，その労働過程と価値増殖過程との統一体である経営組織体のことであり，経済原理としてならともかく，競争原理を前提として存在する企業・経営体に普遍的な経営原理などは存在しない．もし経営学と経済学とを区別するならまさにこの点にあるといえるのではなかろうか．

（井上秀次郎・安達房子）

経営学史体系順 主要項目一覧

（数字は本書のページ数）

経営学史……39

　研究方法論……34・36

　経営学を学ぶ人のために……3

　学としての経営学……37

　経営学の性格……38

　経営学の成立……38

　経営学説……42

　経営管理論……88

　ドイツ経営学……39

　アメリカ経営学……40

　批判経営学……52

　日本の経営学……48

　経営戦略論（日本）……50

　組織学習理論（日本）……49

　集団的経営意思決定論（日本）……50

　知識創造理論（日本）……50・120

　中小企業論（日本）……51

　日本の経営理論の課題と展開……51

経営学派・経営学説……42

　人間関係論学派……43

　社会システム論学派……43

　協働体系論学派……43

　サイモン理論学派……108

　意思決定論学派……44・108

　状況の法則……42

　コンティンジェンシー理論……45・115

　労働過程論……45

　ポスト・フォーディズム論争……46

　経営戦略論……46

　労務管理（論）……165

　人事管理論……47

　人的資源管理論……47

経営史

　企業……21

　経営形態……58・60

　協業……61

　分業とマニュファクチュア……62

　機械制大工業……64

　企業形態……58・67

　株式会社……69

　経営者支配……69

　生産管理史……74

　科学的管理法……75

　フォード・システム……81

　トヨタ生産方式……174

　経営管理史……88

　近代的経営管理の成立……90

　予算統制の成立……100

　全般的管理……101

　多国籍企業……220

　生産システム（日本）……144・192

　作業長制度……198

　技能形成……200

　繊維産業の意義（日本）……190

資本主義のあゆみ

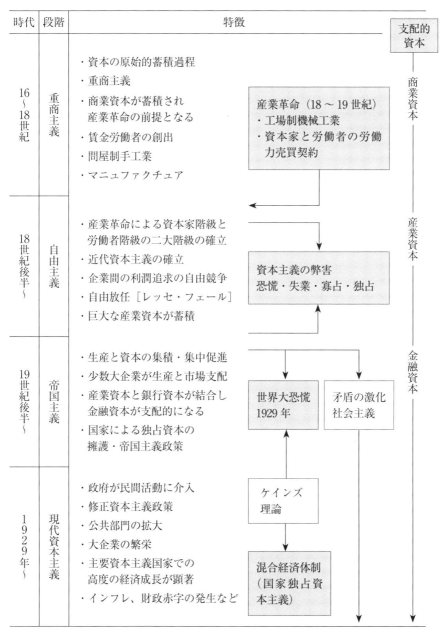

(出所) 実教出版編修部編『新政治・経済資料〈2016〉』(三訂版, 実教出版, 2016年), 196ページ.
(注) 収録にあたって, もとの図表の上下左右など一部を変更した.

経営学史年表ガイド

経営学史年表

年代	人名	書名等	領域・分野	学説・理論・時代　参照
重商主義の時代				
1455	グーテンベルク	『グーテンベルク聖書』	加圧式印刷術の発明	グーテンベルクと聖書
1494	ルカ・パチョーリ	『簿記論』	会計学	史上初の簿記書
1675	サヴァリー	『完全な商人』	商業学・ドイツ経営学	商業学の集大成
1739	石田梅岩	『都鄙問答』	経営学史（日本）	日本の経営書の古典
産業革命の時代				
1776	アダム・スミス	『国富論』	分業論	見えざる手
1785	ケネー	『経済表』	重農主義	資本主義成立期
1811〜	ラダイト	ラダイト運動（1811〜17年）	労働運動論	機械打ちこわし運動
1813	オーエン	『新社会観』	空想的社会主義	ニューラナークに工場建設
1817	リカード	『経済学および課税の原理』	自由貿易論	資本主義成立期
自由主義の展開				
1832	バベッジ	『機械と生産の経済について』	工業経営論・生産管理論	科学的管理の先駆者
1845	エンゲルス	『イギリスにおける労働者階級の状態』	マルクス経済学	イギリス資本主義成立期の状態
1855	クールセル＝スヌイユ	『工商農企業の理論と実際』	フランス経営学	企業者職能の資本と労働の結合
1860	ナイチンゲール	『看護覚え書』	看護学	資本主義成立期の生活環境
1867	カール・マルクス	『資本論』	マルクス経済学	資本主義の経済原理
1868	エミングハウス	『一般工業経営論』	ドイツ経営学・工業経営学	私経済学
1871	ジェヴォンズ	『経済学原理』	近代経済学	限界効用学派
帝国主義の時代				
1873	ヴェブレン	『有閑階級の理論』	経営学・株式会社論	制度学派的経営学
1886	タウン	『経済家としての技師』	労務管理論・生産管理論	成行管理・体系的管理
1890	マーシャル	『経済学原理』	近代経済学	新古典学派・ケンブリッジ学派
1900	エマーソン	『作業と賃金の基礎としての能率』	労務管理論・生産管理論	東武鉄道運賃率事件で証言
1901	ハルシー／ローワン	『割増賃金制』	労務管理論・生産管理論	成行管理・体系的管理
1903	テイラー	『工場管理』	労務管理論・生産管理論	科学的管理学派
	スコット，W. D.	『広告の理論』	広告の心理学	広告心理学
1904	ウェーバー	『プロテスタンティズムの倫理と資本主義の精神』	産業社会学	官僚制論，合理的組織モデル
1904	坂西由蔵	『企業論』	経営学	日本経営学の前史
1910	ガント	『労働，賃金，利益』	労務管理論・生産管理論	科学的管理学派
1911	ギルブレス	『動作研究』	労務管理論・生産管理論	科学的管理学派
	テイラー	『科学的管理の原理』	労務管理論・生産管理論	科学的管理学派
	シェアー	『一般商業経営学』	ドイツ経営学	規範学派・静態論
1912	ニックリッシュ	『一般商事経営学』	ドイツ経営学	私経済学、経営経済学
	シュンペーター	『経済発展の理論』	経済学・経営学	イノベーション論の展開
	神田孝一	『実践工場管理』	生産管理論	日本における科学的管理の実践
1913	ミュンスターベルク	『心理学と産業能率』	ドイツ経営学・産業心理学	職業能力適性テスト

年代	人名	書名等	領域・分野	学説・理論・時代　参照
1913	上田貞次郎	『株式会社経済論』	経営学・株式会社論	商業学を科学としての経営学へ
	池田藤四郎	『無益の手数を省く秘訣』	科学的管理の紹介者	能率研究運動
1914	ディートリッヒ	『経営科学』	ドイツ経営学	規範学派・労働共同体論
	チャーチ	『経営管理の科学と実際』	経営管理論	経営職能＝決定職能と管理職能
1915	井関十二郎	『商店経営法』	経営学	科学的管理、ファヨールを紹介
	ショウ	『市場流通における若干の問題』	マーケティング論	マーケティングの理論的体系化
1916	ガント	『ガント式工場管理法』	生産管理論	産業技術コンサルタント
1917	ファヨール	『産業並びに一般の管理』	経営管理論	管理過程学派
1919	上野陽一	『人及事業能率の心理』	生産管理論・労務管理論	産業能率論・人事管理論
	シュマーレンバッハ	『動的貸借対照表論』	ドイツ経営学・会計学	経営経済学・技術論
1920	ティード／メトカーフ	『人事管理』	人事管理論	科学的管理の先駆者
	カレル・チャペック	『RUR　ロッサム万能ロボット会社』	経営情報論・労務管理論	戯曲『RUR』で「ロボット」という言葉を創出
1922	マッキンゼー	『予算統制』	財務管理異論・管理会計論	全般的管理としての予算統制
1924	アルフォード	『マネジメント・ハンドブック』	経営管理論管理原則体系	ＡＳＭＥの発展に寄与
	フォレット	『創造的経験』	経営組織論・人間関係論	人間関係論学派
	シェルドン	『経営のフィロソフィー』	イギリス経営学	哲学倫理と経営者の社会的責任
1926	フォード	『フォード経営』	労務管理論・生産管理論	フォーディズム（フォード主義）
1927	淡路円次郎	『職業心理学』	産業心理学	職務分析，適性検査による人事
	暉峻義等	『社会衛生学』	労務管理論・労働科学	労働科学・社会衛生学
	馬場敬治	『産業経営理論』	経営組織論	経営組織の組織理論
1928	レーマン	『経営経済学総論』	規範学派	付加価値生産・配分論
	リーガー	『私経済学入門』	ドイツ経営学	理論学派・私経済学
	エルマンスキー	『合理化の理論と実際』	生産管理論・労務管理論	社会主義企業の合理化問題
	ディビス	『工場組織と管理の諸原則』	古典的組織論・管理論	管理過程学派の職能論

現代資本主義

年代	人名	書名等	領域・分野	学説・理論・時代　参照
1929	小林多喜二	『蟹工船』	プロレタリア文学	労働者階級の置かれている実態
	池内信行	『経営経済学の本質』	経営経済学	経営経済学史研究
	シュミット	有機的貸借対照表論	ドイツ経営学・会計学	財産計算と成果計算との峻別
	増地庸治郎	『経営経済学』	経営経済学	ドイツ経営学，アメリカ経営学も
	メレロヴィッツ	『一般経営経済学』	ドイツ経営学・管理会計論	予算統制，原価計算
1930	野呂栄太郎	『日本資本主義発達史』	日本経済史・中小企業論	資本主義論争・中小資本の解明
1931	ムーニー／ライリー	『前進する産業』	経営組織論	古典的組織論の体系化
	中西寅雄	『経営経済学』	批判経営学	個別資本説の提唱者
	宮田喜代蔵	『経営原理』	生産管理論	フォード・システムの原理
	シュハート	『工業製品の品質の経済的管理』	生産管理論・品質管理論	品質のバラツキ管理
1932	シュッツ	『社会的世界の意味構成』	現象学的社会学	現象学，実業界で活躍

経営学史年表ガイド　　15

年代	人名	書名等	領域・分野	学説・理論・時代　参照
1932	バーリ／ミーンズ	『近代株式会社と私有財産』	経営学	専門経営者論
	バベッジ	『機械マニュファクチュア経済論』	生産管理論・経営情報学	コンピューターの創始者
1933	メイヨー	『産業文明における人間問題』	労務管理論・経営組織論	人間関係学派・ハーバード学派
	大塚一朗	『経営経済学総論』（メレロヴィッツの翻訳）	ドイツ経営学	商工経営学・工業経済学を講ず
	ノイッペル	『利益工学』	管理会計論・財務管理論	損益分岐点分析の先駆者
	シェーンプルーク	『個別経済学の方法問題』	ドイツ経営学	規範・技術・理論の各学派分類
1934	山田盛太郎	『日本資本主義分析』	日本経済史	日本資本主義争・講座派
	ノルトジーク	『経営組織論』	ドイツ経営学・経営組織論	職務論、組織構造・組織過程
	コモンズ	『制度経済学』	制度派経済学	適正な資本主義
	平野義太郎	『日本資本主義社会の機構』	日本経済史	日本資本主義争・講座派
1935	小島昌太郎	『経営学論』	保険、海運の経営学	経営学会の創立時からの理事
	レヴィン	『パーソナリティの力学説』	集団力学、社会心理学	グループ・ダイナミックス研究所
1936	ケインズ	『雇用・利子及び貨幣の一般理論』	近代経済学	修正資本主義論
	ホワイトヘッド	『自由社会におけるリーダーシップ』	経営組織論	人間関係論思考を労働者指導へ
	古林喜楽	『経営労務論』	批判経営学	三位一体論：労働・労働力・労働者
1937	酒井正三郎	『経営技術学と経営経済学』	経営学	主体的：実践的科学の経営学
1938	バーナード	『経営者の役割』	経営組織論	近代組織論・経営意思決定論
	佐々木吉郎	『経営経済学総論』	批判経営学	ドイツ経営学研究
	向坂逸郎	『日本資本主義の諸問題』	日本経済史	日本資本主義争・労農派
1939	上野陽一	『能率ハンドブック』	生産管理論	産業能率大学の創始者
1941	フォレット	『動態的管理』	人事管理論	状況の法則・統合の原則
	バーナム	『経営者革命』	経営学	経営者支配論
	レスリスバーガー	『経営と勤労意欲』	人間関係論	社会人モデルを提唱
1943	桐原葆見	『月経と作業能力』	労働科学	他に『産業心理学』（1921）など
	アーウィック	『経営の法則』	経営管理論	管理過程論学派・リーダーシップ論
1944	ノイマン／モルゲンシュテルン	『ゲームの理論と経済行動』	数学・経済学	ゲーム理論の創始者，OR
戦後経済改革				
1945	ゴードン	『ビジネス・リーダーシップ』	制度派的経営学	経営者支配論
	カンピオン	『私企業論』	フランス経営学	企業経済学
1946	北川宗蔵	『経営学批判』	批判経営学	ドイツ経営経済学批判
1947	大木秀男	『経営技術学』	批判経営学	経営経済学から科学的経営学へ
	ブラウン	『経営組織』	経営組織論	古典的組織論
	サイモン	『経営行動』	経営組織論	近代組織論・経営意思決定論
1948	アシュトン	『産業革命』	経済史	イギリス産業革命史研究
	柳宗悦	『手仕事の日本』	伝統産業論・中小企業論	民芸運動

年代	人名	書名等	領域・分野	学説・理論・時代　参照
1948	シャノン	『情報理論』	経営情報論	サイバネティックス
1949	国弘員人	『企業形態論』	企業形態論	企業論
1950	ウィナー	『人間機械論』	経営情報論	サイバネティックスの提唱者
	宇野弘蔵	『経済原論』	経済学・(日本) 資本主義論争	純粋資本主義の論理 (三段階論)
	山城章	『労務管理新論』	労務管理論	経営自主体論
	デミング	『標本調査の理論』	生産管理論・品質管理論	全社的品質管理 (TQC) に貢献
1951	ニューマン	『経営管理』	経営管理論	管理過程論学派, 管理サイクル論
	ジュラン	『QC ハンドブック』	生産管理論・品質管理論	全社的品質管理 (TQC) に貢献
	ディーン	『管理者の経済学』	経営者経済学	資本予算論の具体化
	グーテンベルク	『経営経済学原理』	ドイツ経営学	新古典派経済学の企業理論
1952	デール	『会社組織の計画と発展』	経営組織論	古典的組織論・古典的管理論
	ガルブレイス	『アメリカの資本主義』	アメリカ経済学	制度学派, 他に『ゆたかな社会』(1958) など

高度経済成長

年代	人名	書名等	領域・分野	学説・理論・時代　参照
1954	ドラッカー	『現代の経営』	アメリカ経営学	制度学派・目標管理・分権組織など提唱
	マズロー	『モチベーションとパーソナリティ』	行動科学, 労務管理論	自己実現欲求
1955	市原季一	『ドイツ経営経済学』	ドイツ経営学	ニックリッシュ・パラダイムの提唱
	フィッシャー	『労使共同経営』	ドイツ経営学	規範論学派・パートナーシャフト論
	クーンツ／オドンネル	『経営管理の原則』	経営管理論	管理過程学派
1956	藻利重隆	『経営学の基礎』	経営管理論・労務管理論	企業の指導原理の確立
	古川栄一	『経営学通論』	経営学	(戦前:ドイツ) (戦後:アメリカ)
	チョムスキー	『文法の構造』	言語学・経営情報論	生成文法論
	ジャックス	『責任の測定』	人間関係論・経営組織論	タビストック学派
	ピゴーズ／マイヤーズ	『人事管理』	ドイツ経営学・人事管理論	人的資源管理論
1957	アージリス	『個人と組織』	経営組織論	行動科学・学習する組織論の提唱
	ハックス	『経営の実体維持』	ドイツ経営学 (技術論学派)	マルクス・エンゲルス効果
	セルズニック	『組織とリーダーシップ』	経営組織論・経営戦略論	組織社会学者
	馬場克三	『個別資本と経営技術』	批判経営学	個別資本の五段階規定
1958	ゲール	『経営管理』	経営管理論	経営管理論
	小高泰雄	『経営原論』	経営学	ドイツ経営学・アメリカ経営学の統合
	占部都美	『経営学原理』(第1巻, 第2巻)	経営学	制度論と意思決定論
	アベグレン	『日本の経営』	日本的経営	文化人類学
	マーチ／サイモン	『オーガニゼーションズ』	経営組織論	近代組織論・経営意思決定論
1959	ハーズバーグ	『作業動機の心理学』	産業心理学	動機づけ・衛生理論
	マーコビッツ	『投資の有効選択』	財務管理論	不確実性下の資産選択
1960	マグレガー	『企業の人間的側面』	経営管理論・労務管理論	行動科学:X理論－Y理論
	野口祐	『経営管理論史』	経営学史	資本一般の具体化、因果関連史

経営学史年表ガイド　17

年代	人名	書名等	領域・分野	学説・理論・時代　参照
1961	山本安次郎	『経営学本質論』	経営学	ドイツ派アメリカ派経営学方法論争
	高宮晋	『経営組織論』	経営組織論	主体としての組織活動の管理
	櫻井信行	『人間関係と経営者』	経営学・労務管理論	人間関係論・メイヨー研究
	リッカート	『経営の行動科学』	社会心理学・行動科学	行動科学的な人間関係論
	ギャラガー	『MIS』	経営情報論	MIS 概念の最初の提唱者
1962	ランゲ	『システムの一般理論』	経営情報論	サイバネティックス
	クーン	『科学革命の構造』	科学史	パラダイム転換・科学創造理論
	コジオール	『公正賃金の原理』	ドイツ経営学	システム理論的経営経済学
	チャンドラー	『企業戦略と組織構造』	経営戦略論、経営組織論	事業部制組織，近代大企業成立史
1963	スローン	『GM とともに』	経営組織論・マーケティング論	事業部制・分権管理制組織
	クロジェ	『官僚制現象』	組織社会学	意思決定論アプローチからの分析
	マクドノウ	『情報の経済学と経営システム』	経営情報論・情報経済学	MIS：情報と知識に関する研究
	サイアート／マーチ	『企業の行動理論』	経営組織論・企業行動論	コンフリクトの準解決
	ソロモン	『財務管理論』	財務管理論	企業財務の近代理論の代表者
1964	日経連	『日本における職務評価と職務給』	労務管理論・賃金論	日本的経営
	雲嶋良雄	『経営管理学の生成』	経営学史	学説の経営学史発展への寄与
	山本安次郎	『経営学要論』	経営学	経済学から自立した経営学
	土屋喬雄	『日本経営理念史』	経営学史（日本）	日本経営史
1965	アンソニー	『経営管理システムの基礎』	経営情報論・戦略情報システム	オペレーショナル・コントロール
	ウッドワード	『産業組織論』	経営組織論	状況適合論・オープン・システム
	アンゾフ	『企業戦略論』	経営戦略論	戦略的経営
1967	梅棹忠夫	『文明の生態史観』	比較文明論	世界における日本の位置表示
	ステュワート	『マネジャーとその仕事』	経営管理論	管理者の役割，女性経営者
	メギンソン	『人事労務』	人事管理論	人的資源管理，行動科学
	中根千枝	『タテ社会の人間関係』	社会学、組織論	上下の序列重視の社会構造
1968	ハイネン	『経営経済学入門』	ドイツ経営学	意思決定志向的経営学
1969	エプスタイン	『株式会社とアメリカの政治』	経営学	企業の社会的責任
	ワイク	『組織化の社会心理学』	経営組織論	多義性処理
	日経連	『能力主義管理』	労務管理論	人事考課制度
1970	シルバーマン	『組織の理論』	経営組織論	行為の意味解釈を重視
	コッド		経営情報学	関係データモデルの提唱
1971	間宏	『日本的経営——集団主義の功罪』	株式会社論・経営社会学	経営家族主義・集団主義
1972	岩尾裕純	『経営技術の研究』	経営経済学（批判経営学）	アメリカ式経営技術の本質と役割
	グヴィシアニ	『組織と管理：ブルジョワ理論の社会学』	社会学・経営学	アメリカ経営学の批判的研究

ニクソンショック（1971）・石油ショック（1973）

年代	人名	書名等	領域・分野	学説・理論・時代　参照
1973	ミンツバーグ	『マネジャーの仕事』	経営管理論・経営戦略論	管理過程論批判と現実の職務
	鎌田慧	『自動車絶望工場』	ルポルタージュ・労働観	合理化と効率化と過酷な労働

年代	人名	書名等	領域・分野	学説・理論・時代　参照
1973	ドーア	『イギリスの工場・日本の工場』	比較社会学・日本的経営論	集団主義・平等主義概念の批判
1974	ブレイヴァマン	『労働と独占資本』	労働経済学	労働過程論
	R.L. ノラン	『EDP 発展の四段階』	経営情報論	EDP の発展段階研究
1975	ウィリアムソン	『市場と企業組織』	企業経済論	取引費用論・組織の経済学
	奥村宏	『法人資本主義の構造』	株式会社論	日本型経営者支配論
1976	工藤達雄	『経営管理論の史的展開』	経営学史・経営管理論	
1977	チャンドラー	『経営者の時代』	経営史	近代大企業成立史
	山本安次郎	『日本経営学会　五十年』	経営学史	経済学から自立した経営学の提唱
1978	坂本和一	『現代巨大企業と独占』	株式会社論	大量生産体制
	大野耐一	『トヨタ生産方式』	生産管理論・労務管理論	トヨタ自動車副社長を歴任
	スコット	『株式会社と現代社会』	経営学・株式会社論	資本主義発展の類型化と支配
1980	トフラー	『第三の波』		
	ポーター	『競争の戦略』	経営戦略論	競争戦略論・国際競争論，コスト優位・差別化・焦点化戦略
	スコット，W. G.	『組織の理論』	経営組織論・産業心理学	人間関係論における組織の関係
	熊沢誠	『日本の労働者像』	日本の経営論	日本的経営の実像
1982	中村常次郎	『ドイツ経営経済学』	批判経営学・ドイツ経営学	没（1980）後発行，個別資本論
	コトラー	『非営利組織のマーケティング』	マーケティング論	
1983	アバナシー	『インダストリアルルネサンス』	生産システム論	生産性のジレンマで有名
1984	フォムブラン／デバナ	『戦略的人的資源管理』	人事管理論	ミシガン・グループの SHRM
	ビアー／スペクター	『人的資源管理』	人事管理論	ハーバード・グループの HRM
1987	伊丹敬之	『人本主義企業』	人事管理論	見えざる資産のダイナミクス
	アルバッハ他	『現代ドイツ経営学』	ドイツ経営学	グーテンベルク学派
1988	今村仁司	『仕事』	社会思想史	労働・仕事は人類史上最重要
	加護野忠男	『組織認識論』	経営組織論	
	コース	『企業・市場・法』	新制度派経済学	取引費用論，コースの定理
平成景気・バブル景気とその後の不況				
1990	センゲ	『最強組織の法則』	経営組織論・労務管理論	学習する組織（組織学習）
	片岡信之	『日本経営学史序説』	経営学史	明治期商業諸学から経営学胎動へ
	野中郁次郎	『知識創造の経営』	経営組織	組織的知識創造
1993	ファーガソン／チャールズ	『コンピュータ・ウォーズ』	経営情報論・国際経営論	
	ハマー／チャンピー	『リエンジニアリング革命』	経営情報論・経営組織論	BPR，プロジェクト型組織
1995	野口悠紀雄	『1940 年体制』	日本的経営論	共同体の体制への警告，『経済危機のルーツ』も
	日本経営者団体連盟	『新時代の『日本的経営』』	労務管理論・日本的経営論	日本的経営の解体と再構成
1996	ザレズニック	『経営の人間問題』	経営組織論・労務管理論	組織行動におけるパーソナリティ

経営学史年表ガイド　　19

年代	人名	書名等	領域・分野	学説・理論・時代　参照
2000	カッツ	『収斂する多様性——雇用システムの世界的変化』	人事管理論	人材管理の国別多様性
	ケネディ，A. A.	『株主資本主義の誤算』	財務管理論・株式会社論	短期の利益追求が会社を衰退
2001	藤本隆宏	『生産マネジメント入門Ⅰ・Ⅱ』	生産管理論	製品競争力・商品力
	ウェルチ，J.	『わが経営』	経営戦略論	GE 会長兼 CEO 歴任
2002	マイケルズ他	『ウォー・フォー・タレント』	人事管理論	マッキンゼー＆カンパニー報告書
	日本経営者団体連盟	『原点回帰——ダイバーシティ・マネジメントの方向性』	人事管理論	ダイバーシティ・マネジメント
2003	岩井克人	『会社はこれからどうなるのか』	株式会社論	株主主権論への批判
2005	ジョーンズ，G.	『国際経営講義』	国際経営論	多国籍企業論
	ジャーコビィ	『日本の人事部・アメリカの人事部』	労務管理論・アメリカ経営学	人事管理論
2006	フリードマン，T. L.	『フラット化する世界』	国際経営論	
2007	ハーン，S.	『インドの虎、世界を変える』	国際経営論・アジア経営学	

リーマン・ショック（2008）

年代	人名	書名等	領域・分野	学説・理論・時代　参照
2008	中谷巌	『資本主義はなぜ自壊したのか』	世界経済論・資本主義論	「日本」再生への提言
2010	ヘルセン，K.	『国際マーケティング』	国際経営論・マーケティング	
2011	ブレマー	『自由市場の終焉』	アジア経営学・経営情報論	中国企業の分析
2015	スティグリッツ	『生産性を上昇させる社会』	経済学・経営学	
2016	ILO（国際労働機関）	『同一価値労働・同一報酬のためのガイドブック』	労務管理論・賃金論	
2017	日本経営学会	『日本経営学会誌』	経営学史	1977 ～ 2016，統一論題報告紹介
	OECD（経済協力開発機構）	『若者のキャリア形成』	人的資源管理論	キャリア開発
2018	ギャロウェイ	『the four GAFA』	経営情報論	巨大 IT 企業の解剖

（作成：井上秀次郎・安達房子）

【参考文献】

経営学史学会編『経営学史事典 第 2 版』（文眞堂，2012 年）．

片岡信之『日本経営学史序説』（文眞堂，1990 年）．

工藤達男『経営管理論の史的展開』（学文社，1976 年）．

野口祐『経営管理論史』（森山書店，1960 年）．

雲嶋良雄『経営管理学の生成』（同文舘出版，1966 年）．

篠原三郎・片岡信之『批判的経営学』（同文舘出版，1972 年）．

岸田民樹・田中政光『経営学説史』（有斐閣，2009 年）．

深山明・海道ノブチカ編著『経営学の歴史』（中央経済社，2001 年）．

大平浩二他『現代経営学説の探究』（中央経済社，1988 年）．

友寄英隆『『資本論』を読むための年表』（学習の友社，2017 年）．

序　章
企業と社会

資本主義社会は営利社会であり，営利の基本単位である企業を中心とした社会である．いわば資本の論理が，企業活動にかかわる部分だけでなく，あらゆる地域，あらゆる社会の局面で貫かれている企業中心社会である．企業は国際的な経営活動を展開し，またその経営活動の内容も，多様な展開をとげている．それだけに企業が社会へもたらす影響もまた大きい．企業の社会的責任（Corporate Social Responsibility：CSR）が今日の重要な問題となっている．

【キーワード】
企業中心社会　　グローバル化と反グローバリズム　　GAFA

企　業

　私たち人間はいろいろな働きをして生活している．人間には感情があり，喜怒哀楽がある．そしてそこには喜怒哀楽を支えるさまざまな共同体，社会（society）がある．その社会を構成しているのはいうまでもなく人と人との関係であり，それを支える人間の諸機能である．人はけっして個人で生きていくことはできない．そもそも人間の誕生自体，一人では成り立ちえないものである．

　人間のつくる社会の発展は，こうした人と人との関係で構成される共同体のあり方により規定されてきた．企業も一つの共同体と考えることができる．資本主義（capitalism）の初期に企業の組織は，単純協業にもとづく生産組織から分業と協業にもとづく工場制手工業（マニュファクチュア：manufacture）に発展した．そして封建社会から資本主義社会への変革となる

序章　企業と社会　　21

産業革命を経て，マニュファクチュアから機械制大工業（great industry by machinery）へと発展した．分業（division of labor）と協業（co-operation）のありかたが単純協業，マニュファクチュア，機械制大工業へと発展するにつれて，労働の生産力，組織の生産性も急速に高まった[(1)]．

　現代の資本主義社会は営利社会であり，営利の基本単位である企業を中心とした社会である．いわば資本の論理が，企業活動にかかわる部分だけでなく，あらゆる地域，あらゆる社会の局面で貫かれている．こうした企業中心の社会が形成されるところに資本主義社会の特質がある．企業は，私たちの生活に必要な衣・食・住のあらゆる分野で生産をし，提供する．また生活に必要な資金である賃金の獲得の場としても重要である．このように私たちの生活は，企業によっていわば「まるがかえ」の状態にあるともいえる．しばしば口にされる「企業社会[(2)]」という言葉もこうした背景をもとにしているといえる．

　ところで企業にはもう一つ別の顔がある．それは企業の経営活動にかかわるものである．現代の企業形態としての株式会社制度には，資本集中機能と支配集中機能という二大集中機能がある[(3)]．現代の企業は大規模化し，金融機関との結合も強化しながら企業集団・連携体（ホールディングス：holdings とかフィナンシャル・グループ：financial group ともいう）を形成してきた．そして市場支配や資本的結合を強めながら，寡占体制を築いてきた．

　しかし寡占体制のなかで，消費者や中小企業に不利益をもたらす企業間競争の排除，管理価格（administered price）による独占利潤確保などの問題も明らかになってきた．大企業にたいする行動規制が必要となり独占禁止法（1947年）が制定された．

企業を中心とした現代社会

　現代の社会は，産業革命当時よりもはるかに発展し，企業組織も株式会

---

(1) 詳細は，本書「第2章　経営形態の歴史的発展」参照．
(2) 詳しくは，田沼肇編『労働運動と企業社会』（大月書店，1993年），また渡辺治『企業社会・日本はどこへ行くのか』（教育史料出版会，1999年），参照．
(3) 三潴信邦・田中浩『研究　政治・経済』（旺文社，1974年），126〜127ページ．

社制度を中心に成り立っている．しかも大企業と中小零細企業との格差が生じ，両者の間には企業の規模はもちろん，立地条件や経営行動などあらゆるところで違いが生まれている．

たとえば大企業の場合，企業の活動は地球上のあらゆる地域，あらゆる国に広がっている．このような大企業を多国籍企業（multinational enterprise）といい，その経営行動をグローバル戦略という．他方，中小企業（small business）の場合，海外進出している企業も数多くあるが，たいていは特定の地域に立地し，その地域を中心的な基盤として活動している．商店街や地場産業（local industry）[4]を構成する企業の大部分はこうした中小企業である．

現代の私たちの生活は，貨幣なしでは成り立ちえない[5]．その貨幣を手に入れるには働かなくては成り立ちえない．だから現代の生活の基礎をなしている生産活動は，

$$労働・生産 \Rightarrow 貨幣 \Rightarrow 商品・消費 \Rightarrow 労働・生産$$

といった経済の循環をなしている．ここには働いて貨幣を手に入れる場としての企業と，消費し，サービスを受ける場としての家庭・家計がある．同時に，この経済循環の流れのなかには政府の役割もあり，政府は企業や家計から租税を徴収し，企業にたいしては，財やサービスの消費をおこない，家計には社会保障などの支出をおこなう．もちろん政府と家計の間にも，企業と家計の間にみられる労働力と賃金との交換がある．しかしやはり重要なのは，働く場として，あるいは商品やサービスの提供者としての企業の存在である．また家計・企業からなる経済を民間経済・個別経済といい，これに政府をふくめた経済を社会経済・国民経済という．さらに外国の生産者・消費者（対外取引主体）をふくめた経済を国際経済または世界経済という[6]．この

---

(4) 一例として，九州の場合であるが日本科学者会議編『九州経済と国際化・情報化』（大月書店，1989年），および井上秀次郎・足立浩『新日鉄・三菱重工』（大月書店，1991年）には鉄鋼・造船都市の事例が詳細に記されている．また地場産業については，前書に九州の地場産業の紹介のほか，鉄鋼・造船都市の事例がある．また井上秀次郎『地域活性化のための地場産業研究』（唯学書房，2004年），参照．

(5) 現代資本主義社会における貨幣の機能については，浜矩子『「通貨」を知れば世界が読める』（PHP研究所，2011年），参照．

(6) 実教出版編修部編『2016 新政治・経済資料』（実教出版），205ページ．

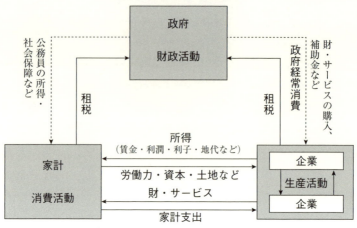

（出所）実教出版編修部編『新政治・経済資料〈2016〉』（三訂版，実教出版，2016年），205ページ．

ように一般論では，企業・家計・政府を経済主体といい，これらはともに平等な条件で経済活動をおこなう経済主体であるといわれている（**図表**）．

しかし，この一般論には，三者が平面的に並べられているだけで，資本主義の階級性というものが脱落している[7]．すなわち封建社会の崩壊過程での資本主義の発生と確立過程においては，生産手段の所有者としての資本家階級と，なにももたない無産者の階級である労働者階級を生み出した．労働者階級は売るものといえば労働力以外にはないのである．資本主義社会は，この二大階級を基礎にして成立している．したがって企業は資本家階級を代表し，家計は労働者階級を主として代表しているのである．

社会的存在としての企業

資本主義はこうした企業を中心とした社会ととらえることができる．この企業の分析は，意識的か無意識的かは別として，多くの場合，経営者サイドからのみなされてきた．経営のノウハウや競争社会での成功物語を説いたビジネス書がこれでもかこれでもかというほど溢れている．しかし実際によく観察すると，企業の経営行動は，企業内の労働者はもちろん，他の多くの利

---

(7) 三潴信邦・田中浩『研究　政治・経済』（旺文社，1974年），147ページ．

害関係者との取引やサービス提供などと強くかかわっていることがわかる．とりわけ大企業の場合，広く地域経済や国民経済，さらには世界経済にまで影響を及ぼす．そしてそれは経済の領域に限定されず，政治・文化・科学技術の諸領域にまで及んでいる．多国籍企業の場合，その行動はけっして一地域や国内にとどまることなく，広く世界全体に影響を与える存在であることがわかる．

企業の経営行動を単に経営者サイドからのみみるだけでは局部的で視野が狭くなり，企業のもつ本来的な社会的・経済的機能を明らかにすることはできず，その客観的な全体像を把握することもできない．資本主義社会では市場原理とよばれている暗黙のルール（法則性）が働いているが，現実の企業の行動や経営活動には，さまざまな人為的な操作や規制が加えられており，法則がそのまま直接に，たとえば政府の経済政策や企業の経営戦略に反映するわけではない．両者（経済法則と経済政策）はその時代や，さまざまな分野や段階，地域に存在し，それらを知らずに分析（現状分析，経営学研究）をすることはできない[8]．

企業はこうした社会的存在であり，本来，このことの認識ぬきには企業は語れないのである．

二重構造から格差拡大社会へ

日本での産業の二重構造問題は，明治期において政府の保護のもとで，短期間に，政商的な財閥資本中心に近代的大工業を発展させた．その結果，財閥と近代的大産業は急速に発展したものの，底辺には農村と零細企業の停滞が残された[9]．中小企業問題は，企業規模という量の格差が大きくて二極集中的な構造をとっているからだけでなく，両者の間の質的格差が支配・従属的な関係のなかで，しかも固定的に増幅されて存するところにある．この基

---

(8) このような考え方を三段階論（原理論―段階論―現状分析）という．これには，①自己完結的な商品経済体系たる純粋資本主義の法則を解明する原理論，②資本主義の世界史的発展を各段階の典型的な国（地域）をつうじて規定する段階論，③この両者をふまえての各国，あるいは世界経済の一時期の現状分析の三つの明確に区別すべき部門がある，とする．宇野弘蔵『経済学の方法』（法政大学出版局，1963 年），および同『社会科学としての経済学』（筑摩書房，1969 年），参照．

(9) 野呂栄太郎『日本資本主義発達史 上・下』（岩波文庫，1954 年．原典は，鉄塔書院 1930 年）．

序章　企業と社会　　25

本的な経済構造に起因して各種の現象（賃金・生産性・資本集約度・技術などの格差）が生じる．独占大企業を中心とした資本の集積・集中は，この格差をますます拡大し，またその範囲を産業だけでなく，国民生活全般にも拡大し，今や，格差拡大問題として新たに社会問題化してきている[10]．

格差社会とは，国民間の格差が顕在化した社会のことだが，格差そのものは，歴史的には資本主義以前から身分制などが存在していたし，またピケティの指摘するように，外国にも存在する．だが近代的分野と前近代的分野の不可分な併存関係は，金融資本が支配的な社会の基本的な経済構造であり，日本の資本主義にとくに顕著である．格差社会の背景となるのは，日本資本主義の生成以降の特質に大きくかかわる[11]．だが，とりわけ現在は，バブル崩壊後の1990年代終わりごろから中間層の壊滅，多様性社会のなかでのさまざまな格差，格差の二極化の進行となってあらわれた．

こうした資本主義発展の帰結は，マルクスによって資本主義的蓄積の一般的法則として明示された．いわく資本の蓄積にともなって，一方の極における富の蓄積は，同時に，その対極における，すなわち自分自身の生産物を資本として生産する階級の側における「貧困，労働苦，奴隷状態，無知，野蛮化，および道徳的堕落[12]」の蓄積である，と．貧困化・ブラック労働・過労死が常態化している現在，けっして昔の話ではすまされなくなっている．

経済のグローバル化の進展

地球的視野をもち，地域に根を張って仕事をすることをあらわす言葉として，しばしば「グローカル（glocal）」という用語が使用されるが，これは「グローバル（global：地球的な）」と「ローカル（local：地域）」をくっつけた造語である[13]．企業は本来的には地域を存立基盤とするものであるが，世界資本主義の展開過程で，貿易，直接投資，金融の三局面で，経済の国境を越え

---

(10) 橋本健二『新・日本の階級社会』（講談社，2018年），およびトマ・ピケティ『21世紀の資本』（みすず書房，2014年）などがベストセラーとなった．

(11) 中根千枝『タテ社会の人間関係』（講談社，1967年），および村上泰亮『新中間大衆の時代』（中央公論社，1984年），参照．

(12) マルクス『資本論』第4分冊（資本論翻訳委員会訳，新日本出版社，1983年），1108ページ．

(13) 東邦学園大学地域ビジネス研究所編『地域ビジネス学を創る』（唯学書房，2003年），viiページ．

る相互依存と一体化が強まり，経済のグローバル化（グローバリゼーション：globalization）が，急速に発展した．こんにち企業は，グローバルと歴史的との両方の視野で，展開することになる．

このように大競争時代に入り，すべての市場は国境を越えて広がり，グローバルなマーケットで世界の企業がしのぎを削っている．地域企業といえども現代にあっては世界の企業が競争相手となる．したがって地域の中小企業や小規模な小売店舗のオーナーであっても，視線を常に世界にむけ，絶えずグローバル・スタンダードを意識しなければならない．

世界史的にみれば，基本的な社会関係の商品経済化がもっとも早くおこなわれたのはイギリスである．イギリスでは封建制の基盤をなす農奴制の解体が早くから進んでいて，他の国とは違い先進的かつ典型的に資本主義化し，産業革命を経て世界の工場としての地位を占めることになった．その後，イギリスを中心として生成発展してきた資本主義の世界史的発展は，19世紀末以降，ドイツやアメリカも主要な資本主義国として加わることになり，純粋化の傾向が阻害され，支配的な資本形態も産業資本から金融資本にかわり独占資本主義段階へと推転する[14]．

こうして資本主義は世界市場を形成するようになる．貿易は，国と国との間でおこなわれる商品取引である．各国が有利な条件で生産できる得意な商品の生産に特化し，国際分業（international division of labor）という形で商品を輸出し，不得意な商品は輸入する．こうして資本主義国全体に世界市場が拡大し，経済のグローバル化の進展で，広大な市場と安い労働力を求めて多国籍企業の海外展開が世界的に加速した．

日本企業は工場の海外移転や部品調達先の海外企業への切り替えを進めた．輸入額が輸出額を上回る貿易赤字が続き産業の空洞化が進んだ[15]．貿易の自由化が進み，経済のグローバル化が進展し，ヒト，モノ，カネが国境を越えて活発に行き交うようになった．その結果，現代の国家は他国の存在なしには成り立つことができない相互依存の関係にある．一国の問題はその国だけでは解決できず，国際社会が協力して取り組むことも盛んにおこなわれ

---

(14) 時永淑他『経済学　資本論と現代』（日本放送出版協会，1973年），9ページ．
(15) 産業の空洞化については，坂本雅子『空洞化と属国化』（新日本出版社，2017年）参照のこと．

序章　企業と社会　　**27**

るようになった.

　経済のグローバル化の進展によって，国と国との間の経済格差が大きな世界的な問題となっている．それは帝国主義国である中心部資本主義国と発展途上国である周辺部資本主義国との社会構成体の相互間において不等価交換（exchange of non-equivalents）が発生するからである[16]．両者の間には，帝国主義国において資本の本源的蓄積が固定化される反面，発展途上国においては経済発展の芽が摘み取られ中心部資本主義国から収奪される構造が固定化されたままになる．この問題は，途上国の多くが地球の南にあり，先進国の多くは北に位置していることから南北問題ともよばれている．中心部資本主義と周辺部資本主義との貧困などの経済格差は縮小せず，むしろより拡大している地域さえもある．

　経済のグローバル化は各国経済を緊密に近づけることで，新しい経済取引の機会をつくり出し，より大きな成長の可能性をもたらした．他方で，IMF（International Monetary Fund：国際通貨基金）やOECD（Organization for Economic Co-operation and Development：経済協力開発機構）が警告するように，グローバル化は不平等を拡大する．そして生産拠点の海外移転による雇用喪失や非正規労働者の増加で，中間層が縮小し，格差が拡大した[17]．

　グローバル化の進行は日本の国内経済に疲弊をもたらした．とくにリーマン・ショック後の世界的後退のなかで，アメリカ頼み，対米従属，外需推進政策に急ブレーキがかけられてしまった．したがって政府の経済構造改革でつくられた所得低下による民間需要の冷え込み，輸出・外需依存による経済構造から，内需主導の経済構造への転換による組み換えが迫られているのである[18]．

　貿易・直接投資への拡大は，国境を越える資本移動の増加を生み出した．ICT（情報通信技術：Information and Communication Technology）[19]の発達に支え

---

(16) この論議は，マルクスの不等価交換論を発展途上国分析に適用させようというもので，それはS・アミンやA・G・フランク，A・エマニュエルらの帝国主義国である中心部資本主義と発展途上国である周辺部資本主義との社会構成体の相違間において発生する取引理論である．このような考え方は，従属理論（従属学派）といわれる．

(17) 宮本憲一他『高校　政治・経済』（実教出版，2013年），113〜114ページ．

(18) 実教出版編修部編『新政治・経済資料〈2016〉』（三訂版，実教出版，2016年），254ページ．

(19) 安達房子『ICTを活用した組織変革』（晃洋書房，2016年），および夏目啓二編著『21世紀ICT企業の経営戦略』（文眞堂，2017年），参照．

られた国際金融取引の規模は，貿易や直接投資にともなう決済をはるかに上回っている．

巨大IT企業の出現

　さて，世界経済では，IT（Information Technology：情報技術）化が進行し，競争環境が急変する．同じ財・サービスを消費する個人の数が増えるほどその財・サービスが得られる便益が増加する現象を，ネットワークの外部性という．競争激化する現代の資本主義のもとでは，競争が，激しくなるというよりは，独占が強化されるという傾向がつくられてきている．フラットな競争からピラミッド型の競争構造がつくりだされてきたのである．したがって競争を促進するという方向ではなく，実際には，いっそう独占化の傾向が強化されてきたのである．その一つの典型として，いま世界的な注目を集めているのが，デジタル時代の新支配者といわれる4社の巨大IT企業＝GAFA（ガーファ）の存在である[20]．

　GAFAとは，今日巨大化したIT企業であるG＝グーグル社，A＝アップル社，F＝フェイスブック社，A＝アマゾン社の4社の頭文字をとったものである．ではなぜこの4社が注目されているのであろうか．現在，株式市場や個人の生活，さらには政治にまで，これら巨大IT企業の存在が幅広く影響を及ぼしているからにほかならない．検索，スマホ（スマートフォン），SNS（ソーシャル・ネットワーキング・サービス），EC（eコマース：Electronic Commerce：電子商取引）[21]といった各社が手掛けるサービスや製品の圧倒的な市場シェアにある．4社の時価総額は合計で300兆円超である．日本の株式市場全体における時価総額644兆円（2018年11月末時点）の半分に相当する．このアメリカの4社以外にも，日本のソフトバンクや中国のファーウェイなども，今，注目されている巨大IT企業である．これら巨大IT企業が注目されているのは，ほぼ共通する企業・経営の独特の特徴があるからである．

---

(20) スコット・ギャロウェイ『the four GAFA　四騎士が創り変えた世界』（東洋経済新報社，2018年），および『週刊東洋経済』（GAFA全解剖特集号）2018年12月22日号，参照．

(21) EC（電子商取引）については，志賀宜幸「ネットビジネス」山本孝・井上秀次郎編『経営情報システム論を学ぶ人のために』（世界思想社，2001年），参照．

まず企業文化（corporate culture）について．企業文化は，また社風ともいう．いうまでもなく，その企業のもつ個性すなわち固有の，その企業らしさを意味する．企業文化は，その企業を取り巻く歴史的・文化的な諸条件のなかで永年にわたり生み出されたものといわれるが，IT企業の設立は2000年代とまだ新しく，急激な環境の変化を遂げる現代社会のもとで，企業そのもののなかに新風を生み出す機動力が求められ，この機動力そのものがその企業の経営風土を築き，その結果，高い企業業績をもたらすことになる．まず，これら巨大IT企業は，こうした，いわばイノベーションの担い手，遂行者として革新的な企業を構築した．このイノベーションが，企業発展の要因となり，企業に新たな利益源泉を生み出したのである．

　第二に，取り扱う事業領域の多彩さ，豊富さであり，事業領域も急拡大している．

　第三に，こうした組織のもつ企業のイノベーション力の強さは，提供するソフトなどの開発とその利用者の急拡大にともなう爆発的な成長を遂げたことである．そしてこのことによって企業規模も急成長をしたのである．

　第四に，これらの企業の大多数が高株価を維持している．また毎年のように増収増益を繰り返しているのである．それは，先にみたイノベーション力の高さによる新規開発・新事業の成功率が高く，製品・サービスの市場占有率が非常に高いことによるものである．巨大IT企業＝GAFA4社はいずれもそれぞれの事業部門での世界的シェアは独占状態である．

　だが，こうした巨大IT企業ではあるが，今日世界中で，これら企業が強大な力をもつことへの脅威から，各国は規制の強化を打ち出し，軋轢が生じてきている現状にある．

　何よりもまず問題となるのは，これら企業の圧倒的な力に高まる競合企業各社の対応，ないしは闘いとしての経営戦略の練り直しともいうべき問題である．「GAFA 全解剖」を特集した『週刊東洋経済』では，GAFAが共有する「覇権の8遺伝子」として，商品の差別化，ビジョンへの投資，世界展開，好感度が高い，流通をコントロール，データを活用，人材を集める力，地の

---

(22) 『週刊東洋経済』2018年12月22日号.

利を上げている．しかし「GAFAの栄華が今後も続くとは限らない」として「かつてコンピュータ市場を支配していたIBMは大衆化の波に乗り遅れ，ビジネスモデルの転換を余儀なくされた．パソコン用OS（基本ソフト）で圧倒的な地位を築いたマイクロソフトもスマートフォンで出遅れ，かつてほどの支配力はない．『ビジネスは生き物に似ている．死亡率は100％だ』．ギャロウェイ氏はGAFAもいずれ死ぬ運命にあると断じる．また運命なのかどうかはともかく，急速に変化するテクノロジー業界に身を置く限り，決して安泰ではない[23]」としている．

2018年7月18日，欧州連合（EU）の執行機関・欧州委員会は米グーグルに43億4000万ユーロ（約5700億円）もの巨額制裁金を科した．根拠となった法律は，EU競争法（独占禁止法）である．同法違反の制裁金としては過去最高額となり，世界に衝撃を与えたという[24]．欧州委は，グーグルが支配的な地位を利用して，アンドロイドを使う端末メーカーにたいし，グーグル製以外のアプリを排除するよう迫っていたといわれている．

またこの巨大IT企業の課税逃れも問題になっている．たとえばアップルは，世界各国で製品を販売して得る利益を企業の恒久的施設をおかなくても課税されることのないアイルランドの子会社を通過させ，国境を越えるビジネスを展開している．GAFAなどのIT企業はこうした「価値創造地と納税地の乖離[25]」という問題をもたらしている．

さらに，IT企業の保有する個人情報の取り扱いが，利用者のプライバシーを侵害するという問題にたいして，インターネット交流サイト（SNS）の最大手・米フェイスブックにたいする訴訟も起きている．

日本でも公正取引委員会が2016年にアマゾンの取引契約を問題視して立ち入り検査をした．アマゾンが取引先にたいし，ライバル社と同等か，または有利な条件での取引を求めた契約で，独占禁止法で禁じた拘束条件付き取引にあたる疑いがもたれた．

このようにGAFAなど巨大IT企業は国境を越えたビジネスを展開してい

---

(23) 同（22），『週刊東洋経済』．
(24) 「朝日新聞」2018年7月19日付．
(25) 森信茂樹「巨大IT企業と税制（上）」「日本経済新聞」2018年5月16日付．

序章　企業と社会　31

るが，同時に問題もまた，各国の課題と同時に，世界的な対応が求められているのである．

【参考文献】
櫻井幸男『グローバリゼーション下のイギリス経済』（法律文化社，2018 年）．
橋本健二『新・日本の階級社会』（講談社現代新書，2018 年）．
田沼肇編『労働運動と企業社会』（大月書店，1993 年）．
井上秀次郎『地域活性化のための地場産業研究』（唯学書房，2004 年）．
公益財団法人人権教育啓発推進センター「企業と人権──職場からつくる人権尊重社会〈改訂版〉」（2018 年）．

第Ⅰ部

経営学の基礎

第1章

経営学の歴史と学説

∙∙

資本主義は，企業を中心とした社会である．それゆえ企業を研究対象とする経営学は，世界と日本を読み解くキー概念となる．経営学の成立は，いずれの国でも独占資本主義の成立とともに誕生している．経営学の歴史と学説は，まずその最初に生成した，ドイツとアメリカを中心にその後も展開していく．また経営学の学説や学派を知ることによって，経営学とは何かをより深めることができる．本章では，とくに日本の経営学についても解説を加えた．

【キーワード】

経営学研究の方法と学派分類　　経営学説の理論的系譜　　日本経営学の成立

1. 経営学への招待

研究方法論を考える

　一般に，学問研究を考える場合[1]，まずそれが理論であるか，理論でないかを判別する必要がある．それは理論を最終製品としてみるか，それともプロセスとしての理論と考えるかという問題である．第二に，理論の厳密性と現実の説明性，あるいは理論研究と実証研究との関連性をどのように考えるかという問題がある．第三に，正しい理論は一つしかないと考えるのか（一元論），それとも複数の存在を肯定するのか（多元論）という問題である．

---

(1) 井上秀次郎「調査方法論」同『地域活性化のための地場産業研究』（唯学書房，2004年），105～108ページ．

34　　第Ⅰ部　経営学の基礎

サットンとストゥ（Sutton, R. I. and Staw, B. M.）は，最終製品としての理論を考え，ワイク（Weick, K. E.）はプロセスとしての理論を考えた[2]．ワイクは，たいていの理論は近似であることが多い，また理論には抽象性と普遍性という特性があり，両者には程度の差が生じるとしている．理論を近似として考えた場合，最終製品としての理論は目的としての理論であり，プロセスはその手段であり理論化（の過程）であると考えられる．そしてそこでは両者とも学問，ないし研究にとって必要なものである．ただし理論は近似なのであるから，理論化の試みに多くを期待しすぎてはいけないし，それを最終目的と誤解してはいけない．理論化はあくまで，目的である理論を得るためのプロセスであり，手段なのである．

第二の問題は，理論研究と実証研究との関連性についてである．かつて経営学研究では実証研究が軽視されてきたきらいがある．現在では実証研究が評価されないということはないと思うが，事例研究や経営分析，面接調査（インタビュー，聴き取り）などは研究業績にカウントされないといわれていた．しかし現在では「経営理論は大別すると，経営の事実や現象の探究・分析を行う局面と，それのうえに立って理論レベルにおいて理論化や体系化を行う局面とがある」[3]．ある理論が真であるかどうかの検証は理論だけではできないのである．なぜなら実証のない理論は仮説にすぎないからである．そこで理論の検証は実験や観察，調査などの実証研究にゆだねなければならない．マルクスは『資本論』の執筆において，当初のプランを大きく変更して，エンゲルスの『イギリスにおける労働者階級の状態』における，理論的な展開を事実の集大成で裏付け実証してゆくという方法を取り込み，同書第1部の労働者階級の状態の記述を書き込むようにした．ところで，しかし実証には一定の制約がある．実証には何らかの手段，ツールが必要であるが，その際どのようなツールを使うかの選択の問題，測定ないし観測誤差の問題，時間的ないし予算的制約の問題などが発生する．したがって理論の実証に完全な

---

(2) Sutton, R. I. and Staw, B. M., *What Theory is Not,* Administrative Science Quarterly, 1995. および Weick, K. E., *What Theory is Not, Teorizing Is*, Administrative Science Quarterly, 1995. および渡辺慶和・住田友文・難波和明「学問としての情報システム（IS）研究」『経営情報学会誌』第6巻第3号（1997年12月）.

(3) 大橋昭一「方法(a)」経営学史学会編『経営学史事典 第2版』（文眞堂，2012年），3ページ.

第1章　経営学の歴史と学説　　35

厳密性を確保することはきわめて困難である．一般に理論の特性として抽象性と普遍性を指摘することができるが，両者における程度を曖昧から確固としたものへと変換していくことが求められる．そしてこれは新しい研究分野であればあるほど曖昧度が高いといえる．このように理論の厳密性と理論の実証性との間にはトレードオフの関係が存在するといえる[4]．

第三の問題は研究方法論の妥当性の問題である．研究方法にたいする態度は，次の五つに分類することができる[5]．

①一元論：世界の個々の部分ないし全体を，一つの究極の存在または原理から説明しようとするものである．

②対象目的に応じた方法（コンティンジェンシー理論的立場）：それぞれに長所と短所をもつ研究方法には，対象に範囲があり，対象，目的に応じた研究方法を選択するべきであるとするものである．

③多元論：正しい研究アプローチを探索する際に，絶対性やコンティンジェンシーは間違いであると考える．同じ対象に異なる研究アプローチを用いることができるとする．そしてそれぞれの異なるアプローチは同一の尺度で比較することはできないし，この方法が適しているともいえないとする．

④折衷主義：多元論と似ているが，さまざまな方法から選択をおこない，問題や状況に応じたアプローチを構築することが可能と考える．

⑤弁証法：つねに有力な二つのアプローチがあり，その間の対立と闘争を克服（止揚：アウフヘーベン：Aufheben〔独〕）して新たな理論として発展していくとする．

研究方法

科学においては，質的（定性的）な方法と定量的な方法との両方の研究方法が広く使われている．しかし定量的研究か質的研究かはいずれが正しいかということではない．多様な研究アプローチの存在によって科学はより有効となり，より豊富なものとなる．クレスウェル（Creswell, J. W.）は，この多数ある質的研究のなかから，以下の五つの伝統的研究を選択している[6]．

---

(4) 井上，前掲（1），107 ページ．

(5) 渡辺他，前掲（2）『経営情報学会誌』．

36　　第Ⅰ部　経営学の基礎

①伝記（biography）：伝記的研究とは，個人に関する研究であり，研究者に語られた，あるいは文書と公的資料に見出される個人の経験に関する研究である．

②現象学（phenomenology）：このアプローチは哲学者フッサール（Husserl, E.）によって創設された現象学の諸概念を根底にもちつつ，社会科学の諸問題の解明に適用できるよう，それを手法化したものである．

③グラウンデッド・セオリー（grounded theory）：データに根ざして組み上げられた理論で，データと対話しながら理論化がなされる．

④民族誌学（エスノグラフィ：ethnography）：文化的または社会的グループあるいはシステムの記述と解釈である．

⑤ケーススタディー（事例研究：case study）：詳細で深いデータ集中を通じた限定システムまたはケースの調査である．

以上の他に，ナラティブ（語り・意味づけ：narrative）というものがある．もやもやとした現状・体験を誰かに語るように言語化し，体化することである．

学としての経営学

経営学研究の方法については，その研究の主たる目的によって，一般的に，ドイツ経営学のように理論的研究・実証的研究・規範論的研究が認められる．経営学は一元論ではなく多元論的である．経営学の特性として法学，社会学，心理学，理学，工学など学際的研究（インターディシプリナリー：interdisciplinary）をあげることができる．

経営概念は多様な意味として使用されている．経営学においては，基本的には資本主義企業における経営を研究対象とする学問である．資本主義的生産様式のもとでの企業経営は，工業，商業，金融の三つの企業経営形態に類別できるが，商品を生産することにより利潤極大化をめざすという意味で工業経営が基礎的位置を占める．工業経営は一方で歴史・体制に無関連的な労働過程を管理するという管理の一般的機能を遂行しつつ，他方で資本主義特有の価値増殖過程の管理という管理の二重性機能をもつことになる．[7] 前者は

---

(6) Creswell, J. W., *Qualitative Inquiry and Research Design*, SAGE　Publications, 1988, pp.5-7. および
　　経営情報学会・情報システムのための定性的研究（QRIS）研究部会『研究報告書』（2003 年 6 月）．

第 1 章　経営学の歴史と学説　　**37**

経営の技術的側面（アメリカ経営学にこの側面が強い）であり，後者は経営の経済的側面（ドイツ経営学にこの側面が強い）である．経営学の研究対象はこの二者をともに研究する．

学としての経営学の成立は，各国とも20世紀初頭の独占資本主義への移行期の生産と資本の集積・集中が進み，株式会社の資本の集中と支配の集中の二大集中機能による独占の成立期であった．それゆえ独占資本主義化が遅れた日本では，経営学の成立は，「商業学を統一的体系のある科学たる経営学にすべき[8]」とした上田貞次郎の研究にまたなければならなかった．

経営学の性格

経営学には他の学問分野にはみられない特有な状況が存在する．そもそも「経営」なる言葉には，それとほぼ同義で使用される「管理」ともあいまって企業経営のみならず多様に用いられている．しかし経営学の研究対象としての企業は，一般的には資本主義企業であり，現代社会の基本的性格を規定する地位を占める組織体としての企業である．それは資本主義経済法則に規定された企業であり，それゆえ経営学はまず経営経済学であり，また組織体としての経営学でもある．企業は，経営者・労働者とともに政府・株主をふくむ利害関係者らにも支えられて成立している．このように経営学はその内容の総合性や対象範囲の広さが基本的特質の一つといえる．

経営学の成立

経営学（商業学）の誕生は，19世紀末から20世紀初頭にかけての先進諸国において，大企業の形成過程に対応しつつ展開された商科大学ないし商学部の設立運動のなかで成立した．ドイツおよびアメリカでは積極的に取り組み，その後，各国において導入されることとなる．ドイツおよびアメリカの

---

(7) しかしこの「管理の二重性論」については，その理解の仕方等において論争がある．資本主義経済のもとでの経営管理は剰余価値の現象形態としての利潤の極大化法則が貫徹し，独占段階においてはそれがより強化されるなど，現実には価値増殖過程の管理が労働過程の管理をも包摂しているとして，事実上の一重性規定を主張する誤った見解がある（井上秀次郎「読書ノート　角谷登志雄編『マルクス主義経営学論争』」『現代と思想』第34号，青木書店，1978年12月）．

(8) 河野大機「上田貞次郎」経営学史学会編『経営学史事典 第2版』（文眞堂，2012年），323～324ページ．

経営学はそれぞれ生成した背景の相違から独自の学問的性格を有している.

　日本の経営学は，西欧におくれて成立した日本資本主義のもとで，他の社会科学と同様に，欧米からの輸入学問として導入され，その浸透・受容の過程は，「経営学・経営経済学として大正末期から昭和初頭（1921年から30年ごろ）にかけて成立したこの分野も，基本的にはこうした影響下で，戦後恐慌，産業合理化の進行の過程で移植されてきた.[(9)]

2．経営学史

ドイツ経営学のあゆみとその特徴

　ドイツ経営学は，一般に経営経済学（Betriebswirtschaftslehre〔独〕）といわれている．ドイツ経営学は，その学問的性格を整えることに力を注いだため，さまざまな学派を生ぜしめた．シェーンプルーク（Schonpflug, F.）は，戦前のドイツ経営学を大きく理論的，技術論的，規範論的の三大学派に分類し，それぞれの特質を明確にして，経営学の発展に寄与した．それは経営学史研究の方法と課題を示したものとして画期的な業績であった.

　ドイツ経営学の発端は，19世紀末から20世紀にかけての一連の商科大学の設立に求められる．また18世紀に入って官房学的研究などが広がり，ルドヴィチ（Ludovici, C. G.）の『商人辞典』（1752 ～ 56年）などの代表的な研究や実務家の著書，ロイクス（Leuchs, J. M.）の商業学的研究が注目された．近代商人の育成機関としては，1898年にライプチヒ商科大学が開設され，その後各地で設立された商科大学では，商事活動や簿記を中心とした計算制度が帰納的に研究された．それは官房学や商業論さらには国民経済学とも異なった商事経営学，あるいは私経済学の生成を意味し，やがて経営経済学へと発展した.[(10)] 銀行独占と産業独占とが融合し金融資本が確立する独占資本主義の時

---

(9) 高橋俊夫「経営学説（日本の）」経済学辞典編集委員会編『大月 経済学辞典』（大月書店，1979年），189ページ.

(10) 鈴木英寿「ドイツ経営学の生成と性格」古川栄一・山田一郎編『経営学体系辞典』（第三出版，1970年），29ページ.

第1章　経営学の歴史と学説　　39

代に入る動態論の代表的な学者であるシュマーレンバッハ（Schmalenbach, E.）の『動的貸借対照表論』（1919年）が生まれ，その後イギリス，アメリカが独占資本主義へ推転するにともない，この両国にも貸借対照表の作成，監査の実践が導入されていった．ドイツ経営学は，これらの生成期における諸特質をともない，またニックリッシュ（Nicklish, H.）（『経済的経営学』1922年）やシュマーレンバッハなどによって経営経済学へと純化していった[11]．

　戦後はグーテンベルク（Gutenberg, E.）の理論経営学で出発したが，その後アメリカ経営学の影響を受けて意思決定やシステムを中心とする学派，労働者の利害のうえに立った学派，ドイツ伝統の規範論を生かした学派などさまざまな学派が生まれて経営学はさらなる分派をもたらした[12]．

　1960年代以降，西ドイツを中心とするドイツ語圏資本主義諸国における経営経済学は，新実証主義・批判的合理主義などの新しい科学方法論，行動科学の具体的研究成果，OR（オペレーションズ・リサーチ：Operations Research）をはじめとする数学的手法などの導入を契機として，複雑多岐にわたる展開をみせたが，意思決定指向的経営経済学の盛行と，従来のすべての学説を資本指向的経営経済学と規定し，それにみずからを対置する労働指向的経営経済学の成長が注目された[13]．

アメリカ経営学のあゆみとその特徴

　アメリカ経営学の先駆的理論の生成は，19世紀末葉から20世紀初頭であった．当時はビッグ・ビジネスの創成期であり，工場経営や機械生産における管理の問題がようやく発生してきつつある時代であった．産業革命進行中に発生したおもな理論の一つに，アダム・スミス（Smith, A.）の分業論がある．スミスは，国富の増減を左右するものは，労働生産力と労働者の数であり，「神の見えざる手」によって，社会の資本が自然のあるままに，ある種の産業に流れていくことによって発展が保証されると説いた[14]．またバベッジ

---

(11) 鈴木，同（10），29～30ページ．
(12) 吉田和夫「ドイツ経営学の学派分類」吉田和夫・大橋昭一編著『基本経営学用語辞典』（同文舘出版，1999年），200ページ．
(13) 中村瑞穂「経営学（資本主義諸国の）」経済学辞典編集委員会編『大月 経済学辞典』（大月書店，1979年），186～187ページ．

（Babbage, C.）は，早くから工場の管理問題に関心をよせ，機械，工具の改善や原価計算の必要性を説いた．機械償却における間接費の把握をおこない，製造間接費を設けた．しかしバベッジは，減価償却期間の耐用年数を社会的原価と実際の機械の耐用期間との相違のごまかし，また機械の使用による減価を，新しい機械への投下資本としての蓄積基金とした（マルクス=エンゲルス効果という）[15]．

　アメリカ経営学の生成は，近代管理論の祖といわれるテイラー（Taylor, F. W.）の科学的管理法の形成であるが，フォード（Ford, H.）の流れ作業生産方式とともに，それらは学派としては，科学的管理学派のなかに統合されている．テイラー・システムやフォード・システムは一定の科学的成果をもちながらも，資本主義の生産と消費の矛盾の発現としての市場問題や労働問題を解決させるものではなく，逆によりいっそう深刻にさせる結果をもたらした．すなわち生産と需要との大きなギャップにともなう操業度の低下と欠陥製品をめぐる消費者運動や科学的管理をめぐる労働組合との対立であり，これらの諸問題は議会でもしばしば大きな問題となり，激しく論戦が交わされたのである[16]．

　アメリカ経営学は総じて現場の実践的要請から生まれ，きわめて実践的・実利的なものである．それゆえここでは経営学は科学として現実の包括的認識を主としておこなうのではなく，企業経営上の問題解決に役立つ管理技術を諸種の経験から蒸留して示すこと，専門的管理者養成に資することがなによりも課題であった．戦後のアメリカ経営学においても，クーンツ（Koontz, H.）がアメリカ経営学の現状を"管理論のジャングル（management theory jungle）"と称したが，「クーンツによる方法論的反省すらも，経営実践との関連を問い直すという問題意識から出てきているのであって，かならずしも理論上の問題ではない」[17]．

---

(14) スミス『国富論』(水田洋訳，河出書房新社，1963 年).

(15) 井上秀次郎『現代大企業の生産管理と民主的統制』(光陽出版社, 1990 年), 44 ～ 46 ページ．および，谷江武士「ローマン=ルフチ効果」会計学中辞典編集委員会編『会計学中辞典』(青木書店, 2005 年), 396 ～ 397 ページ，参照.

(16) 本書第 3 章，参照.

(17) 篠原三郎・片岡信之『批判的経営学』(同文舘出版，1972 年), 51 ページ.

第 1 章　経営学の歴史と学説　　**41**

3. 現代経営学説

　経営学の古典派理論といわれる経営管理論の流れには，テイラーの科学的管理法の流れとファヨール（Fayol, J. H.）管理過程論の流れとがある．また新古典派理論は古典派理論への問い直しにより成立したものである[18]．古典派理論の諸前提は，①組織は生産活動を通じて経済目標を達成するために存在する，②生産のための組織には唯一最善の方法があり，それは体系的かつ科学的な方法を通じて達成される，③生産は専門化と分業を通じて最大化される，④組織に参加する諸個人は経済合理的な判断基準にもとづいて行動する経済人モデルである，ということである[19]．

　新古典派理論の範疇にどのような学派や理論をふくめるかについては「メイヨーやレスリスバーガーなどハーバード・グループによってすすめられたホーソン実験を端緒とする人間関係論のことをいう」[20]か，「バーナード理論以降を近代理論として位置づける」[21]かと議論は分かれている．

▶ 状況の法則

　フォレット（Follett, M. P.）は，市民運動家として約20年間ケース・ワーカーとして活動し，また人事管理協会の仕事にも長く携わった．「社会的存在である人間は他の人と考えや利害が相違する指揮・命令関係に作用する．これを抑圧や妥協というやり方でなく，統合によって解決できる」[22]と説いた．これは指揮・命令関係に作用する状況の法則（the law of the situation）とよばれた．

---

(18) 三井泉「新古典派の組織論」経営学史学会編『経営学史事典 第2版』（文眞堂，2012年），109
　　～110ページ．

(19) 三井，同（18），「新古典派の組織論」．

(20) 吉田和夫「経営学の新古典理論」吉田和夫・大橋昭一編著『基本経営学用語事典』（同文舘出版，
　　1999年），68ページ．

(21) 三井，前掲（18），「新古典派の組織論」．

(22) 廣瀬幹好「フォレット」吉田和夫・大橋昭一編著『基本経営学用語辞典』（同文舘出版，1999年），
　　239ページ．他に，フォレットについては石橋千佳子「フォレット理論の方法的枠組──企業の社
　　会的責任の検討」『龍谷ビジネスレビュー』第13号（2012年），および同「フォレットからドラッカー
　　へ──共に生きる経営学」『社会経営学研究』第10号（社会経営学研究会，2012年3月）参照．

▶ 人間関係論

　テイラー，フォード以降，労働者管理に関する調査研究が大工場を中心に実施された．ハーバード大学産業調査部によるウェスタン・エレクトリック社のホーソン工場での実験は，後の人間関係管理を誕生させるものとなったことで有名で，工場労働調査のような調査員が第三者的立場に立って調査するのではなく，調査員自身も実際の作業に参加しながら同時に調査をするという，いわゆる参与観察という方法を採用した[23]．ホーソン実験は人間機械観に立脚した科学的管理では限界があるとし，組織の労働能率には人間の感情的な面が大きく作用し，産業・企業における労働者の社会的集団における構造と機能を解することで多くの問題群と論点を提示するのに貢献した．人間関係論は，公式組織だけでなく非公式組織，経済的欲求だけでなく社会的欲求，抑圧的・指令的管理だけでなく参加的・自主的管理など新しい管理領域の拡大・発展の必要を意味していた．

▶ 社会システム論

　社会システム論は，レスリスバーガー（Roethlisberger, F. J.）による産業における人間関係の研究において提起された理論である．彼は，科学的管理を批判し産業は経済的現象であると同時に社会的現象であるとし，その前提的考察として，労働者の行動は，①その感情と切り離しては理解しえない，②感情は容易に偽装される，③感情の表現は，その労働者の全体的状況に照らして初めて理解される，とした．そしてまた公式組織論にたいして非公式組織における人間関係を重視した[24]．

▶ 協働体系論

　バーナード（Barnard, C. I.）は，協働体系から抽象的な組織概念が抽出さ

---

(23) こうした調査過程については，田中政光「人間性の発見」岸田民樹・田中政光『経営学説史』（有斐閣，2009年），80～86ページ．

(24) 丸山祐一「アメリカ経営学の特徴とその歩み」丸山惠也編著『批判経営学』（新日本出版社，2005年），143～146ページ．

第1章　経営学の歴史と学説　　**43**

れるとし，公式組織の環境にたいする有効性と能率の均衡的代謝関係を問題
とした．また経営管理者の職能・役割を協働体系のもとで，その重要性を説
いた．バーナードのいう協働体系は，一定の目的を有する複数の人々の体系
的関係の集団である．体系とは，各部分が，そこにふくまれる他のすべての
部分とある重要な方法で関連をもち，全体として扱われるので，協働体系の
成立を探究するには，人間が有している特性にまでさかのぼる必要がある．
そして主たる経営管理者の役割は，まず第一に，組織の目的とその環境の目
的を有効的にフィットさせることであり，次に，公式的組織とその従業員の
特質を能率的に調整することが必要である[25]．

▶ 意思決定論

　サイモン（Simon, H. A.）は，近代組織論の創始者であるバーナードの業績
を引き継ぎ，人間の意思決定過程において心理学的研究を導入し，その限界
を明らかにした．そしてバーナードの機会主義的意思決定をさらに決定前提
から結論する過程として描き出し，限定合理性の議論を提起した．これら両
者の理論は，内部組織だけをみるという段階ではなく，環境のなかでの組織
の適応をマネジメントの意思決定によって図るという生物モデルの段階であ
る[26]．サイモンは，意思決定過程は，多くの代替可能な行為のなかから一つの
行為を選択する過程であり，この選択をおこなう基準は，事実に関する事実
的前提，価値に関する価値的前提とがあるとした．彼は，意思決定の客観的
合理性すべてを充足することができる経済人モデルは，合理性の限界のゆえ
に否定し，合理性の限界を認めた経営人モデルを措定する．サイモンの意思
決定の合理性は，あくまでも，目的にたいする集団の合理性の追求であって，
しかも心理的側面も重視しているところに特徴がある[27]．

---

(25) 田中政光「協働体系としての組織」岸田民樹・田中政光『経営学説史』（有斐閣，2009 年），116
　　～ 122 ページ.
(26) 高橋公夫「現代経営学の潮流と限界」経営学史学会編『現代経営学の潮流と限界』（文眞堂，2015
　　年），19 ページ.
(27) 稲村毅「経営人モデル」吉田和夫・大橋昭一編著『基本経営学用語辞典』（同文舘出版，1999 年），
　　72 ページ.

44　　第Ⅰ部　経営学の基礎

▶ コンティンジェンシー理論

唯一最善の普遍的な組織を追求する立場を否定し，状況が異なれば有効な組織は異なるという立場をとり，状況適合理論ともいう．組織構造の有効性を規定するコンティンジェンシー要因は，大きく環境と技術に分けることができる．バーンズとストーカー（Burns, T. and Stalker, G. M.）は，安定した環境では機械的組織が，不安定な環境では有機的組織が有効であるとした．ウッドワード（Woodward, J.）は，単品生産と装置生産のもとでは有機的組織が有効であるとした[28]．

▶ 労働過程論

資本主義的生産過程は，労働過程と価値増殖過程との統一である．資本主義のもとでの労働過程は，資本家が労働力を消費し，商品を生み出す生産過程でもある．労働過程はまた労働者が資本家の統制のもとで労働する過程であり，その労働による生産物は資本家の取得物となる過程である．したがって労働者にとっての労働過程は，労働苦をもたらし，働き甲斐を喪失する場でもある[29]．それゆえ労働過程論争では，たとえばブレイヴァマン（Braverman, H.）は「人間においては……労働の原動力と労働それ自体との統一は，切断不可能ではない．構想と実行との統一は分解されうる．依然として構想は，実行に先立ち，実行を統制しなくてはならないが，しかし，ある者が構想した観念を他の者が実行に移すことは可能である[30]」として科学的管理法を評価する一方，フォード・システムや現代の労働過程の再編成としてのさらに非熟練化による労働の衰退，労働者階級の増大する職種としての新しい事務労働者（コンピュータ労働）を「事実上新種の階層」として位置づけ分析をおこなった．

---

(28) 奥林康司「コンティンジェンシー理論」吉田和夫・大橋昭一編著『基本経営学用語辞典』(同文舘出版，1999 年)，99 ページ．

(29) 原典となるのは，マルクス『資本論』第 3 篇第 5 章「労働過程と価値増殖過程」である．

(30) ブレイヴァマン『労働と独占資本』(富沢賢治訳，岩波書店，1978 年)，55 ページ．

(31) 京谷栄二『フレキシビリティとはなにか』(窓社，1993 年)，鈴木和雄『労働過程論の展開』(学文社，2001 年)，藤田実『戦後日本の労使関係』(大月書店，2017 年)，坂本清『熟練・分業と生産システムの進化』(文眞堂，2017 年)，櫻井幸男『グローバリゼーション下のイギリス経済』(法律文化社，2018 年)，友寄英隆『AI と資本主義』(本の泉社，2019 年)，など参照．

労働過程論争として火をつけたブレイヴァマン以降、さまざまな研究や理論があらわれたが、今日的には、AI（人工知能）と労働過程とのかかわりなど現代は研究の新たな地平に来ているといえるだろう。[31]

▶ ポスト・フォーディズム論争

この労働過程論争の延長線上にあるのがポスト・フォーディズム論争である。しかし、もともとフォーディズムの意味内容そのものが一義的な定義などなく、その論争領域は限りなく広がりを見せている。そこでの働き方としての労働の衰退、ジャスト・イン・タイムなどトヨタ方式の自動車産業以外への展開、「高賃金低価格」論の破綻、そのシステムの（マクドナルド化などの）産業・社会への拡散がもたらす、社会全体を剰余価値生産に総動員させる体制への警告・懸念が問題になっている。

しかし我が国でポスト・フォーディズム論争が広く議論されるようになった契機は、加藤哲郎、ロブ・スティーヴン編著『日本型経営はポスト・フォーディズムか？』（窓社、1993年）であろう。とりわけ本書で掲載されたケニー、フロリダ「大量生産を超えて──日本における生産と労働過程」、および加藤哲郎、スティーヴン「日本資本主義はポスト・フォード主義か？」の2論文である。ただ当時はまだ「日本的経営」が安泰な時であり、論者の多くが日本型経営礼賛論、ないしアメリカ社会への憂慮、フランスのレギュラシオン学派の妥協的フォード型経済体制の受け入れなどが論点とされたが、新自由主義経済の受け入れ、「新時代の『日本的経営』」以降の日本経済の構造的解体は、日本を深刻な状態に陥れ再興をきわめて困難にしている。[32]

▶ 経営戦略論

戦略とはもともと軍事的な用語である。著名な軍事研究家クラウゼヴィッ

---

(32) 小松史朗「ポスト・フォーディズム論争再考──その今日的含意を問う」『立命館経営学』第56巻第4号（2017年11月）、土田俊幸「レギュラシオン学派における労働過程論──バンジャマン・コリアを中心に」『北海道大学教育学部紀要』第65号（1995年）、丸山恵也『日本的生産システムとフレキシビリティ』（日本評論社、1995年）、浅野和也「日本的生産システムの一考察──『ポスト・フォーディズム論争』の検証と今後の生産システムの方向」『中京経営研究』第10巻第1号（2000年9月）、伊原亮司『トヨタの労働現場』（桜井書店、2003年）、参照.

(33) 一寸木俊昭「経営戦略」経済学辞典編集委員会編『大月 経済学辞典』（大月書店、1979年）、197ページ.

46 第Ⅰ部 経営学の基礎

ツ（Clausewitz, K.）は，『戦争論』（1832年）のなかで，局地戦を指令し，遂行する活動と，それらを戦争のために関連させる活動を区別し，前者を戦術，後者を戦略と名づけた．企業経営に関連してこうした用語や概念が頻繁に使われるようになったのは1960年代以降である．[33]

チャンドラー（Chandler, A. D. Jr.）は，19世紀末からの独占資本の発展，それにともなう経営の多角化・大規模・複雑化に対応して，経営資源の配分とその効率的利用をめざす経営者のリーダーシップ戦略論を展開し，「組織構造は企業戦略に従う」という命題を提起した．またアンゾフ（Ansoff, H. L.）は，経済環境がきわめてドラスティックに変化する非連続的環境変化のなかで，全構成員参加を前提とする戦略的経営を提唱した．さらにポーター（Porter, M. E.）は，国家独占資本主義体制と経済のグローバル化という新しい環境条件の変化のなかで，企業が競争優位を獲得するための戦略的要因を産業クラスター（企業間関係）理論として示しながら，国民経済に基盤をおく大企業の競争優位戦略を展開した．[34]

▶ 人事管理論から人的資源管理論へ

労務管理は，個別企業における労働者を対象とし，その労働力を能率的に利用すること，ならびにそのために労働者を資本もしくは企業のもとに従属させることを目的としている管理である．[35] この目的を果たすために，労務管理は，一般に人事管理と組合対策とからなりたっている．そして1930年代後半から大量生産体制の進展とそれにともなう経営規模の拡大や労働市場の構造変化，および労働組合組織の発展などを背景に，労働経済学・心理学・労使関係研究などを取り入れながら人事管理論として体系化された．[36]

ヨーダー（Yoder, A.）は，人事管理とは，労働力の能率的統制を取り扱う管理の一部面であって，他の一切を取り扱う管理の部面から区別されるとし，人事管理の基本的な目的は，企業内の労働力から最大の生産能率を確保

---

(34) 井上宏「経営戦略」会計学中辞典編集委員会編『会計学中辞典』（青木書店，2005年），133〜134ページ．

(35) 木元進一郎「労務管理と人間関係」中村常次郎編著『近代経営学基本用語辞典』（春秋社，1962年），164ページ．

(36) 岡田行正「人事管理論・人的資源管理論の史的変遷」守屋貴司・中村艶子・橋場俊展編著『価値創発（EVP）時代の人的資源管理』（ミネルヴァ書房，2018年），13〜14ページ．

第1章　経営学の歴史と学説　　**47**

することにあるとしている．1940年代から50年代にかけて，アメリカ人事管理論は，伝統的人事管理論と人間関係論的人事管理論へと分化した．1980年代には人事管理に代わって人的資源管理が一般的に使用されるようになった．また現在は「最大のパフォーマンスを発揮する高い機能を有する特定の個人をつくりだ」す，そうした「最大のパフォーマンスを発揮する特定の個人が，学び，成長し，成果を上げる環境をつくりだす」ことを目的としたタレントマネジメントが注目されてきている．[37]

4．経営学史（日本）

日本の経営学の成立

　各国の経営学の成立は，先にもみたように歴史的には，独占資本主義の段階において成立してきた．日本の場合も独占資本主義の成立期の明治末から大正期にかけ生成し，昭和の初めに確立した．当時（1868年）の西ヨーロッパの資本主義諸国は，すでに産業革命を経て，独占資本主義の段階に移行する過程にあった．明治維新はブルジョア革命であったが，それはきわめて不完全なものであり，明治政府は，国家権力をもって資本主義化の政策を強行する必要があった．貨幣・信用制度の整備，地租改正，秩禄処分，各種官業の経営と払い下げ，産業資金の貸し付けなどをはじめとして，外国の技術の導入をはかり，殖産興業政策を推し進めた．

　欧米からの輸入学問として出発し，その浸透・受容の過程は，基本的に日本資本主義の動きと密接な関連をもっている．経営経済学として大正末期から昭和初頭（1921年ごろから30年ごろ）にかけて成立したこの分野も，基本的にはこうした影響下で，戦後恐慌・産業合理化の進行の過程で移植されてい

---

(37) 守屋貴司「人的資源管理論からタレントマネジメントへの『進化』」，同（36），参照．

(38) 高橋，前掲（9），189〜190ページ．

(39) しかし「1873年に刊行された初編は，完全な複式簿記ではなく『略式』簿記『本式』の複式簿記を叙述した二編は1874年刊行である．略式簿記を単式簿記とみれば，日本最初の簿記の書は，1873年刊行の英国人アラン・シャンド（shand, A. A.）原著・大蔵省編『銀行簿記精法』ということになろう」（西川登「帳合之法」会計学中辞典編集委員会編『会計学中辞典』青木書店，2005年，285ページ）．

く．したがって成立時に努力した論者には学説の独自性よりも紹介者，翻訳者，情報の担い手という要素がつきまとっている．たとえば1873〜74年に福沢諭吉の『帳合之法』初編，二編がアメリカの高校簿記教科書の訳本として発行されたが，それは日本最初の複式簿記の書としてとらえられている．日本の経営学は，明治以来の官主導経済のなかにあって，私的な実務本位の商業学を学としての経営学にまで高めるために，それをドイツの経営経済学で充足しようとした．戦前の日本の経営学はこうして主としてドイツに傾き形成されていった．

　戦後は，アメリカの資本と技術の援助のもとに，経営管理学が全面的に導入され，日本の経営学はこうした形成過程のもとで，経営経済学（ドイツ経営学）と経営管理学（アメリカ経営学）で基礎づけ，経済学と管理学に支えられた独自の経営学を形成してきた．日本独自の経営学といわれる批判経営学の成立過程もどちらかといえばこうした経営経済学的な要素を有していた．

日本の現代経営学説

▶ 組織の学習理論

　現代組織論では学習理論が導入され，組織が経験を通じて持続的な行動の変化を及ぼす，あるいは環境変化を組織自身が学習し，その変化への適応を成し遂げ発展していくとの提起がある．

　複雑系，自己組織系など自然科学や教育学（学習理論）からの吸収は，日本の経営学に新しい組織理論の構築を促した．すなわち組織が戦略を規定するという経路を強調する過程で，組織成員にしみついた信念・知識体系としての企業文化論への注目がなされる．日本的経営への事例研究による実証分析から日本の経営にみられる組織観の変化を発掘し，そこには組織はアメリカのように「与えられる」ものではなく「設計される」ものとして，組織の確立をみる．思想をもち，価値観をもった労働者が相互に話し合いながら，学習し，企業目標を定め，戦略を練り上げ，企業を創造（理論的想定，もしくは仮説の設定）する．

---

(40) 井上秀次郎「地域に根ざす自営業者，その組織・団体が地域の主体者に」『中小商工業研究』第90号（全商連付属・中小商工業研究所，2007年1月）．

▶ 経営戦略論

　上意下達のアメリカ経営戦略論は，組織は戦略に従うとなり，経営組織論は戦略論のなかに取り込まれ，独自の研究領域としての意味をもたない．アメリカ経営学においては，戦略が決められ，その戦略にあわせて組織が措定され，この経路で経営者が戦略を決定し，その戦略にあわせて環境を決め，環境に適合する手段としての組織を設計する．しかし日本の経営学は，組織論の一部に戦略論を取り込み，戦略と組織の相互規定は，組織は戦略に従うけれども，戦略もまた組織に従う，という理論的なフレームワークが創造された⁽⁴¹⁾．

▶ 集団的経営意思決定論

　日本は，組織の意思決定は，集団的意思決定とする．その背景には，①ボトムアップ思考・稟議制（現場労働者が提案し，経営者が決定する），②根回し，集団主義，組織コミュニケーションの活発化，③終身雇用制，④企業内労働組合など日本的経営の特殊性がある⁽⁴²⁾．

▶ 知識創造理論

　知識創造理論，ないしナレッジ・マネジメント論の源流は，野中郁次郎の著書『知識創造の経営——日本企業のエピステモロジー』（1990年）に求められる．野中は，アメリカ経営学では，①人間の「可能性」や「創造性」ではなく，人間の「諸能力の限界」に注目している．②人間を「情報創造者」としてではなく，「情報処理者」としてみなしている．③環境の変化にたいする組織の「主体的・能動的な働きかけ」ではなく，「受動的な適応」を重視しているとする⁽⁴³⁾．野中は，しかし「われわれに必要なのは，組織は各成員の創造性に注目し人間を知識・情報創造者とみなし，組織的知識の創造過程を

---

(41) 井上秀次郎「知識創造企業論と組織基盤の再構築」『東邦学誌』第35巻第1号（2006年6月）．
(42) 井上，同（41），参照．
(43) 野中郁次郎『知識創造の経営』（日本経済新聞社，1990年），40ページ．
(44) 野中，同（43），参照．

通じて環境に対し積極的な提案をしていかなければならないという展望である」とする. このような日本の経営学の考えは, アメリカの「科学的思考の経営学」にたいする日本の「組織文化・企業文化」の背後にあるとして, より本質的な概念の探究が進められた. それは「知識創造がひとつのキーワードになり, インタビューを多用した事例研究を通じて技術革新や組織革新の分析を進めていく」という作業過程であり, ①決定論的なシステム論の導入と, パラダイム論を手掛かりとして始められた知識体系との融合である. ②企業が知識創造しながら予測不可能な発展を遂げていくプロセスの考察に努力を傾けていく過程で「現代日本の経営学の基本形」が確立し, アメリカ経営学にたいする「日本経営学の凌駕」へと導いた.

▶ 日本の経営理論の課題と展開

現代日本の急激な環境変化のなかで, 上にあげた「日本的経営」はほとんど解体し, これらの日本独自の経営学理論は, 経営環境の変化のなかで, その足場を奪われ, 修正を余儀なくされざるをえない. 理論の立脚点が, まさにその経営環境そのもののなかから産み出されたものであり, 実証をともなう理論はその歴史的限界を修正し, その理論の刷新(進化)を施さなければならない. 理論はその基底にある資本主義のルール(原理)とその対象たる地域・国の史的段階・政策とのかかわりで研究するものだからである.

▶ 中小企業論

日本独自の経営学分野では, 伝統的に「中小企業論」がある. 大資本と中小資本の矛盾関係は, 資本主義の発展とともに, たとえば近代的大工業としてのマニュファクチュアの時代には家内工業(家内労働)にたいして商人が生産者を隷属し, 材料を支給する生産体制が普及したが, それは機械制大工業の時代にも存在する. 独占資本主義段階での家内工業はその多くが下請け

---

(45) 沼上幹「科学的管理から100年——『科学』化からの脱却」(日本経営工学会基調講演, 2003年5月)『平成15年度春季大会予稿集』(日本経営工学会, 2003年).

(46) 井上, 前掲(41), 参照.

(47) 野呂栄太郎『日本資本主義発達史 上・下』(岩波文庫, 1954年. 原典は, 鉄塔書院1930年)参照.

として存在し，零細規模で低賃金・長時間労働が特徴であった[47].

中小企業は，日本，欧米だけでなく，世界にも存在するが，わが国では戦前から現在まで独自の領域をもった中小企業問題，特に日本経済の二重構造問題として存在する．ただ中小企業論では，二重構造問題だけでなく，一つは，その自立的発展性の問題，たとえば中堅企業論とかベンチャービジネス論としても論じられている．また第二に，中小企業独自の事業領域としての伝統・地場産業や技術や法律によって確保された中小企業事業分野などの維持存続問題もある．

資本主義社会のもとで資本構成の高度化によって相対的過剰人口が発生し，産業予備軍が形成される．日本の中小企業の多くは大資本に支配され，零細経営を余儀なくしている．それは産業予備軍の受け皿としての機能をも有していた．中小企業政策は，産業政策だけで済むものではなく，社会政策としても必要である．

▶ 批判経営学

日本の経営学は，主として戦前はドイツ経営学が，戦後はアメリカ経営学が主流をなしているが，日本で成立し，当時，急速に発展を遂げたといわれる批判経営学も，その成立期は，中西寅雄『経営経済学』（1931年）がその端緒である．それはマルクス『資本論』をベースにし，個別資本の運動に即して展開した．また北川宗蔵は唯物弁証法の哲学とマルクス主義経済学を基礎にして，批判経営学の樹立に貢献した．

戦後は，アメリカの資本と技術の援助のもとに，経営管理学が全面的に導入され，批判経営学においては，戦前の経営経済学研究を継承しながらも，たとえば馬場克三『個別資本と経営技術』（1957年）では，経営技術を批判の対象に加えるという，新しい展開がなされた．なお著名な批判経営学者としては，前の3氏に加え，岩尾裕純，古林喜楽，佐々木吉郎，中村常次郎ら[48]，また牛尾真造，上林貞治郎，海道進，三戸公，野口祐，儀我壮一郎，片山伍一，川端久夫，角谷登志雄，浅野敞，篠原三郎ら多彩な顔触れがいる[49]．

---

(48) 経営学史学会編『経営学史事典 第2版』（文眞堂，2012年），78ページ．

52　第Ⅰ部　経営学の基礎

なお批判経営学は，日本の経営学と同様な主張は，欧米でもみられる．た
とえば，旧東ドイツ（ドイツ民主共和国）では1950年代ごろからマルクス主義
理論による資本主義経営学批判が起こり，当時の社会主義建設に積極的役割
を果たした．西ドイツでは1970年代，赤色経済学派による資本主義経営学
の体制批判が起き，さらに労働組合を基盤とし労働者の利益擁護の立場に立
つ労働指向的経営経済学が展開された．これはイデオロギー的体制批判は強
くなかったが，内容的には批判経営学に通じるものであった.[50]

【参考文献】
経営学史学会編『経営学史事典 第2版』（文眞堂，2012年）.
経営学史学会編『現代経営学の潮流と限界』（文眞堂，2015年）.
経営学研究グループ『経営学史』（亜紀書房，1972年）.
岸田民樹・田中政光『経営学説史』（有斐閣，2009年）.
大平浩二・幸田浩文・早坂明彦『現代経営学説の探究』（中央経済社，1988年）.
篠原三郎・片岡信之『批判的経営学』（同文舘出版，1972年）.

---

(49) 片岡信之「個別資本説」神戸大学経営学研究室編『経営学大辞典』（中央経済社，1988年），316
　　ページ.
(50) 大橋昭一「批判経営学」会計学中辞典編集委員会編『会計学中辞典』（青木書店，2005年），328
　　〜329ページ.

論点

19世紀中葉のイギリスの状態とその観察
──エンゲルスとナイチンゲール

まずは次の二つの記事を読んでほしい.

(1)「社会が,何百人ものプロレタリアを,思いがけない不自然な死に,剣や,弾丸による死とまったく同じような強制的な死に,必然的に陥らざるをえないような状態におく」,「こうした境遇の必然的な結果である死」「隠蔽された陰険な殺人」「なぜなら殺人犯の姿が見えない」「イギリスでは社会が,こうした社会的殺人」「毎日,毎時間犯している」「社会が,これらの労働者の生命をすこしずつしだいに破壊し,こうして寿命よりもはやく墓場に運んでいるということを,証明しなければならない」.

(2)「多くの工場,倉庫,授産所,作業所などの現状から,なんと数知れぬほどの病気や死や悲惨」「貧しい縫製工や印刷工,その他こういった職業の人びとが生活のために働く場所は,ほとんどのばあい,衛生状態の最も悪い町のどの一角よりも劣悪な衛生状態にある」「貧しい労働者たちは,およそこれ以上の過密状態は想像もできないほどぎゅうぎゅうに詰め込まれている」.「湿気の多い不潔な空気を絶えず呼吸することと,そういう空気が皮膚に及ぼす作用とによって,そこで働く人びとの寒さに対する抵抗力はいちじるしく低下してしまう」「寒さに対する抵抗力の低下こそが,彼らが絶えずさらされている肺疾患という危険を警告する一つの指標」.

(1)でいう「社会的殺人」とは,さしずめ今日でいう「過労死」のことであろうか.いうまでもなく前者は,エンゲルスの『イギリスにおける労働者階級の状態』(1845年)であり,後者は,じつはナイチンゲールの『看護覚え書』(1860年)である.

エンゲルスとナイチンゲールは，いずれも出生は 1820 年である．二人はいずれも富裕家に生まれ，ともに社会活動家として活躍した．19 世紀中葉のイギリスで出版された 2 冊の著書は，その背景となる，労働者の保健・衛生状態のいちじるしい悪化，死亡率の増大，救貧法などについて述べている．居住や生活環境について観察し，詳しい実態調査の実施，そして何よりも，その観察による事実を重視する．

「真実がとらえられないのは観察不足の結果」（ナイチンゲール）ともいっている．彼女は，看護師であるとともに，近代看護教育，社会起業家，統計学者，医療衛生管理などで活躍したとある．今日の看護学では，看護・ケアへのグラウンデッド・セオリーの方法が導入されてきている．

社会活動にとって，エンゲルス，ナイチンゲールの両著で明らかにされているのは，真実の実態把握であり，そのための調査・観察の実施ということだろう．二人は経済学と看護学における理論と実証の橋渡しとしてそれぞれ大きな役割を果たした．

〈参考文献〉
エンゲルス『イギリスにおける労働者階級の状態』第 1 巻（国民文庫，大月書店，1971 年），201 〜 202 ページ．
ナイチンゲール『看護覚え書』（湯槇ます・薄井垣子・小玉香津子・田村眞・小南吉彦訳，現代社，2011 年），28 〜 29 ページ．
加藤文子「イギリス産業革命と 19 世紀医療衛生政策」『実践女子大学人間社会学部紀要』第 6 集．

第 **2** 章

経営形態の歴史的発展

．．．

第2章では，資本主義企業における経営形態の歴史的発展が分析される．企業は労働生産力を上昇させ剰余価値（利潤）増大を達成するために，協業や分業，機械制といった生産方法を発展させてきた．そして，この生産方法の発展に対応して株式会社制度やさまざまな企業集中の形態が生まれ，現代企業における所有と支配の分離が進んでいく．このような資本の生産力発展と資本集中は，同時に労働者への新しい支配の形態を生み出していくのである．

【キーワード】

生産様式の発展　　　所有と支配の分離　　　M&A

1. はじめに

　現代の資本主義経済は，資本の運動が主導的な役割を果たしながら経済や社会のシステムを構築している経済体制である．その資本運動の担い手として，資本家やその経営体である企業ないしは会社が存在する．

　しかし一歩踏み込んだ考察をおこなうと，企業とは何か，という問いに答えることは容易なことではない．たとえばコーポレート・ガバナンスをめぐる議論では，企業は株主のものである（よって株主利益のために運営されるべき）という株主主権論から，企業を取り巻く多様な利害関係者のために企業は運営されるべきであるというステークホルダー論まで，さまざまな議論が存在する．あたかも論者の数だけ「企業とは何か」の説明があるかのようである．このような状況は，日本経済新聞の連載をまとめた『会社とは何か』（日本経

56　　第Ⅰ部　経営学の基礎

済新聞社，2006年）における「社員のよりどころとしての共同体，株主利益の極大化を目指す営利装置——．会社とは断面ごとに異なる光を放つ不思議な存在だ．むしろ多様な価値観を包み込んで融通むげに生き続けることが，会社の本質なのかもしれない[2]」という問いかけに現れている．

　このように多様な企業理論が存在している理由は，企業とは何かという問いを掘り下げていくと，経営学や経済学の重要な理論問題をふくんでいるためである．資本主義経済システムにおける企業行動の目的は何か，経済的富はどのように生み出されているのか，市場の競争構造と社会による規制はどのような形態か，誰が企業を所有しその経営権限を担っているのか，など多様な要因が複雑に絡み合いながら現代の企業は形づくられている．よって，企業を理解するためには企業を単なる投入と産出の「ブラック・ボックス[3]」として扱うのではなく，企業内部の生産や意思決定をめぐるさまざまな形態がどのような構造になっているのか，それがどのような歴史的発展を経てきたのかを明らかにする必要がある．

　以上をふまえて本章の課題は，経営形態・企業形態の歴史的発展を分析し，企業の現代的形態がどのように形成されてきたのか，その要因を明らかにすることである．課題解明のための理論的枠組みは次の点におく．すなわち，資本は自己増殖する価値の運動体としての規定から，利潤の本質である剰余価値をいかに最大化するかというところにもっとも重要な目的がある．よって，資本運動の具体化である経営形態の発展は，剰余価値増大に適した生産形態（労働の配置や生産組織，労働条件）や労働生産力発展の追求，そして資本蓄積と資本集中の形態として，現象する．このように労働生産力発展のための生産システムの変革と資本・経営・支配の現代的形態を分析することで，現代資本主義における企業経営の特徴を明らかにすることができるのである．

---

(1) 柴田努「会社は誰のものか——機関投資家の台頭」柴田努・新井大輔・森原康仁編著『[新版] 図説経済の論点』(旬報社，2019年)，78〜81ページ．

(2) 日本経済新聞社編『会社とは何か』(日本経済新聞社，2006年)，4ページ．

(3) 新古典派経済学の企業理論では，企業は利潤が最大化されるように投入と産出の水準を決定する「完全に効率的な『ブラック・ボックス』」として扱われるが，オリバー・ハートは，このような理論は過度に単純化したモデルであり，想定が非現実的であることや企業の内部組織における階層構造や意思決定システム，企業の境界については何も語られていないと批判している．オリバー・ハート『企業 契約 金融構造』(鳥居昭夫訳，慶應義塾大学出版会，2010年)，19〜22ページ．

以下，第2節で企業形態と経営形態の分類についての先行研究を整理した
うえで，第3節で経営形態の発展とその特質，第4節で企業形態の発展を分
析する．

2．経営形態論と企業形態論

　資本運動の主要な担い手である企業は，さまざまな形態をとる．その内
容として，従来は経営形態と企業形態として具体的な分析がおこなわれてき
た．本節では，この二つの形態はどのように区別されるのか，またどのよう
な理論的特徴があるのかを論じる．

　中村常次郎編著『近代経営学基本用語辞典』（春秋社，1962年）によれば，「経
営形態の歴史的発展」は，（1）協業（co-operation），（2）マニュファクチュア
（manufacture），（3）機械制経営，そして「近代経営とオートメーション」の
順に説明されており，生産過程の技術的側面と管理的側面が主要な内容とな
っている[4]．神戸大学経営学研究室編『経営学大辞典』（中央経済社，1988年）は，
「経営形態（industrial organization）」の項目で，「一定の行動原理が，経営活
動を規律する規準として，持続的な性格をもち，具体的な構造に客観化され
てくるときに，一定の経営形態が成立する」と述べ，「①手工業経営，②問
屋制工業経営，③工場制工業経営の段階を経て，企業が成立し，企業は個人
企業から会社企業へ，さらに所有と経営の分離による構造変化を起こし，さ
らに各種の企業集中形態への歴史的展開を見せる」と説明されている[5]．

　同辞典の「企業形態（business organization）」の項目では，「企業形態は，
生産経済に用いられる生産手段の所有と経営・支配の構造的関係を意味し」
「経営現象の体制関連的事実を構造論的にとらえたものである」と書かれて
いる．そのうえで，企業形態は「1 私企業」「2 企業集中形態」「3 公企業」「4
協同組合」として把握される[6]．吉田和夫・大橋昭一監修『最新 基本経営学
用語辞典』（同文舘出版，2010年）では，「3 企業形態と経営形態」という項目で，

---

(4) 中村常次郎編著『近代経営学基本用語辞典』（春秋社，1962年），中村常次郎執筆，46～47ページ．
(5) 神戸大学経営学研究室編『経営学大辞典』（中央経済社，1988年），占部都美執筆，204ページ．

企業，会社の説明から合名会社，合資会社，株式会社等の企業形態の発展とともに会社合併，企業結合形態，企業系列，企業グループ（企業集団），などの形態が分類されている[7].

　以上をふまえると，経営形態とは企業経営における労働生産力発展の歴史的形態として把握され，企業形態は資本集中を軸にして，企業の所有と経営・支配をめぐる法的・制度的形態として理解することができる[8].　また企業形態論としては，非営利組織や公企業をふくむ広い企業組織が対象となるが，本章の課題は資本主義企業の分析であるから，以下では小松章が狭義の企業概念とする「現代の経済活動の担い手として最も主要かつ典型的な存在」としての「私企業」に限定する[9].

　では次に問題となるのは，企業形態を単なる資本集中の形態や個人企業や株式会社などの法的形態としてのみとらえるのではなく，企業の所有と経営・支配をめぐる形態として理解するとはどのような意味であろうか[10].

　資本主義経済システムを対象として個別資本の運動に焦点をあてる場合，植竹晃久が論じるように，その基礎過程としての資本蓄積の過程に着目することで「企業形態は一般的にまず資本集中の形態として，企業がその資本規模拡大に対応させてとるところの形態——より大なる資本集中を達成するための枠組み——として，これを位置づけることができる[11]」．しかし，この利潤増大のための企業規模拡大である内部蓄積とは区別される形での資本集中のさまざまな形態は「単に技術的な資本調達形態の問題にとどまるものではない」．それには，資本規模拡大に対応した「統一的な意思の形成，統一的な経営の維持，当該資本にたいする統一的な支配」が必要であり，企業の所

---

(6) 同（5），占部都美執筆，123 〜 124 ページ.

(7) 吉田和夫・大橋昭一監修／深山明・海道ノブチカ・廣瀬幹好編『最新 基本経営学用語辞典』（同文舘出版，2010 年），体系順項目一覧 9 〜 10 ページ.

(8) このような経営学辞典にみられる分類は，経営形態論や企業形態論の多くの先行研究において，論者によって厳密な規定は異なりながらも，大きな枠組みにおける分類基準は同じである．たとえば，馬場克三によると，経営形態は「労働の結合様式」であり，企業形態は「資本の結合様式」として分析されている（馬場克三『経営経済学 増補改訂版』税務経理協会，1982 年，33 ページ）.

(9) 小松章『企業形態論 第 3 版』（新世社，2006 年），3 ページ.

(10) 企業形態論は，「企業の出資，経営および支配の関係がどのようになっているかを考えることで主たる展開を見ることになる」（正木久司『経営学講義』（晃洋書房，1991 年，17 ページ）.

(11) 植竹晃久『企業形態論』（中央経済社，1984 年），3 ページ.

第 2 章　経営形態の歴史的発展　　59

有と支配をめぐる構造の把握が必要なのである[(12)].

　つまり，我々は経営形態の歴史的発展を考察する際に，資本の生産力発展の具体的形態であり技術的発展の側面から把握される生産様式を明らかにするとともに，それに対応した資本集中の形態と巨大化した資本の統一的な管理運営である企業の支配形態を分析しなければならないのである．以上の分析視角をもとに，次節以降で経営形態と企業形態についての分析をおこなう．

3. 経営形態の発展

　前節において，経営形態の発展は労働生産力を発展させるための形態であることを確認した．ではなぜ企業は生産性の上昇を競っているのか．ここにはマルクス（Marx, K.）が『資本論』第1部第4篇で分析した「特別剰余価値」獲得をめぐる資本間の競争がその要因としてある．たとえばある企業が技術革新などによって新しい生産方法を導入した場合，その企業はライバル他社に比べて一商品を生産するのに必要な労働時間を短縮することができる．商品の価値はそれをつくるのに必要な個別的労働時間ではなく社会的必要労働時間によって決まっている．つまり，労働生産力の上昇によって商品の個別的価値を社会的価値以下に切り下げることが可能となり，特別剰余価値という形で利潤増大を達成できるのである．

　しかし，資本主義的競争によって他社も同様の水準またはそれ以上の生産性上昇を達成することで特別剰余価値は消滅する．これによって商品の社会的価値そのものが低下するわけであるが，これは社会全体でみた場合の労働力再生産費の低下，すなわち賃金の低下をもたらす．これによって，新たに生み出された付加価値のうち，賃金部分の減少に対応する形で剰余価値の増大が達成される．これが相対的剰余価値の生産である．以上要するに，資本主義的企業における経営形態の発展は，労働生産力を上昇させ剰余価値増大を資本にもたらす生産様式の発展なのである．

---

(12) 植竹，同 (11)，4ページ．

60　　第Ⅰ部　経営学の基礎

以下，生産性上昇のための技術的・生産的方法の変革と組織形態を軸に資本の生産力発展の形態を分析する[14]。

協 業

歴史的には，資本の生産力発展の具体的形態として協業が出発点となる．協業が資本主義以前の同職組合（中世ギルド）的手工業と区別される点は，同じ場所でより多数の労働者が同じ資本家の指揮下で働く形態であるということにある．ギルド手工業者は「親方1人の単独経営が多く，せいぜい1〜3人の職人または徒弟をもつにすぎ[15]」ない．つまり，このような封建的制限を打ち破り，同じ資本家のもとにギルド手工業よりも多数の労働者が資本家の指揮の下で働くということがポイントとなる．そして，この技術的形態の特徴は資本家の指揮のもと「同じ生産過程において，あるいは，異なっているが連関している生産諸過程において，肩をならべ，一緒になって計画的に労働する多くの人々の労働の形態[16]」という点にあり，これが資本主義的協業の形態である．

協業による生産力発展は，以下の要因によって達成される．第一に，多数の労働者が集められることによって，個別労働者の労働の質などのさまざまな違いは平準化される．第二に，同じ場所ないしは関連する生産過程で多くの労働者が働くことによって，生産手段の共同利用による効率化が達成される．第三に，多数の労働者が同じ場所で働くことによって，個別労働の単なる結合ではなく，集団としての労働生産力が上昇する．同じ職場の労働者同士は互いに競争心や活気（アニマル・スピリッツ）が刺激され[17]，個々人の作業

---

(13) マルクス理論の研究者であるハーヴェイは，次のように述べている．「彼は明らかに，機械（ハードウェア）に関心を持っているのと同じくらい組織形態（一種のソフトウェア）にも関心を持っている．私の考えでは，最も妥当なのはマルクスの『技術／生産力』論が機械プラス組織形態であることを理解することである．」（デヴィッド・ハーヴェイ『〈資本論〉入門』森田成也・中村好孝訳，作品社，2011年，261ページ）．

(14) 以下の「協業」「分業とマニュファクチュア」「機械制大工業」は，カール・マルクス『資本論』第3分冊（資本論翻訳委員会訳，新日本出版社，1983年）の第1部第4篇「相対的剰余価値の生産」の第10章から13章を参照している．

(15) 松石勝彦『『資本論』と産業革命』（青木書店，2007年），61ページ．

(16) 『資本論』翻訳567ページ，ドイツ語版344ページ．以下『資本論』からの引用は，K I 344ページ，のようにドイツ語版ページ数のみを略記する．

第2章 経営形態の歴史的発展　61

能力を高められる．第四に，生産過程における指揮・監督・調整の機能が資本家の機能となり，労働者にたいして専制的な機能となる．資本の権力によって協業が組織され，生産過程が編成される．第五に，資本主義的協業において発揮される労働生産力は，個々の労働者の力が結合した社会的生産力であるが，これは資本の生産力として現れる．

　以上のように，多数の賃金労働者が資本家の指揮・管理のもと，同じ職場の労働者と一緒に労働する形態が資本主義的協業であり，これによって労働生産力は高められる．このような経営形態は，その後のマニュファクチュアや機械制にも引き継がれ，今日の企業組織にも共通してみられる重要な形態である．

分業とマニュファクチュア

　協業の生産力をより発展する方法としてマニュファクチュアに典型的にみられる「分業にもとづく協業」がおこなわれる．マニュファクチュアの技術的基礎は依然として手工業であるが，協業を基礎にしながら分業が導入されることで労働生産力は大きく高まる．歴史的にはマニュファクチュアは二重の仕方で発展した．一つ目は部品を別々につくり，その完成した部品を最終的に組み立てて商品を完成させる異種的マニュファクチュアである[18]．二つ目は，ある商品の労働過程を分割し，その一つ一つの工程を労働者が担うことで商品を生産する有機的マニュファクチュアである．いずれの形態も単純協業に分業が導入されていることに共通点がある．

　以上の「分業にもとづく協業」によって，労働生産力の観点からは以下の変化が生じる．

　第一に，分業という形態がもたらす生産力の上昇である．アダム・スミス（Smith, A.）が『国富論』で書いた有名なピン作りの事例では，職人が1人でピンを生産した場合，1日で1本のピンもできないが，労働過程を「針金を

---

(17) KⅠ345ページ．ハーヴェイ，前掲（13），262ページ．

(18)「客馬車は，車大工，馬具匠，木工細工師，金具師，真鍮細工師，ろくろ師，レース飾り屋，ガラス屋，ペンキ屋，ワニス塗師，メッキ屋などのような，多数の独立した手工業者たちの労働の総生産物であった．客馬車マニュファクチュアは，これらさまざまな手工業者をすべて一つの仕事場に結合し，そこで彼らは同時に助け合いながら労働する．」（KⅠ356ページ）．

62　　第Ⅰ部　経営学の基礎

引き伸ばす」「それをまっすぐにする」「切る」「とがらせる」など約18の別々の作業に分割したことで，1日で4万8000本以上，1人あたり4800本以上のピンを作れるようになった[19]．労働の分割，すなわち分業はこのように生産性を飛躍的に上昇させるのである．

第二に，部分労働，限定的労働による技術力の向上である．労働者は限られた工程の同じ作業を繰り返すことで，技術的にも修得が容易になるだけでなく反復作業によって技術力の向上も生じる．さらに同じ作業場内での協業が基礎となっているため，獲得された「技術上のコツ」は労働者間で共有されるとともに伝達されていく．

第三に，作業転換時に生じる「すきま」時間が圧縮され，労働力の不生産的消費が減少する．ハーヴェイは「生産性と効率性は個々の労働者に依存するのではなく，集団的作業の適切な組織化に依存している」と述べたうえで，「効率性は，労働過程全体の時空間的再構築を通じて達成することができる．マルクスは，いかなる時間も失わないことによって高い生産性を獲得できるのだと指摘」し，「空間が組織される仕方を合理化することによって，移動コストを節約することができる」と論じている[20]．

第四に，分業にもとづく協業は不熟練労働者の一階層を生み出すことで，熟練労働者と不熟練労働者における労働力の等級制を発展させる．後者の修業費が不要になるだけでなく，部分的・限定的労働によって前者の修業費も抑制される．これによって資本は総人件費を抑制することができるのである．

第五に，労働にたいする資本の新しい支配の条件を生み出すことである．分業によって，労働者は部分的な労働を担う存在となり，その失われた自律性や技術力，生産力は資本に集中される．資本と賃金労働者の力関係は大きく変化し，労働者はますます資本家なくしては生きていけない存在となる．このようにしてマニュファクチュア的分業はその技術的基礎としても社会的生産過程としても「文明化され洗練された搾取の一手段として現われる」（KI，386ページ）のである．

しかし，マニュファクチュアの技術的基礎は依然として手工業であり熟練

---

(19) アダム・スミス『国富論』（大河内一男監訳，中央公論新社，2001年，14版），10〜13ページ．
(20) ハーヴェイ，前掲（13），271ページ．

労働に依存する．資本はこの制限を機械制大工業によって突破していく．マニュファクチュアは機械を生み出し，この新しい生産方式への変革を準備する．

機械制大工業

　機械は労働生産力を発展させ，相対的剰余価値生産を進める．機械導入の目的は，労働の軽減や生産の効率化による労働時間短縮ではなく，資本の剰余価値増大を目的としておこなわれる．20世紀を代表する経済学者であるケインズ（Keynes, J. M.）は，1930年に発表した論考で，このままのペースで生産性が上昇していけば将来的には週15時間程度の労働時間になると述べた[21]．しかし，その後飛躍的な労働生産力の向上が達成されたが，現代においても過労死が社会問題となっており，長時間労働問題が解決していない．なぜ技術の発展や生産力の発展が，労働時間の短縮や働く環境の改善につながらないのか．現代的にはAI（人工知能）による雇用への影響として議論されるこの種の問題は（技術革新と雇用），資本のもとでの生産様式の変革とはどのような本質的意味をもっているのかという点の理解が重要となる．

　マニュファクチュアにおける分業にもとづく協業の経営形態では，依然として技術的には手工業であるため，労働力が出発点となる．これにたいして生産過程が機械化された大工場になると，動力の出発点はまさに労働手段である機械となる．労働手段が道具から機械へと発展したことにこの生産様式の最大の特徴がある．機械とは，原動機，伝動機構，道具機または作業機という三つの本質的に異なる部分からなりたち，機械設備の体系をとおして生産がおこなわれる．機械制生産は，自動的な原動機によっておこなわれるようになると「それ自体として一つの大きな自動装置を形成する」．そして「作業機が，原料の加工に必要なすべての運動を人間の関与なしに行ない，いまでは人間の調整を必要とするにすぎなくなるやいなや，機械設備の自動的体系が現れる」（以上，ＫⅠ，402ページ）．

　機械制大工業の生産様式では，以下の特徴が現れる．

----

(21) Ｊ・Ｍ・ケインズ「孫の世代の経済的可能性」(1930年)『ケインズ説得論集』(山岡洋一訳，日本経済新聞出版社，2010年)，215ページ．

第一に，機械によって熟練労働や労働者の肉体的制約が不要となること
で，労働市場に引き込まれる労働者数が全体として増加するが，同時に生産
の効率化によって雇用労働者数は減少する．機械によって歴史的には女性労
働と児童労働など多くの労働者が新しく労働市場に参入させられるととも
に，機械化による失業が増大するのである．これらすべての過程をとおして
労働市場の競争構造が強まることで，失業・半失業（低賃金，不安定雇用）が
増大し，全体としての賃金水準が低下する．

　第二に，機械の資本主義的利用は労働者にたいする長時間労働と労働強化
を生み出す．なぜなら，資本家は巨額の固定資本投資を回収するためにも，
そしてさらに機械の社会的摩滅（新しい機械や技術が発明されることで現在使用
している機械が時代遅れとなること）の影響を減らすためにも，機械の稼働効率
を高めるとともに，機械速度も増大させる．これによって工場は24時間稼
働となり労働者の長時間労働と労働強化がおこなわれる．

　第三に，資本にとって機械を導入するかしないかは，それによって置き換
えられる労働力の価値より小さい場合に限られる．低賃金の労働者を資本が
自由に使用できる場合は，初期投資のかかる機械設備ではなく労働者による
生産がおこなわれるのである．2008年のリーマン・ショック後の日本社会に
吹き荒れた派遣切りの実態を追ったNHKスペシャル「緊急報告 製造業派遣
は何をもたらしたか」（2009年2月7日放送）は，静岡県浜松市にある自動車部
品メーカーの半自動ラインを紹介し，リーマン・ショック後の受注減によっ
て同社の工場で多数の派遣労働者の契約が打ち切られたことを報じた．技術
的にはすべてのラインを自動化することは可能であるが，この工場ではなぜ
半自動ラインを導入していたのか．経営者は生産を設備に置き換えるか人に
置き換えるかという時に，派遣労働は固定費ではなく変動費扱いとしてでき
るため，「製造現場にとってありがたい制度だった」と説明した．つまり，
企業の投資決定として全自動ラインにするよりも半自動ラインにしてそこに
派遣労働者を配置したほうが費用を抑制でき，さらに需要変動にも即座に対
応できるという判断のもと生産を編成していたのである[22]．

　第四に，機械制において労働者は機械の自動体系の単なる一つの付属物と
なる．機械が主役であり，労働者はその生命のない自動機構に従属する．機

械は生産を効率化することできつい労働や長時間労働から労働者を解放するのではなく，労働自体を内容のないものにし，労働者の精神的・肉体的活動を奪い去るのである（KⅠ，445-446ページ）．

　以上みてきたように，「労働の生産力の他のどの発展とも同じように，機械設備は，商品を安くして，労働日のうち労働者自身が自分自身のために費やす部分を短縮し，彼が資本家に無償で与える労働日の他の部分を延長する」ことで資本の利潤（剰余価値）を増大させる．よって，「機械設備は，剰余価値の生産のための手段」（以上，KⅠ，391ページ）．であり，労働時間の短縮を目的としていないのである．

　協業から分業にもとづく協業，そして機械制大工業へと資本の生産様式は発展してきた．それぞれの独自の特徴は次の形態にも引き継がれながら，新たな質的転換も生じている．そして生産様式の変革は，同時に資本への労働者の実質的包摂[23]の過程でもあった．単に労働生産力が上昇し，経済的富が短時間で以前よりも多く生み出されたということではない．先の三つの形態で論じたように，資本における相対的剰余価値生産を目的とした生産様式の変革は，労働者の自律性を奪うことで資本と賃労働の力関係を大きく変え，労働者は資本に従属しなければ生きていけない存在へと変えられていくのである．

　20世紀以降の生産方法の変革は，他の章で詳しく論じられているように，科学的管理法やフォード生産システム，ME化，コンピュータ制御へと発展してきた．しかしこのような新しい形態を理解するためには，本節でみた形

---

(22) 人件費の安さから多数の工場を誘致してきた中国では，2010年代に入り人件費が上昇したことで，生産過程の自動化が進んでいる．鴻海精密工業は今まで「人海戦術」でiPhoneの製造をおこなってきたが，人件費高騰への対応からロボットによる無人工場操業のために約4600億円の投資をおこない，1万人以上の従業員を削減すると発表した（「日本経済新聞」2018年2月16日付）．中国における産業用ロボットの需要は急拡大しており，深圳衆為興技術（アドテック）や東莞新友智能科技などの中国系のメーカーも台頭している．東莞新友智能科技の劉炎総経理は日本経済新聞社の取材に，「人件費の高騰に対応するには，工場の自動化が欠かせない」と語っている（「日本経済新聞」2018年9月21日付）．

(23) 「形式的包摂は外部的で依存的であり，実質的包摂は資本家の監督下での，工場内部での包摂である．」（ハーヴェイ，前掲（13），264ページ）．ただしハーヴェイも指摘しているように，「現代における契約労働や自宅勤務，等々の復活」をみると，形式的包摂から実質的包摂への展開は単純に進んでいくわけではないことを示唆している（ハーヴェイ，前掲（13），264〜265ページ）．

態を基礎として分析する必要がある[24].

4. 企業形態の発展と現代資本主義

企業形態

　相対的剰余価値生産とその一形態である特別剰余価値を目的とした資本の運動は，前節でみたように，機械設備の発展といった大きな固定資本投資を必要とした競争に発展してきた．このような資本主義経済における資本規模拡大の歴史的傾向に対応する形で展開してきたのが，企業形態の発展である．小松章は，次のように説明する．「資本主義の歴史をふり返り，企業制度それ自体の発展の過程をあとづけるならば，そこには企業形態の展開（進化）がみられるのである．というのも，企業制度は，基本的には企業規模を拡大する方向で発展してきたのであるが，それを可能にしたものは，まさに企業形態の展開だったからである[25]」．

　以下企業形態について，主に企業規模拡大と資金調達，所有と経営・支配の関係にもとづいて分析をおこなう．

　神戸大学経営学研究室編『経営学大辞典』によれば，企業形態は，個人企業段階から人的集団企業，混合的集団企業，資本的集団企業，経営者企業へと発展してきたとされる[26]．ここでは「所有と経営・支配の分離」を基準に分類がおこなわれている．また，小松によれば，上記の企業形態の発展は出資者の数を基準に考えると，個人企業から集団企業への発展ととらえることができ，日本企業の歴史をみると，個人企業から合名会社，合資会社，株式会

---

(24) 日立製作所大みか事業所（茨城県日立市）では，「デジタルカイゼン」とよぶ生産システムによって，生産のリードタイムを半減させた．同事業所では，電力制御装置の組み付け工程を担う作業員を1人あたり最大で8台のカメラで常時撮影し，作業の遅れなどの構造的問題を分析している．さらに「事業所内では常に8万個のICタグが稼働しており，モノの流れをほぼ完全につかめている．それゆえ作業の遅れの原因が部品搬入や作業員の疲れなどから特定できる」体制をとっている（「日経産業新聞」2017年10月5日付）．このように，現代においては先端技術を生産現場に導入しながら，労働生産力をいかにして発展させるかということが追求されているのである．

(25) 小松，前掲（9），13ページ．

(26) 神戸大学経営学研究室，前掲（5），占部都美執筆，123ページ．

第2章　経営形態の歴史的発展　　**67**

社へと発展してきた．これは出資者が複数になるにしたがい出資者の責任範囲と企業の意思決定のシステムが発展することを意味する．すなわち，出資者の無限責任から有限責任への転換と所有と経営の分離による合議制から株式会社における株主総会や取締役制度への転換である[27]．

　以上のように，企業形態の分類は「出資者が単数か複数か」，「無限責任か有限責任か」という共通の尺度が重要となる[28]．ここで重要な点は，前節で論じた資本主義企業における経営形態の発展は，資本規模の大規模化にともない，市場競争における主要な企業形態として株式会社形態をとる点にある．経済のグローバル化が進んだ現代資本主義において，大企業はグローバルに展開する多国籍企業となっており，そのほとんどは株式会社形態をとっている．このことを会社法の専門家である神田秀樹は，株式会社形態が19世紀から20世紀にかけて世界的に普及し，20世紀終わり頃には企業形態としては圧倒的な存在となったことを受けて，「従来，法的には株式会社形態以外の形態を利用していた事業も株式会社形態を利用するようになり，その逆の現象はほとんど見られない[29]」と述べている．

　そして，神田は株式会社の圧倒的普及はその特質にあるとして，世界的に共通する株式会社の特質として，①出資者による所有，②法人格の具備，③出資者の有限責任，④出資者と業務執行者との分離，⑤出資持分の譲渡性，の5点をあげている[30]．以上の特質をもつ株式会社形態は，経営形態の発展が必然的にもたらす資本規模拡大と資本集中を可能にし，さらにそれにともなう株式市場の発展から高度に発達した金融市場を創出していくのである．

　しかし，この株式会社形態の世界的普及と経済的影響力の拡大は，出資者と業務執行者の分離，すなわち所有と経営・支配の分離を生じさせることで，現代企業の経営に大きな構造的変化をもたらすこととなる．

---

(27) 小松，前掲 (9)，18 〜 29 ページ．

(28) 正木久司は，以上のことを次のように説明している．「ここに企業形態論は，企業の法律形態と経済形態といった分類から，単純明快に出資者が単数か複数かによる単独企業と集団企業にまず分類され，次いで後者が出資者数の多寡による人的会社か資本会社か，または責任が無限か有限か，持分譲渡が自由か制限されているかによって合名会社，合資会社，有限会社，そして株式会社と再分類されるのである．」（前掲 (10)，22 ページ）．

(29) 神田秀樹『会社法入門 新版』（岩波書店，2015 年），2 ページ．

(30) 神田，同 (29)，4 ページ．

株式会社の発展と経営者支配

　前項でみたように，株式会社形態は20世紀以降大きく発展した．その過程で生じた経済的変化は，「所有と支配の分離」の進展と経営者支配の確立である．経営者支配を論じた古典として，バーリとミーンズ（Berle, A. and Means, G.）の『近代株式会社と私有財産』（1932年）がある．1929年のアメリカ経済を対象として，バーリとミーンズは当時のアメリカ非金融上位200社を抽出し実証分析をおこなった．全会社中わずか0.07％にしかすぎないこの非金融上位200社が，アメリカの会社資産全体の49.2％を占めていた[31]．巨大株式会社への経済力の集中である．この経済力の集中から，さらに分析を進めると，発行株式数の増大と株式所有権の分散が進んでいることが明らかとなる．たとえば，当時もっとも規模の大きいペンシルベニア鉄道会社の最大株主の株式所有割合は，全体の0.34％にすぎず，他の巨大株式会社においても最大株主はいずれも3％にも満たない水準であった[32]．

　以上のように，巨大化した株式会社において株主は分散し，従来のように過半数株を所有することで企業を支配するような大株主は減少した．企業が株式会社形態として大規模化していくことは，必然的に経済力の集中と株式所有の分散をともなっていくのである．ではアメリカ企業において，どの程度「所有と支配の分離」[33]が進んでいるのか．バーリとミーンズはアメリカ企業の実証分析をおこない，会社数の44％，会社の富の58％が「経営者支配」になっていると結論づけ，アメリカ資本主義の大きな構造変化を論じたのである．

　以上のバーリとミーンズの経営者支配論のポイントは，次の点にある．第一に，資本規模拡大，資本集中を可能にする株式会社形態は，出資者と実際に経営をおこなう経営者の分離を生み出すこと．第二に，株式会社の所有者は持分に応じた部分的な所有権とはいえ依然として株主であるため，資本主義的私的所有の観点からは経営者の支配は正当性をもたないこと．第三に，

---

(31) バーリ，ミーンズ『近代株式会社と私有財産』（北島忠男訳, 文雅堂書店, 1958年），39～40ページ．なお新訳として，バーリ，ミーンズ『現代株式会社と私有財産』（森杲訳, 北海道大学出版会, 2014年）がある．

(32) バーリ，ミーンズ，同（31），61～63ページ．

同じことであるが，厳密な所有権の定義に照らせば，株主による支配も正当性をもたないことになる．なぜなら，所有権に付随する伝統的な論理である資本提供にともなうリスクとそれを用いて経営の責任を担うことのうち，株主には前者のみが帰属しているからである．そして第四に，以上の特質から，巨大株式会社は株主の利益のために運営すべきとも経営者の裁量で自由に運営すべきともいえないこととなる(34)．よって，株式会社が資本主義社会のなかで活動するためには，社会のさまざまな構成員のために運営されるという新しい役割が必要であり，そのためにはしかるべき株式会社規制（ニューディール政策）が必要である．これがバーリとミーンズの結論である．

このように株式会社の所有と支配の分離が進むほど，株式会社は誰のために運営されるべきなのか，どのように運営されるべきなのか，どのような経営の形態が望ましいのかという議論が起きることとなる(35)．

資本主義企業は，経営形態の発展に対応する企業形態として，株式会社形態をとった．これは資本主義経済における競争や市場構造によって資本運動がとる必然的形態である．しかし，これは同時に，資本主義における資本所有と支配をめぐる問題を提起することとなる．現代資本主義における企業の公共性やCSR（Corporate Social Responsibility：企業の社会的責任），企業規制の議論に欠かせない論点となるのである．

---

(33) 先行研究にあるように，本章では「所有と経営・支配の分離」という用語を用いてきた．しかし，「所有と経営の分離」と「所有と支配の分離」は理論的には別の概念である．企業支配論における「支配」概念は，巨大企業の経営者（または取締役会）は誰によって選ばれているかという点にある．「所有と経営の分離」では，企業支配の権限は株主が握りながら，その代理人として株主の意向に沿う人物が経営を担当するという側面が強い．つまり，株主は法律的にも実質的にも支配権限を有しているため，経営者を選出するだけでなく，更迭もできる．他方，「所有と支配の分離」の場合には，上記の支配概念に照らせば，内部経営者の選出は内部経営者によっておこなわれ，取締役会も経営者の影響力のもとにある．株主は経営者を選出したり更迭したりすることが実質的に困難になり，単なる利潤証券としての株式所有者となる．これが「所有と支配の分離」である．

(34) 「消極的財産（passive property）——特に，株式と社債——は，その所有者に企業についてのある利害関係をもたせるが，実際には企業についての支配はあたえず，また何の責任もふくんでいない．積極的財産（active property）——設備，暖簾，組織などの現実の企業を作り上げているもの——は，個々人によって支配され，こうした人々は，大抵の場合に現実の企業のほんの少しの所有権をもつにすぎない」（バーリ，ミーンズ，同（31），439ページ）．

(35) これが「会社は誰のものか」，「コーポレート・ガバナンスのあり方はどうあるべきか」という議論が生じる経済的背景である．

現代資本主義とM&A

　前項でみたように，個別資本の蓄積とさらなる資本集中を可能にした企業形態が株式会社であった．株式会社の発展によって巨大な経済力が集中するようになるが，さらに資本集中を加速させ，個別資本の枠組みを超えた企業結合がおこなわれるようになる．これは理論的には，資本の蓄積（集積）と区別される資本集中としてとらえることができ，現代的にはM&A（Mergers and Acquisitions：企業の合併・買収）の増大として現れる[36]．

　個別企業による資本蓄積・集積を進めるとともに他企業を合併・買収することで，資本はさらに巨大化することができる．たとえば，2018年に合意した武田薬品工業によるアイルランドのシャイアーへの約6兆円の巨額買収によって，連結売上高3兆円を超える世界8位の巨大製薬企業が誕生した（「日本経済新聞」2019年1月8日付夕刊）．M&Aは自社による成長（個別企業の蓄積）よりも急速に市場シェアの拡大や特許や技術獲得ができるため，「規模の経済性」だけでなく「時間を買う効果」が重要視される[37]．武田薬品工業の買収は，アメリカ市場での強みだけでなく，希少薬の開発力をもつシャイアーを買収することで，その両方を手に入れる目的があったのである（「武田，もろ刃の巨額買収　メガ製薬へ『時間買う』」「日本経済新聞」2018年4月25日付）．

　株式会社の発展との関連でみると，アメリカにおいては，19世紀末から20世紀に大きなM&Aブームが生じ，「鉄道・鉄鋼・化学・石油等基幹産業部門にビッグビジネスがあいついで誕生し」，同時に「有力投資銀行（正確には個人銀行業者）を頂点とする各種金融機関（商業銀行・信託銀行・生保会社等）の集中・系列化が急速にすすみ，産業・金融再編の過程で大手金融機関と主

---

(36) 個別企業がとる企業形態とより広範な資本を巻き込んだ資本の形態は従来，「資本集中」から「企業集中」，「組織諸形態（個別資本の組織形態）」から「企業集中形態（企業間の結合＝集中形態）」，「個別企業形態」から「結合企業形態」としてとらえられてきた．前者は株式会社制度を発展の頂点におく一方，後者は「事業者団体，カルテル，トラスト，コンツェルン，企業集団」（神戸大学経営学研究室，前掲（5），占部都美執筆，123ページ），「企業合同形態」（トラスト的結合形態）「金融集団形態」（コンツェルン的結合形態）（植竹，前掲（11），28ページ），「取引系列（下請系列，仕入系列，販売系列，融資系列）」「個別企業集団（資本系列）」（事業兼営支配型，純粋持株支配型」「総合企業集団」（小松，前掲（9），154ページ）として論じられている．

(37) UNCTAD (2000), *World Investment Report 2000: Cross-Border Mergers and Acquisitions and Development*, New York and Geneva : United Nations., pp.140-144.

要産業の大企業群との関係がいちじるしく緊密化し」た[38]．金融資本の成立である．さらに1920年代には証券ブームを背景としたM&Aブーム，1960年代のコングロマリット合併ブーム，そして1980年代以降は金融的投資の面が重視されるM&Aが件数・金額ともに急増する．この背景にはレーガン政権以降の経済規制の緩和が重要な役割を果たしている（反トラスト規制の緩和や投資減税等）．

　日本においても，1990年代以降の長期不況と大資本の国際競争力強化のためにおこなわれた企業法制の規制緩和によって，M&Aが増大している[39]．1990年代前半までは年平均500件程度で推移していたM&Aは，2000年代以降急増し，2018年には3850件，取引金額にして29兆9257億円と件数・金額ともに過去最高を記録した（レコフM&Aデータベース）．

　このように，株式会社の発展は，資本をグローバルな規模で合併・吸収しながら，資本集中とリストラクチュアリングを促進させる（このような経営戦略を「選択と集中」という）．そしてこのような株式会社の展開は，国内外からの投資を呼び込むことでグローバルな株式市場を形成し，多国籍企業と多国籍金融機関を生み出していく．資本主義企業のこの段階になると，企業経営者は買収防衛の観点からも，他社を買収するためにも，自社の株価を高く維持する必要がある．このような高株価経営が拡大することによって，配当・自社株買いを重視した企業経営や，ストック・オプションを利用した経営者の自己利益追求が生じる．労働者や地域社会のために企業経営をおこなうよりも投資家重視，経営者の自己利益重視の企業経営への転換が促進されるのである．

5．おわりに

　本章の結論は以下のとおりである．

---

(38) 松井和夫『M&A』（講談社，1991年），75ページ．

(39) この点詳しくは，柴田努「日本における株主配分の増加と賃金抑制構造——M&A法制の規制緩和との関わりで」経済理論学会編『季刊経済理論』46(3)，2009年，を参照．

第一に，経営形態の発展は労働生産力を上昇させ剰余価値を増大させることを目的とした資本運動の結果としてさまざまな形態をとってきた．重要な点は生産がどのような労働手段を用いておこなわれているのか，労働組織の編成はどのようになっているのか，というところにあった．そしてこのような生産様式の変革は，同時に資本と賃労働の力関係を大きく変え，労働者を資本の支配のもとへ組み込む過程でもあった（実質的包摂）．現代の生産様式を分析する際も，この点をふまえて研究をおこなう必要がある．

　第二に，企業形態は，市場競争を勝ち抜くために労働生産力発展を競う資本運動に対応して発展した．個別企業における資本集中は株式会社形態として発展し，さらにそれを超える資本集中としては企業の大規模な合併・買収，組織再編によって達成された．その過程で，巨大企業において所有と支配が分離していくが，株価を軸にしたM&Aが拡大することで，企業は労働者や地域社会よりも株主利益や経営者の自己利益追求の経営がおこなわれるようになる．このような現代の企業形態の発展は「会社は誰のものか」という問いを再び大きな課題として提起しているのである．

　以上のように資本は歴史的に発展してきたわけであるが，この認識を軸にしてさらに各企業の生産・管理・経営組織の形態，経営戦略，労働者管理，情報技術の発展，グローバル展開のさまざまな形態などを分析することで，現代資本主義における企業経営を明らかにすることができる．

【参考文献】
バーリ，ミーンズ『近代株式会社と私有財産』（原著 1932 年，北島忠男訳，文雅堂書店，
　　1958 年）．
植竹晃久『企業形態論』（中央経済社，1984 年）．
小松章『企業形態論 第 3 版』（新世社，2006 年）．
松石勝彦『『資本論』と産業革命』（青木書店，2007 年）．
カール・マルクス『資本論』全 13 分冊（資本論翻訳委員会訳，新日本出版社，1982〜89 年）．

第 3 章

生産管理の歴史的発展

生産管理の歴史的発展において，科学的管理法およびフォード・システムは
とても大きな位置を占めている．これらは，各時代の経営上の課題を解決す
るために構築されたものであるが，現代の生産管理につながる基本的原理を
多く内包し，また現代の企業が抱える諸問題・諸課題の根本的原因をも生み
出した．第3章では，科学的管理法，フォード・システムの原理を整理する
とともに，そこから導き出される現代企業を考察する視点を提示したい．

【キーワード】
科学的管理法　フォード・システム　熟練　標準化　流れ生産　同期化

1．経営学における生産管理

　地球上のあらゆる生命体は，地球から生きる糧を得て生存している．この
点において，人類も他の生命体となんら変わるところはない．しかし人類は
単に本能的に地球から糧を得るだけでなく，自然やみずからの動きを法則的
に理解する能力をもち，その能力にもとづいてみずからの合目的的な意思を
実現するために地球とかかわり，みずからが必要とするものを獲得すること
ができるようになった．これがすなわち生産活動であり，人類と他の生命体
とを分ける大きな力となった(1)．まさに「人間にとって生産活動は，物質的・
精神的生活の根本となり，社会的価値の源泉となり，文化的発達の条件とな
った(2)」のである．
　ところで，この生産活動は誰にでもできることではない．それは私たちの

74　　第Ⅰ部　経営学の基礎

身の回りにあるもののほとんどを，私たち自身が生産することができないことをとっても明らかなことである．こうした生産活動を首尾よくおこなえる能力のことを一般的に「熟練」とよび，こうした能力を有する人のことを「熟練労働者」とよぶ．他方で，では現在私たちが使用しているものがすべて熟練労働者によって生産されているのかといえばそれも違う．工場で働いている人たちは，もちろん教育や経験によって一定の知識や能力を獲得してはいるものの，私たちとまったく異なった特別な能力を有しているかといえばかならずしもそうではない．

このように，生産活動が熟練という特別な能力をもつ人によって専ら担われていた状態から，普通の人たちでも担えるようになるうえで大きな役割を果たしたのが，本章で扱う「科学的管理法」と「フォード・システム」である．これらは，それまで熟練労働者によって担われていた生産活動を企業経営者の管理の対象とすることによって，より効率的な生産活動，そして現在に続く大量生産を実現したのである．これは生産活動そのものを大きく変えるとともに，新たな課題も生み出した．本章では，科学的管理法とフォード・システムの仕組みを解説するとともに，これらが何を実現し，何を課題として残したのかを整理することとする．

2. 科学的管理法

科学的管理法が課題とした組織的怠業

科学的管理法は，19世紀終わりのアメリカにおいて，テイラー（Taylor, F. W.）によって体系化された生産管理手法である．技術者でもあった彼が，当

---

(1) カール・マルクスは，人間の生産活動の他の生命体にたいする特徴に関して，『資本論』で以下のように述べている．「クモは織布者の作業に似た作業を行なうし，ミツバチはその蠟の小室の建築によって多くの人間建築士を赤面させる．しかし，もっとも拙劣な建築師でももっとも優れたミツバチより最初から卓越している点は，建築師は小室を蠟で建築する以前に自分の頭のなかでそれを建築しているということである．労働過程の終わりには，そのはじめに労働者の表象のなかにすでに現存していた，したがって観念的にすでに現存していた結果が出てくる．」（『資本論』第1分冊，資本論翻訳委員会訳，新日本出版社，1982年，304ページ）．
(2) 坂本清『熟練・分業と生産システムの進化』（文眞堂，2017年），1ページ．

第3章 生産管理の歴史的発展　　**75**

時の生産過程において管理上の課題としたのが，労働者による組織的怠業であった．組織的怠業とは，労働者が人間関係を意識して計画的に怠ける，すなわち仕事の能率をわざと低下させることである．労働者が意識した人間関係とは，能率を上げすぎることによる失業の発生や，当時の出来高払い賃金の賃率切り下げなどによる不利益の発生であった[3]．

当時の経営者は，この組織的怠業の問題を適切に解決することができなかった．なぜ，組織的怠業を経営者が解決することができないのか．その要因を，テイラーは「排他的熟練」に求めた．「排他的」とは，生産をおこなっている熟練労働者自身以外には，その熟練の中身がわからないということである．そのため，生産をいかにおこなうかを決め，実行する労働過程の統制権は労働者自身が握っており，経営者が労働者を管理する方法は基本的には賃金支払いの工夫によるものしかなかった．「経済人[4]」である労働者はその支払い形態にたいしてもっとも合理的な働き方を選択するのであり，最大限に働くことよりも「怠業」する方が合理的であると判断し，それを共に働く労働者同士で合意すれば，「組織的怠業」の状態が生まれる．そして，経営者は熟練の中身を知らないのであるから，この状態が「怠業」であるのかどうかさえ判断することができないのである．

熟練研究による作業内容の「科学化」

そのため，テイラーは「組織的怠業」を経営者として克服するためには，排他性を取り除き，熟練の中身を経営者の知識とすることが必要であると考えた．そして，それは経営者の利潤追求への欲求のため，もっとも効率的な作業方法として経営者によって把握されなければならない．そこでおこなったのが，熟練研究による熟練の客観化・情報化である．

テイラーは，熟練を作業的熟練と管理的熟練の二つに分け，それぞれにたいして研究をおこなった．まず，作業的熟練に関する研究である．作業的熟

---

(3) 田中晴人「熟練と科学的管理法」『高岡短期大学紀要』第 9 巻（高岡短期大学，1997 年），112 ページ．

(4) 経済人モデルとは，「人間は，経済的な欲求・利害に動機づけられて意思決定し，自己の利益の達成のために論理的に行動するものだ」という人間仮説である（渡辺峻『「組織と個人」のマネジメント』中央経済社，2007 年，123 ページ）．

練の研究は，大きく二つの要素に分けることができる．一つは「機械の行う仕事」と「人の行う仕事」との合理的な分離である．その典型的な事例が，テイラーによる金属切削作業に関する研究である．テイラーは，機械工による工作機械を使った金属切削において，機械工が考えることは，①作業時間をできる限り切り詰めるためには，機械の切削速度をどれくらいにすればよいのか，②送り速度をどう設定すればよいのか，の2点であるとした．そして，研究の結果，この極めてシンプルな二つの問いに答えるために考えなければならない要素が12あるとした．機械工は，常に12の要素によって与えられうるきわめて多様な選択肢の前に立っていたのである．12の独立変数から最適解を導き出すことは極めて難しいことであり，先の二つのシンプルな問いにたいして，機械工が経験のみに頼って最適解を導き出すことはできないと考えた[5].

テイラーは，この実験を通して金属切削に関する熟練とは，切削温度・切削抵抗・切削機構に関する知識であるとし，それらの客観化・理論化を図った．そして，これらの理論にもとづいて，高速度鋼の発明，工具・工作機械・伝導機構の改良，計算尺の発明など重要な技術開発をおこなった．こうして，労働者の経験のなかにあった知識を客観化し，機械などの客観的装置に移転した．

このように，「機械の行う仕事」を確定していくことは，同時に「人の行う仕事」を確定していくことでもあった．この「人の行う仕事」に関する研究が，作業的熟練のもう一つの要素である．「人の行う仕事」にたいしておこなわれたのが，時間研究である．時間研究をおこなううえでまずなされたのが，「人の行う仕事」を構成要素に分解することである．ここで押さえておかなければならないのは，「機械の行う仕事」から分離された「人の行う仕事」がそのものとしてけっして単純な労働ではないということである．構成要素に分解したうえで，要素別の最短時間を測定し，それらを再構成して「人の行う仕事」の最短時間を測定した．この最短時間を測定する際に選ばれたのは，その作業をもっとも短時間におこなうことのできる一流労働者で

---

(5) フレデリック・W・テイラー『新訳 科学的管理法』（有賀裕子訳，ダイヤモンド社，2009年），125〜131ページ．

あった．こうして，「テイラーは人の作業を最小単位にまで分解，要素別時間研究によって作業時間の数量化＝科学化をしようとした[6]」のである．

このようにして，労働者のなかにあった作業的熟練は客観的知識となり，一方では「機械の行う仕事」として機械の改良にむかい，他方では，「人の行う仕事」の構成要素と最短時間が明らかとなり，「作業的熟練はいまや最速切削時間と最速操作時間との結合として，すなわち，『一流労働者の最速時間』が熟練の本質であるという『科学』に置き換えられたのである[7]」．熟練の中身を「科学」に置き換えることは，熟練の知識を経営者のものにするということであり，排他的熟練の排他性を取り除いたことを意味する．

こうして，労働者がいかに作業をすべきかを構想あるいは計画する主体（すなわち経営者）と，構想されたとおりに作業する主体（すなわち労働者）を分離したことを，「構想と実行の分離」（あるいは「計画と実行の分離」）という．「構想と実行の分離」を実現することによって，ある作業の最速時間を明らかにすると同時に，熟練労働者による組織的怠業を防ごうとしたのである．

分離された構想と実行の「再統合」

しかしながら「構想と実行の分離」は経営者に新たな課題を突きつけることとなる．それは，分離した構想と実行をいかに統合するかという課題である．この課題にたいして，科学的管理法は，①人による組織的統合，②物的統合，③金銭インセンティブによる統合を準備した．

テイラーは，熟練を作業的熟練と管理的熟練の統合ととらえた．作業的熟練の研究が「構想と実行の分離」へとつながったのは既述の通りであるが，その統合のあり方を考えるために熟練労働者のもつ管理的熟練の研究をおこなった．

テイラーは，みずからも熟練労働者である組長のもつ管理的熟練を分析し，管理的熟練を以下の8種類の要素別熟練に分類した．①仕事の手順・ワリフリを決める能力，②作業方法・作業速度を決定する能力，③工作作業に必要なすべての準備を整える能力，④作業方法・速度を維持できるように

---

(6) 坂本，前掲 (2)，107 ページ.
(7) 坂本，同 (2)，108 ページ.

78 第Ⅰ部 経営学の基礎

指導する能力，⑤出来上がり製品の品質を検証する能力，⑥機械の手入れ状態・修繕を監督する能力，⑦時間記録を監督する能力，⑧訓練，規律の維持，いざこざを収める能力[8]．そして，かつては一人の熟練労働者のもとにあった8要素を，①仕事の順序及び手順係，②指導票係，③準備係，④速度係，⑤検査係，⑥修繕係，⑦時間および原価係，⑧工場訓練係の8人で担うようにした．そのうえで，八つの要素別熟練を，その機能から，作業全体を計画・監督する能力である計画的熟練（①②⑦⑧）と現場で工具の作業を直接指揮・監督する能力である執行的熟練（③④⑤⑥）に分類し[9]，計画的熟練は労働現場から分離して計画室に集められ，執行的熟練は作業現場の職長・組長の管理職能とされた．こうして，計画的熟練を熟練労働者から分離することによって，熟練の本質的要因を排除すると同時に，「要素別計画的熟練の統合は人ではなく組織＝機能システムとして再構成され」[10]，組織的に管理をおこなう体制を整えたのである．

　計画室による計画を，執行を担う職長を通して労働者に伝えるために作成されたのが，「手順表」および「指導票」であり，これが構想と実行を統合させる物的手段となった．「手順表」とは，作業的熟練の分析によって導き出される，作業順序や作業のために必要な諸手段などを計画室の「仕事の順序及び手順係」がまとめたものである．この手順表にもとづいて，同じく計画室の「指導票係」が帳票化し，執行機能を有する職長に渡すことによって，計画室による計画を誤りなく現場労働者に伝えた[11]．

　そして労働者の金銭的インセンティブによる統合として考えられたのが，「差別出来高払制」である．作業的熟練研究の結果明らかとなる「一流労働者の最速時間」から当該作業の「標準作業量」を確定し，それを「課業」と設定したうえで，課業を達成した労働者には高率の出来高賃金を，課業を達成しなかった労働者には低率の出来高賃金を適用することで，労働者にとって標準作業を実践して課業を達成することがみずからの金銭的利益につなが

---

(8) 坂本，同（2），110～111ページ．
(9) 前田淳『生産システムの史的展開と比較研究』（慶應義塾大学出版会，2010年），118～119ページ．
(10) 坂本，前掲（2），111ページ．
(11) 坂本清「F.W. テイラーによる熟練の分解過程と管理システムの形成（2）」『経営研究』第39巻第4号（大阪市立大学経営学会，1988年），47ページ．

るようにしたのである.

テイラーが思い描いた労使対立の「克服」と「精神革命」

　テイラーにとって,科学的管理法は経営者にとってはもっとも効率的な生産を保証し,他方の労働者にとってはもっとも高い賃金を保証するものであり,彼は科学的管理法こそ労使の対立を克服するものであると考えていた.テイラーは科学的管理法の意義について,こう述べている.「働き手とマネジャーのそれぞれ相手に関する考え方や,おのおのの義務や責任をめぐる発想を一新させる.くわえて,両者が従来とは異なるかたちで役割を分担し,旧来のマネジメントの下ではありえなかったような和やかで緊密な協力関係を築くのだ[12]」.

　しかしながら,実際には労働者から多くの反発を受けた.労働者からの反発へのテイラーの解答は,「精神革命」であった.すなわち,科学的管理法以前のように,組織的怠業に代表されるような経営者を出し抜いたところに労働者の利益があるのではなく,労働者が経営者と協働するところに労働者の最大の利益があるのであり,そのような「精神革命」をおこない,素直に科学的管理法を受け入れることによって,労使の対立はおのずからなくなるとしたのである.「精神革命」は,労働者だけでなく,経営者にも求められた.テイラーは以下のように述べている.「一時的には,雇用主,働き手はともにこの前向きな取り組みに抵抗するだろう.働き手は,古くからの経験則に横やりが入るのを嫌がり,マネジャー層は新しい義務や負担を負わされることに渋い顔をするのだ.しかしやがては,先進的な世論の力によって,雇用主,働き手ともに新しい秩序に従わされるはずである[13]」.しかし,この労働者からの反発はけっして一時的なものではなく,むしろ科学的管理法の原理がもたらした,新しい経営上の課題としてとらえられるべきものである.この点は,第5節で改めて整理することとする.

---

(12) テイラー,前掲 (5),162 ページ.
(13) テイラー,同 (5),161 ページ.

80　　第Ⅰ部　経営学の基礎

3. フォード・システム

フォード・システムの歴史的位置づけ

フォード・システムとは，アメリカの自動車メーカーであるフォード社において20世紀初頭に実現した，自動車の大量生産システムである．フォード・システムを一つの画期に，20世紀はまさに大量生産—大量消費—大量廃棄によって人類社会が現代的な豊かさを享受する時代となった．その一方で，20世紀終わりからの「豊かさとは何か」という問いや環境問題などの根源ともいえ，いずれにしても，現代社会を考えるうえで極めて重要なシステムであるということがいえる．

このフォード・システムによって生産管理上実現したのは，加工組立型製品における大量生産であった．そのシステムは，原材料生産から機械加工，そして組立にいたる生産過程全体にたいして大きな変革をもたらしたのであるが，ここでは組立工程を中心にその内実を整理することとする．

フォード・システムによる流れ生産の実現

フォード・システムを理解するうえで前提となるのは，フォード・システム成立過程で生産された自動車がフォードT型1車種であったということである．この意味は二つある．一つは，フォードT型がそれだけ当時のアメリカ市場において受け入れられる製品であったということである．フォードT型の登場以前，自動車は高級品であり，一般大衆が入手できるものではなかった．フォードT型はその状況を一変させた．その堅牢性と操縦の容易さや，素人でも部品と工具があれば補修できるといった特性から，とりわけそれまで自動車とは無縁であった農村での農作物や資材の運搬などにその威力を発揮した[14]．そして，こうした一般大衆への普及を実現するためには，フォードT型は低価格でなければならなかった．この低価格を実現したのがフォードによる大量生産であるが，フォード・システムを実現させるためには，後述

---

(14) 下川浩一『フォード』（東洋経済新報社，1972年），52ページ．

第3章　生産管理の歴史的発展　　81

の通り，フォードT型1車種のみをつくり続けることが必要であったのである．

　従来，自動車生産は日曜大工と同じように，作業場の1か所に必要な部品をもってきて組み立てていた．いわば，「点」でのものづくりが一般的であった．こうした「点」でのものづくりにおいて大きな問題となったのは，部品の運搬の効率化であった．材料や工具を探し歩くことに多くの時間が費やされていたのである．そこで，部品の大小，組立の時間的順序に従った部品の格納と出納の手順の確立をおこなった．部品運搬に関してはっきりとした手順を設け，部品の取扱いを簡単にしようとしたのである．これによって事態はかなり改善されたものの，大量生産を実現するにはいまだ不十分であった(15)．

　ここで大きな発想転換がなされた．数多くある部品を，固定されたシャシーの側に運ぶのではなく，部品のある場所へシャシーを運べば，組立工程における運搬時間の大幅な短縮化が図れるのではないかと考えたのである．すなわち，「点」での生産から，「線」での生産への発想の転換である．この方法での組立が実現可能かどうか，まずは部品生産での実験が繰り返された．こうして実現した新たな生産方式の特徴をまとめると，「加工対象の加工（組立）の順序にしたがって機械・労働者が配置され，作業者は，流れてくる加工対象に対して決められた1つの加工を加え，次の作業者にそれを送る(16)」ということである．そして，この流れによる生産方法は最終的に自動車組立に導入されることになる．

フォード・システムにおける同期化原理と標準化

　ところで，この「流れ」をどのようにつくるかは，いくつかの方法がある．手渡しによる方法もあれば，重力滑り台による方法もある．そして，フォード・システムにおいて導入されたのが，ベルトコンベアによる流れの創出であった．手渡しや重力滑り台による流れの創出は，製品の重さに制限があり，シャシーのような重量物を送るためには動力機構のついた機械式搬送システ

―――――――――――
(15) 下川，同 (14)，64 ～ 65 ページ．
(16) 坂本，前掲 (2)，239 ～ 241 ページ．

82　　第I部　経営学の基礎

ム，すなわちベルトコンベアが必要であった．しかし，ベルトコンベアの導入は，単により重たいものを運ぶことができたという以上に，原理的な変化をものづくりに与えた．それは生産における「同期化」である．

同期化とは，ベルトコンベアにおいて組立作業をする多くの労働者が，その作業開始から終了までを同じタイミングで同時におこなうことである．いわゆる，「ベルトコンベア労働」としてイメージされる働き方である．ベルトコンベアは一定のスピードで流れるのであるが，もし，労働者によって作業時間にばらつきがあれば，ベルトコンベアのスピードはもっとも作業に時間のかかる労働者に合わせなければならない．その間，他の労働者は目の前に製品が流れてこないため手待ちの状態となる．そのため，ベルトコンベア生産を効率的におこなうためには，同期化が必要なのである．この同期化を実現するために必要となるのが，標準化の原理である．フォード・システムにおける標準化の原理には，製品の標準化と生産工程の標準化の二つがある．

製品の標準化の実現のために必要なことの一つは，部品の互換性の確保である．互換性部品を使った生産は，フォード・システムに先行する「アメリカン・システム」によって準備されていた．「アメリカン・システム」とは，「多数の専用機械を連続的に用いて，互換性部品をつくり組立てる生産方式」[17]のことである．そして，この互換性部品を使った生産を前提条件として，同期化を実現するために必要であったのが，生産する製品を一つにすることであった．すなわち「大衆車として圧倒的な高品質機能を有するＴ型車を開発することによって標準として固定し，これに対応する互換性部品，工具・機械などの生産諸要素を標準化することによって，Ｔ型車に生産を集中」[18]させることによって，同期化を実現しようとしたのである．

この製品の標準化を前提に構築されたのが生産工程の標準化である．生産工程のなかでも，ここでは特に労働者による作業の標準化に着目したい．科学的管理法においても，時間研究によって熟練作業の標準化が目指された．そして，その標準作業を労働者に実行させるための管理手段として，「手順表」や「指導票」，そして「差別出来高払制」が位置づけられた．とはいえ

---

(17) 森杲『アメリカ職人の仕事史』（中公新書，1996 年），190 ページ．

(18) 坂本，前掲 (2)，254 ページ．

第 3 章　生産管理の歴史的発展　　83

労働者によって作業内容・時間にばらつきがあったとしても，そう大きな問題は発生しない．しかしながら，同期化が必須であるフォード・システムにおいて，この作業者間のばらつきは許容できるものではない．そこで，科学的管理法が熟練労働を「そのまま」標準作業としたのにたいして，フォード・システムにおいては作業工程を細分化・単純化したうえで，各工程作業の内容を確定するための時間研究・動作研究をおこない，その作業を専門化した[19]．こうして，誰がどの作業をおこなったとしても同期化を実現できるように作業内容を確定していったのである．結果的に，労働者がみずからの作業の習熟に要する期間は，1日以内が43%，1日〜1週間以内が36%，1週間〜2週間以内が6%で，85%の作業が半月以内で習熟されるほどに単純化したのである[20]．

フォード・システムの労働負担

フォード・システムにおける単純作業の連続は，労働者にとっては非常に大きな労働負担となった．1回1回の作業は簡単で重労働ではないが，単純作業の反復労働という新たな労働負担が発生したのである．「この細分化の結果，作業者の作業は思考や判断をほとんどふくまない，単に同じ作業の速度の速い繰り返しとなった．労働はその精神的内容を失い，純粋な筋肉の活動となったのである[21]」．チャーリー・チャップリンが映画『Modern Times』（1936年公開）の冒頭で描いたのは，まさにこの過酷な労働現場であった．

こうした新たな労働負担は，結果的にフォード社において非常に高い離職率という問題を発生させた．そこでフォード社がとった対応が，「日給5ドル制」であった．1913年から1914年にかけて，1日2.5ドルであった賃金を5ドルへと倍増させたのである．こうして，過酷な労働による離職の問題を破格の高賃金によって食い止めようという試みは，一定程度成功を収めたものの，過酷な労働負担そのものが解決されたわけではなく，日給5ドル制以降

---

(19) 坂本，同 (2)，256ページ.
(20) 栗木安延『アメリカ自動車産業の労使関係』（社会評論社，1997年），59ページ.
(21) 野原光『現代の分業と標準化』（高菅出版，2006年），143ページ.
(22) 栗木，前掲 (20)，63ページ. 坂本，前掲 (2)，264ページ.

84　　第Ⅰ部　経営学の基礎

も，フォード社において働いている労働者の妻がヘンリー・フォードにあてた夫の窮状を訴える手紙が残されている[22]．

4．科学的管理法とフォード・システムの関係

　以上，科学的管理法，フォード・システムの特徴を整理してきた．ここで，両者のシステム原理上の関係について整理しておきたい．

　科学的管理法において，熟練研究によって構想と実行の分離を実現したわけであるが，これは，フォード・システムにおいても重要な意味をもつ．科学的管理法における熟練研究とは，複雑な熟練労働を構成要素に分解したうえで要素別の最短時間を測定したものであるが，この方法論は，フォード・システムでも同様であり，この意味において科学的管理法はフォード・システムの論理的前提ということがいえる[23]．そのうえで両者の決定的な違いは分解された構成要素の再統合の仕方にある．科学的管理法においては分解された構成要素を再び1人の労働者のなかに統合した．つまり，構想と実行が分離され，「人の行う仕事」と「機械の行う仕事」とが分離されたとはいえ，労働者の作業は「熟練労働」として統合されたのである．他方，フォード・システムはそうではない．分解された構成要素を，分解されたままそれぞれ別の労働者に担わせたのである．そして，別の労働者のなかに配分された構成要素を統合したのが，ベルトコンベアであった．そのため，フォード・システムにおける作業からは熟練の面影はまったく消え失せ，単純作業の反復労働となったのである．

　この違いは，両者における賃金の位置づけの違いとしても現れてくる．「熟練労働」として再統合された科学的管理法においては，作業の仕方に関しては熟練研究によって外的に決定されたものの，その通りに作業をおこなうかどうかの最終判断は，労働者本人次第である．つまり「労働者個人の熟練の機能および個人的努力に依拠するシステム[24]」なのである．そのため，労働者

---

(23) 野原，前掲 (21)，142 ページ．
(24) 坂本，前掲 (2)，274 ページ．

第 3 章　生産管理の歴史的発展　　85

管理において重要なことは，いかに決定通りの作業をさせるかどうかであり，その金銭的インセンティブとして差別出来高払制度が位置づけられた．ただし，これはあくまでもインセンティブであって，外的に強制することはシステム上できない．他方，フォード・システムは，ベルトコンベアによって作業のスピードが外的に強制される．そうすると，労働者管理にとって重要なことは，いかに決定通りの作業をさせるかどうかではなく，いかに一定時間ベルトコンベアの前に立ち，作業をさせ続けられるかとなる．このため，フォード・システムにおいては出来高賃金ではなく，時間賃金を採用し，フォード・システム下での労働への不満にたいしては日給5ドル制で対応したのである．

5．科学的管理法とフォード・システムが残した課題

　科学的管理法は，熟練研究によって構想と実行の分離を実現し，生産活動を管理の対象とする道を開いた．フォード・システムは労働の単純化とベルトコンベアの利用による同期化生産を実現し，大量生産の道を開いた．これらは，人類の生産活動を大きく発展させたが，その一方で生産活動の形を大きく変えることによって大きな課題を残すこととなった．構想と実行の分離は，本来的に人のなかに統合さるべきものの分離であり，人の活動から「考える」活動を取り除いてしまった．これが，「精神革命」ではけっして取り除くことのできない，科学的管理法にたいして労働者が必然的にもつ批判の重要な点である．フォード・システムは，単工程反復労働という，まさに人の行動の機械化そのものであった．生産過程において人はもはや主役ではなく，「機械の付添人」の位置へと追いやられてしまったのである[25]．こうして，生産管理，あるいは経営学は「労働の人間化」という課題を抱えることとなった．

---

(25) 坂本，同（2），273〜274ページ．

そしてもう一つ，本章では触れることができなかったが，これらのシステムは市場にたいしても大きな課題を抱えることとなった．いわゆる「フレキシビリティ」の問題である．フォードT型は圧倒的な製品品質と低価格で一気に自動車を市場に普及させた．このように飽和化した市場においてさらに販売を継続させようとすれば，必然的にそれは買い替え需要への対応が必要となり，その場合，消費者のより細かな嗜好を巧みに取り込むマーケティング活動が必要となる．GM社は，フルライン政策や車種別ディーラー網の構築，製品デザインの重視などといったマーケティング活動を展開することによって，フォード社を市場シェアで逆転することに成功した[26]．しかしながら，これはGM社が生産管理の手法を新たにすることによって，市場変化に対応したというわけではない．科学的管理法，フォード・システムともに，標準の策定とその遵守が共通する一つの特徴であるが，それはすなわちシステムの固定化を招くのであり，いかに市場の変化に柔軟に対応できるフレキシビリティを生産管理に与えることができるのかが大きな課題となったのである．

【参考文献】
栗木安延『アメリカ自動車産業の労使関係』（社会評論社，1997年）．
坂本清『熟練・分業と生産システムの進化』（文眞堂，2017年）．
フレデリック・W・テイラー『新訳 科学的管理法』（有賀裕子訳，ダイヤモンド社，2009年）．
野原光『現代の分業と標準化』（高菅出版，2006年）．
前田淳『生産システムの史的展開と比較研究』（慶應義塾大学出版会，2010年）．
下川浩一『フォード』（東洋経済新報社，1972年）．
森杲『アメリカ職人の仕事史』（中公新書，1996年）．
渡辺峻『「組織と個人」のマネジメント』（中央経済社，2007年）．

---

(26) 保田芳昭『マーケティング論 第2版』（大月書店，1999年），40ページ．

第 **4** 章

経営管理論の展開

••

経営の管理過程は，社会的総過程と個別資本の運動としての企業内における経営の管理過程の両過程とをふくむものとして理解されなければならない．経営の職能構造は，過程的水平的に把握されるだけでなく，階層的・垂直的にも把握される．経営管理は，経営目的達成のための計画を主内容とする計画・決定職能，経営管理が計画通り遂行されるためにその執行を管理・統制する管理・監督職能，ならびに執行作業に直接従事する作業・執行職能が重要である．生産過程・流通過程・財務過程の経営管理を中心に検討をおこなっている．

【キーワード】

経営管理の意義と機能　　経営の管理過程と経営職能　　経営の計画と統制

1. 経営の管理過程と経営職能

経営職能と管理過程

　資本主義（capitalism）のもとでは，企業は生産するために，労働力，土地，資本の生産の三要素が必要である．これらの要素の提供者には，それぞれ賃金，地代，利潤生産の成果が分配される．生産は剰余価値の源泉であり，生産物の販売や消費をかえりみない生産のための生産である．そこでは生産・

---

(1) しかしこの三要素説では，使用価値である土地や生産手段をも利潤（所得）として価値を生むかのような誤解（資本家による労働者が生み出す価値・剰余価値の搾取を隠蔽するという）をもたらすものとなる（小谷崇「生産の 3 要素説」『大月 経済学辞典』大月書店，1997 年，560 ページ）．

88　　第 I 部　経営学の基礎

労使・販売・消費の間での調和が破壊され，とりわけ生産と消費は矛盾し敵対関係となる．生産過程では，常にこれらの矛盾・敵対関係をふくんだ体制で生産が遂行される．そこで社会的総過程と個別資本の運動としての経営管理過程との両過程をふくむものとして理解されなければならない．企業の経営過程の体系は産業資本の一般的定式として示すことができる．

$$
G\ (貨幣) \longrightarrow W\ (商品) \overset{\displaystyle Pm\ (生産手段)}{\underset{\displaystyle A\ (労働力)}{}} \cdots\cdots P\ (生産過程) \cdots\cdots W' \longrightarrow G'
$$

　資本主義のもとでの生産過程では，使用価値としての単なるモノの生産ではなく，それは同時に剰余価値をも生み出す生産であり，それゆえ利潤を生み出さなければそれは商品としての生産物ではなくなるのである．

　もっとも基本的な経済活動である生産と消費のうち，生産を担っているのが企業である．企業は，生産に必要な生産手段（労働手段と労働対象）と労働力をもとに製品・サービスの生産をおこない，それを商品として販売することによって利潤を獲得する．これは企業の経営過程であり，経営の管理過程である．

　経営管理は多数の労働者による協業にもとづいて機能している．企業における経営の諸過程（経営職能：基本職能＝購買・製造・加工・販売・財務，助成的職能＝総務・技術・会計・労働・調査）は，それぞれ独立職能として分化し，職能単位に組織編成され，同時並列的に遂行される．購買職能・生産職能・販売職能・財務職能は産業資本（製造業）に不可欠な基本職能であり，資本の運動過程に即して過程的・水平的に把握される．

　企業の職能構造は，過程的・水平的に把握されるだけでなく，階層的・垂直的にも把握され，企業の目的意識的な経営管理に不可欠なもう一つの職能である．経営管理の基本方針の決定，および経営目的達成のための計画を主内容とする計画・決定職能，経営管理が計画どおりに遂行されるためにその執行を管理・統制する管理・監督職能，ならびに執行作業に直接従事する作業・執行職能がこれである．これらの職能は，経営管理過程に即して水平的

第4章　経営管理論の展開　　89

に把握される過程的・水平的職能とは概念的には区別され，階層的・垂直的職能という[2].

　企業の基本職能は，上述のように二つの職能群があり，両者はマトリックス構造をなしているが，いずれも基本職能であり，資本運動に必要な職能である．企業の経営管理は，資本の使用価値ならびに剰余価値の生産とが統一され，資本運動が展開される．経営管理において前者は労働過程の管理，後者は価値増殖過程の管理として把握され，これは一般に「管理の二重性」の統一としてとらえられる[3].

近代的経営管理の成立

　近代的経営管理は，19世紀末の資本主義が独占段階に到達し，生産と資本の集積・集中による企業規模拡大にともなう経営の「合理化」「科学化」を背景として成立した．それはまず生産過程における作業管理を契機として始まった．経営管理技法が労働強化から労働の有効活用，すなわち生産管理における無駄排除[4]へと重点移行した．管理の根本における無駄排除のために経営の全般的管理（general management），とりわけ基本的な経営管理の計画化と作業の「科学化」とが実行されるようになり，成行管理（drifting management）から科学的管理（scientific management）へと発展した．

　科学的管理法において，テイラー（Taylor, F. W.）は，経営者の管理機能として「計画部」を設置し，それによって経営職能と労働者の作業職能とを分離し，職能組織（functional organization）の内部で両者を統合させる方式を採用した[5]．企業規模が拡大し，協業が発展すると，経営管理過程に応じた職

---

(2) 資本主義企業における経営職能・管理監督職能と作業職能との関係は，単なる「仕事上の区別・相違，それに起因する矛盾だけでなく，搾取と被搾取，支配と被支配という階級的な対立関係」をふくむ関係である（宮川宗弘編著『経営管理基礎論』日本評論社，1986年，71ページ）．

(3) 「管理の二重性」をめぐる論争については，井上秀次郎「読書ノート　角谷登志雄編『マルクス主義経営学論争』」『現代と思想』第34号（青木書店，1978年12月）．

(4) 無駄排除とはさしあたり坂本清『熟練・分業と生産システムの進化』(文眞堂，2017年)，210～211ページ，参照．

(5) 1930年代のこの時期に企業規模が拡大され，それにともない，所有と経営，所有と支配，雇用経営者の腐朽，生産過程の複雑化と続いて，こうした背景のもとで，T・ベブレンらの制度学派が誕生した（篠原三郎・片岡信之『批判的経営学』同文館出版，1972年，27ページ）．

90　　第Ⅰ部　経営学の基礎

能分化が起こる．それは過程的水平的にも，また階層的垂直的にも起こる．テイラーは職能組織を分離することにより，より職能概念を明確化した．しかし企業規模拡大にともない職能分化が進行し，複雑化した大企業の大工場においては，むしろ不適応な生産組織となった．すなわち生産過程の分化・拡大は，経営職能をも分化させ，資本所有者としての経営者という支配関係から，「所有と経営の分離」による専門経営者としての管理支配をもたらした[6]．だが経営者にたいする資本所有者の実質的意味における支配権，経営者自身の営利的な観点，態度などには少しも変わりはなかった．むしろ管理の客体の特性を，より精密に把握し，より専門的に分析的に，資本主義的経営の目的にいっそう有効に利用しようという精練化された経営管理を確立したものにほかならなかった[7]．

　次に，経営の最高管理，すなわちトップ・マネジメント（top management）の経営職能遂行過程とそこにおける計画と統制について述べる．まずトップ・マネジメントによって，経営目的を示す経営の基本方針が定められ，次に部門管理者は，この基本方針に従って各部門の業務計画を示し，これを執行予算の形で決定し，指令する．この場合，部門管理者は，予算執行権限を委譲されて，必要な細部計画等の意思決定をおこない，作業執行者に指令する．このようにトップ・マネジメントの経営職能は，まず経営意思決定から始まる．企業は，長期短期の経営計画を立案し，生産・販売に関する価値的計数的実行予算を定め，これに従って業務を遂行し，必要な統制をおこない，予算達成実現のために経営管理をおこなう．経営計画の具体化としての執行予算は，経営目標としての利益計画を満足させるものであること，目標達成度を評価しうる管理責任単位が明確になっていることが要求される．すなわち利益計画にもとづく経営目的達成に必要な目標管理制度（management by objectives）を生み出す執行予算を編成するのである．

---

(6)「所有と経営の分離に見られるような現代大企業における資本家の変化は重大な意味をはらんでいる．それは「現代では人間どうしが他人を雇う人間と雇われなければ生きられない人間とに分かれている必要はなくなっているということを意味するからである．そうした階級分化がなくても共同生産の組織である企業をつくれる段階にきたのが現代の経済である」（長洲一二他『現代の政治・経済』一橋出版，1984年，83ページ）．

(7) 山本勝也『経営管理の理論と実際』（泉文堂，1963年），6〜7ページ．

2. 生産過程の経営管理

　1920年代のアメリカにおいて，作業能率と標準原価の問題としての生産過程における産業合理化運動を背景にした機械技師による展開と，所有と経営の分離にもとづく専門経営者の登場，トップ・マネジメントの成立にともなう，経営管理過程の全領域を対象とした期間総収益・費用の事前設定としての予算統制（budgetary control）の展開との二つの流れがともに生まれた[8]．当時の企業活動は，とくに両大戦後の生産設備の過剰と需給バランスの不均衡がトップ・マネジメントとしての計画・統制の予算制度を確固とするとともに，企業間競争激化による生産過程からの冗費の排除や原価低減を，生産完了後に原価計算するだけでなく，むしろ生産着手に先立って生産原価の予測，それにもとづく販売価格の最低限度の見積もり，生産標準の統制が要請されていた．

生産計画
　企業の生産計画（production scheduling）は，市場における供給条件をいかに満足させるかということである．それは生産と消費の矛盾を個々の企業レベルでいかに調整するかが，大企業の経営過程を決定するからである．国家独占資本主義のもとでは，需要条件は国家の経済計画や世界市場の存在により大きく作用する．これにたいして供給条件は，個々の企業そのものにより創出される．そこでは独占的市場構造の確立・支配に係っているのである．それには市場支配と設備投資がその条件となるが，後者が企業にとって重要課題となる．それは独占資本主義段階では過剰生産力の形成が基調となっているからであり，また設備投資の融通性はきわめて小さいからである．
　生産管理は，生産と消費の矛盾の個々の企業レベルでの調整を，生産過程においておこなおうとするものである[9]．生産計画と生産統制といっても，無政府的生産による個々のレベルでの計画と統制であるから，国民経済上，生

---

(8) 辻厚生「管理会計論」松尾憲橘編『理論会計学』（中央経済社，1981年），167ページ.
(9) 井上秀次郎「生産国際化の進展と生産管理」野口祐編『経営学原理』（日本評論社，1980年）.

産と消費の矛盾が不可避となる.

生産計画は，トップ・マネジメントの最高経営方針にもとづいて策定される総合経営計画を前提として，その重要な一部分として作成される．とくに大企業による過剰生産経営のもとでは，マーケティングが重要な役割を果たし，生産計画策定は，市場調査による製品計画の立案を起点にして，その製品の種類・品質・数量などを確定し，資材調達・工程分析・機械配置・作業研究・品質基準・手順計画・要員計画・資金調達など，詳細で具体的な検討がなされる．生産計画で重要なのは，何を・いつ・どれだけ・どのような方法で生産するか，といった工程計画である．長期経営計画と結合した生産計画が本格的に導入されるようになったのは，欧米においても，わが国においても，1950年代末期から60年代にかけての第二次大戦後の大企業の復活期においてである．生産過程におけるオートメーション化の急速な進行によって，技術の高度化・機械設備の巨額化・工程の耐用年数の長期化がもたらされて，経営管理上，生産計画が重要課題となったのである．

原価管理

原価管理（cost management）は，原価引き下げ（cost reduction）の方法としての原価統制，すなわち経営・生産過程の条件改善・原価改善（cost improvement）による総合的な原価引き下げの方法としての原価計画（cost planning）と，その生産計画を実行し統制する管理の方法としての原価統制（cost control）との二つの考え方がある．わが国における工場の作業改善運動TQC（Total Quality Control：総合的品質管理）は，単に作業能率の向上のみならず，そのことを通じて間接，あるいは直接にも原価引き下げを図ることにある．たとえば代替案のうちから最適案をとり，他を断念することによって，結果として失われた測定可能な利益（逸失利益）を意味する機会原価の最小化手段として，トヨタや本田技研が開発したといわれる「多能工」による無駄の排除，作業の効率化などがある[10]．多能工とは，フライス工とかボール工というような特定の職種に限定しないで，一つの職域内で各人が多工程の職

---

(10) 佐藤精一『管理会計入門』（中央経済社，1986年），32ページ.

能をもつことであるとされる.

　原価管理においては，まず原価発生の権限と発生結果にたいする責任を果たすための原価中心点（コスト・センター：cost center）としての責任中心点を定める．責任中心点（責任センター：responsibility center）とは，原価管理上の責任・権限の明確化と，責任に従った原価資料提供の集約化のための責任単位であり，原価中心点，さらには部門組織における利益中心点としての役割を果たすことになる．アンソニー（Anthony, R. N.）は，「原価はそれを発生せしめる責任をもつ人々によってのみ管理することができるのであるのであるから，管理の重要なる概念は，責任中心点という概念である」と述べている.

在庫管理

　在庫管理は，在庫に関する計画と統制をふくむ一連の管理活動である．在庫量の適正維持のための，在庫品の発注量と発注時点の決定は在庫計画であり，入庫・出庫・移動・調整・設計仕様変更などの日常業務は在庫統制である．なお業種や企業規模などにより，仕入材料と製品，商品などを同一管理する部門として，卸商社などは商品管理部，製造業は倉庫管理部などとして，在庫管理を入・出荷担当部門により共同化し一部門で管理する企業もある.

　在庫管理の目的は，適正量の在庫品を保有することによって収益性と健全性を高めることであり，在庫品への過大投資と過少投資をなくすことである．すなわち在庫品は，棚卸資産であり，在庫期間中の利子・保管費・価格変動や品質劣化・陳腐化の危険性，資金の固定化による資金繰り問題があり，極力，在庫水準を引き下げ，過大投資を防止する．在庫品には，即納可能による需要変動への対応・顧客サービス水準の向上・生産工程の事故による欠品対策・生産工程の遅延・納品遅れの防止・安定した生産流通機能を可能にするバッファ機能などがある.

　在庫管理は，多種類・多点数の在庫品を間違えることなく，しかも各在庫品を最適な時点で最適な発注量を入庫し，あるいは出庫するという作業がも

---

(11) 中村常次郎編著『近代経営学基本用語辞典』（春秋社，1962 年），154 ページ.

94　第Ⅰ部　経営学の基礎

っとも重要な課題となる．この課題を遂行するために在庫管理機械やコンピュータが使用される．なお在庫管理は，経済的にみた適正在庫の維持の問題や発注の経済性，在庫品管理の経済性も問題にされる．これらの問題の解決方法としては，OR（Operations Research：オペレーションズ・リサーチ）などによる科学的在庫管理の方法などがある．

　しかし実際の在庫管理の適正化には多くの困難がともなう．在庫管理の困難性の要因を2点あげると，①生産と消費の矛盾の法則性によるもの．生産過剰や滞貨の増大が資本主義のもとでは不可避であり，その結果，資金面における資本回転率の低下，保管費用や機会原価増大による収益性低下を招く．なぜなら在庫調整は最終的には，市場における価値法則を基軸にした需要と供給の関係によって成立する．しかしそのイニシアティブは消費者側にあり，供給の側にはない．そのために企業は過剰在庫を発生させないための最大限の諸施策を講ずることになる．②在庫品の種類の多さや点数の多さらくる管理の複雑さ．たとえば1台の自動車には，約2万点もの部品が使用されている．このように数種類もの物品を多数保管し，過誤や遅延なく，調整し適切に出庫することはきわめて困難で，複雑な作業となる．そのため大規模工場の在庫管理には，立体自動倉庫やコンピュータによるシステム管理が一般的である．[12]

3．流通過程の経営管理

流通過程の経営管理

　資本主義の独占段階においては，生産と資本の集積・集中による生産力の急速な高まりと，それにたいする消費力の相対的な低下とによる矛盾が発生し，独占的産業資本は，生産過剰のもとでの市場問題の顕在化によって激烈

---

(12) しかし立体自動倉庫は，かえって在庫を増加させるのであまり好ましくないという．「というのは，これは工場のスペースを省くために天井高くまで棚が伸びているために，人間の目が届かないので，在庫が増える傾向にある」というのである（佐藤康男『FAと原価管理』中央経済社，1987年，242〜243ページ）．

な企業間競争を展開させる．企業は，流通資本の企業系列化を図りながら，経営戦略を展開させる．

第一に，商業資本を吸収または支配し，あるいは系列化を図ろうとする．企業にとっては，自社製品がすでに商業資本のなかに渡っていて，最終的な販売の成否が彼らによって握られていることになれば，市場の拡大だけでなく，その維持・強化さえも困難となる[13]．第二に，生産独占を基礎にして独占価格を設定し，できるだけ多くの利潤獲得を実現しようとする．企業にとって独占価格維持は，商品販売を自立的商業資本に依存している限り困難である．それは企業みずからが生産した商品にたいする統制力を支配し，強化することによってのみ可能である．

こうして大企業は,「商業排除」[14]のための流通資本の系列化を図りながら，独占価格の安定化を図りつつ，価格競争（price competition）から非価格競争（non-price competition）へと経営戦略を展開させる．しかし生産の無政府性にもとづく生産と消費の矛盾は，資本主義のもとでは不可避であり，独占利潤の長期安定的確保のためには，利益計画としての長期経営計画を策定せざるをえなくなる．すなわち企業は，まず経営全般の長期計画にもとづく長期販売予測を立案する．それは消費のための生産ではなく，利潤極大化原理にもとづく商品生産，すなわち売るための生産という転倒した経営活動である．したがって経営管理の中心は，生産して販売することにあり，販売管理は，経営管理全体のなかの重要な活動の一つとして位置づけられることになる．

このように企業の流通過程そのものが資本家によって経営管理の対象とされるにいたったのは，けっして新しいことではない．すなわち第一次大戦を契機にして1918年から22年ごろまでの産業合理化運動において，アメリカにおける経営管理に重要な変化が現れた．管理の中心概念が生産過程における労働強化から，産業における無駄排除へと，経営全般にむけられるようになったことである．それゆえ直接的生産過程のみならず，販売・購買・財務，ならびに労務にもおよび，経営管理の体系化へと発展したのである．とりわ

___

(13) 森下不二也「現代流通の展開」阿部真也・鈴木武編『現代資本主義の流通理論』（大月書店，1983年），14ページ．

(14) 森下，同（13），11ページ．

け1929年末からの大恐慌への突入は，経営管理の統合化を不可避とし，経営方針の設定・利益計画・予算統制などの価値増殖の全過程を意識的に統括調整する全般的管理へとむかわざるをえなかったのである．

価格管理

　価格管理は，換言すればC-V-P関係管理（Cost-Volume-Profit relation）であるといえる．企業の経営目的である最大限利潤の達成は，最高の売り上げと最低の原価とによって実現されるが，その最高売上高を獲得するための製品価格の決定は，現代では，GM社（ゼネラルモーターズ：General Motors），デュポン社（Du Pont）などによって世界で最初に採用された目標資本利益率達成方式が一般的である．すなわち，

$$目標価格 = \frac{総原価＋投下資本×目標資本利益率}{生産量}$$

である．GMでは，平均操業度を前提にした1車あたりの平均間接費に標準直接費を加えて，1車あたりの製造原価を計算する．この額に目標資本利益率を実現できる1車あたり利益額を加えて暫定的メーカー建値（市場で標準となる値段）を決めるのである．現代大企業は，場当たり的に経営管理を実践しているのではなく，長期計画のもとに目標にもとづく利益管理・原価管理を実施している．それは，次のような公式であらわされる．

$$目標利益 = 予想売上 － 許容原価$$

　大企業においては，利益計画における目標利益は，利益額そのものよりも，総資本利益率においている[15]．

$$総資本利益率 ＝ 売上高利益率 × 資本回転率$$
$$\frac{利\ \ 益}{総資本} ＝ \frac{利\ \ 益}{売上高} × \frac{売上高}{総資本}$$

---

(15) 井上秀次郎「大企業の管理動向と『支払い能力』」『賃金と社会保障』第783号（1979年）．

それは①資本家は剰余価値率（搾取率）よりも利潤率の上昇をこそ基本目的にしており，総資本利益率は，この経済学での抽象的・本質的な経済法則を解明するための概念としての，利潤率の会計上の概念にほぼ匹敵するということである。②総資本利益率は売上高利益率と資本回転率とに分解できるが，両者は互いに対立関係にあり，両者の調整こそが総資本利益率を最大にするポイントになる。すなわち，たとえば売上高利益率を高めようとして製品価格を吊り上げれば，売上数量は停滞し在庫を発生し資本回転率は低下するが，逆に低価格販売による売上高利益率の低下は，商品回転率を高め，資本回転率は上昇する。

そこで総資本回転率に関連してさらに述べれば，資本の有機的構成の高度化により資本回転率は低下するという一般的・法則的な傾向があり，資本回転率は中小企業よりも大企業の方が低くなる。それゆえ大企業は，売上高利益率をより高めることによって最高の総資本利益率を達成しようとする。大企業にとって売上高利益率を高める最良の方法が，独占価格の設定・高維持であることはいうまでもない。しかし資本の有機的構成を高度化させることによって，資本利益率（ROI：Return On Investment）は低下するという矛盾が発生する。こうした「利潤率の傾向的な低下は，労働の搾取強化，不変資本の節約，国家の産業政策などによって阻止されようとする。したがって，利潤率は，資本構成の高度化にもかかわらず，現実には，顕著に低下傾向となるのではなく，諸条件のなかでは，上昇さえするのである」。

大企業の価格管理は，資本回転率低下による総資本利益率の低下をくいとめるために，それを価格に転嫁させ，独占間の価格協調によって製品価格吊り上げを実践しようとするのである。なお独占価格の成立は，企業間競争を，価格競争から非価格競争へと発展させることを意味する。たとえば当時，GMは機能的に優れた廉価な大衆車の生産という技術問題に精力を集中し価格競争面で優位を占めていたフォード社に対抗して広告を大々的におこ

---

(16) 利潤率と総資本利益率との関連性にかかわる理論的分析については，高浦忠彦『資本利益率のアメリカ経営史』（中央経済社，1992 年）を参照のこと。

(17) 井上，前掲（15）。

(18) 大橋英五「剰余価値分析」会計学中辞典編集委員会編『会計学中辞典』（青木書店，2005 年），240〜241 ページ。

98　第Ⅰ部　経営学の基礎

図表4 デュポン社の総資本利益率の構造

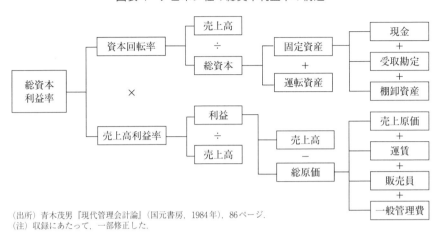

(出所) 青木茂男『現代管理会計論』(国元書房, 1984年), 86ページ.
(注) 収録にあたって, 一部修正した.

ない，大量販売をし，大衆に自動車の型は毎年変わるべきものであるという観念をうえつけることで市場占有率の拡大に成功したといわれている[19]．こうして販売過程においては，価格設定から，販売方法・市場選択・販売促進・製品計画などへと発展し拡大してゆくことになる．

4．財務過程の経営管理

株式会社の資金調達と運用

　経営の管理過程における財務職能は，経営目的達成のための構成要素としての資本の財務（資金）と人事・労務（労働力）としての財務との二つの資本の運用であり，それゆえ経営過程の中心的な管理として機能する最重要なものである．資本主義の発展は，資本の有機的構成を高度化し，生産力の急激な成長によって，企業に投下される所要資本をますます増大してゆく．この巨額かつ長期の設備資本投下のためには，資本調達を必要とする．資本調達の方法には，株式金融・社債金融・銀行融資・自己金融の四つの方法がある．

---

(19) 権泰吉『アメリカ経営学の展開』(白桃書房, 1984年), 246ページ.

大量生産・大規模経営の要請は，多額の資本需要を促し，株式会社制度を発展させた．株式会社（corporation）は，資本集中と支配集中という二大集中機能を有し，この機能を大いに利用し，19世紀後半において独占企業が形成された．しかし1920〜30年代に顕著にみられた大量生産方式の普及・発展は大規模な固定資本の更新・拡充・資本集中運動による企業規模拡大によって新たな財務・資金調達問題を提起した．

　すなわち①大企業の出現で，株式が分散され，多数の大衆株主は利子や配当金の受取人に転化する．企業の支配権は，大株主である企業の意向を忠実に反映する専門経営者（professional manager）の手に集中することになった[20]．②株式の大衆化による所有と経営の分離が進行し，大株主は大企業による法人所有となり，企業間による株式の相互持合いが進められた．大株主は，豊富な資金力を保有する金融機関であり，それゆえ金融機関を頂点とする資本的結合が形成される．モルガン（Morgan），ロックフェラー（Rockefeller）をはじめとする，少数の金融資本集団への支配集中が強化されていった．③資金調達におけるこの時期のもう一つの特徴は，1920年代の証券金融時代が終わり，利潤の内部留保にもとづく資金の創出として自己資本調達が顕著となってきたことである．これには，一定期間，再生産過程から遊離し運転資本などの資金源泉として利用する減価償却基金や積立金・引当金・準備金などの自己金融がある．フォード（Ford, H.）の自己金融を資金調達源泉とするという経営理念は，非常によく知られている．彼はトラストの形成にあたっても金融的基礎として自己金融方式を徹底的に活用した．この自己金融化傾向は，資本の有機的構成の高度化にともなう減価償却費の増大によって，また企業利潤の著しい増大による内部留保の増加とあいまって，アメリカの巨大企業経営にみられる主要な特色の一つをなすにいたった[21]．

予算統制の成立

　たとえば1923〜29年の間，アメリカ巨大企業における設備投資資金の

---

(20) 國島弘行「日本企業の危機と株主価値志向経営――日本的経営の解体と再生をめぐって」日本経営学会第87回全国大会（配布資料）2013年，同「現代の『鉄の檻』としてのアメリカ大企業――株主価値志向コーポレート・ガバナンス批判」『市民の科学』第8号（2015年）．

73.5％は，自己金融（self financing）にもとづくものであったといわれている．自己金融の重視は，必然的に，その源泉を強化するための管理技術，とくに財務管理技法の発達を促した．すなわち財務過程における財務管理の発展は，1920〜30年代におけるアメリカのコントローラー制度（controller）や予算統制（budgetary control）の発達と深く関係づけられながら，専門経営者の出現やトップ・マネジメントの成立，さらに全般的管理の確立の過程で，次第に重要性を増し，内容を豊富にして発展を遂げた．

　予算統制の成立は，テイラーにおける科学的管理法の影響を強く受けた標準原価計算制度と同じように，1920年代に生成し，30年代に入って本格的な発展を遂げた．すなわち予算統制の成立は，独占資本主義段階における大規模な機械体系・大量生産体制をその特徴とする経営の段階において，「過剰生産とそれにともなう販売の困難が現出し，さらに個別的経営は利潤率の低下に遭遇せざるを得ぬことになって，これに対処するためには全経営を合理的，計画的に運営することが必要となる．それはまず市場の条件にもとづいて販売可能量を予定し，それを基礎として生産・購買その他職能活動を具体的な予算とその遂行を通じて管理することでなければならない」．このようにして確立された予算統制が，初めて体系的に検討されたのは，マッキンゼー（Mckinsey, J. O.）の『予算統制論』（1922年）においてであった．

全般的管理

　1929年末からの大恐慌への突入は，大企業の全般的管理の機構を発展させた．トップ・マネジメントにより決定された全般的経営方針が目標利益として計数表現をあたえられ，これがコントローラーを媒介として予算管理・原価管理に具体化される．財務管理の機能は，1920年代に生成したが，30年代において発展し，その確立をみたということができる．

　技術革新による設備投資の巨額化・量産体制の確立による企業規模の拡大

---

(21) 権，前掲（19），94〜95ページ．丹波康太郎「財務管理会計の意義と前提」神戸大学会計学研究室編『管理会計ハンドブック』（中央経済社，1969年），838ページ．

(22) 権，前掲（19），95ページ．

(23) 溝口一雄「科学的管理法の成立と管理会計」神戸大学会計学研究室編『管理会計ハンドブック』（中央経済社，1969年），12ページ．

化は，資本の集積・集中をより促進し，生産・販売をもふくむ全般的経営職能としての経営管理を可能ならしめる資金の管理をも対象として，財務管理は発展を遂げてきた[24].

資金管理

　資金管理（fund management）は経営全般からみた資金の計画と統制として位置づけられ財務管理の中枢を構成する．現代は，大企業の長期経営計画として展開し，利益管理と結びついた．投下資本額も巨大で，単なる資金の有効な調達・運用管理といった財務管理から，経営意思決定のための計画機能と統制機能としても非常に重要なものとなる．企業は目標利益達成のために，資本の調達・運用を適正に管理し，その節約と回転率の向上に努めなければならない．資金管理は一般に，企業の利用できる資本には制約があり，また数個の投資プロジェクトが競合しあうことになる．経営計画は資金的裏付けがなくてはならない．そこで経営計画達成の業務予算（operating budget）と，その業務活動を保障する資金収支計画としての資金予算（cash budget）とが編成される．また設備投資計画や研究開発計画など数年にわたる場合は，長期資本配分の意思決定過程である資本予算（capital budget）が策定される．資本予算（長期資金予算）は，長期経営計画にとって欠くことのできない資金収支を内容とするものであり，設備投資資金が主内容となると同時に，長期資金返済計画も重要なものとなる．

　設備投資は，価値計算にもとづき数個の代替案から選択されるが，その際，現在資金は利子を生ずるので将来資金を現在価値に引き戻すために利子で割り引く，という特徴的な計算手続きが，予算編成にはふくまれている．すなわち「この手続きは，まさに現実の利潤をつくり出す資本の運動を，資金は一定期間内には利子を生ずるものであるとして擬制資本として再把握する手続きであり，現実資本の擬制資本化であるというべきであり，配当の利子化，自己金融と並んで現代株式会社の特徴的現象の一翼をなすものである[25]」．

---

(24) 丹波，前掲（21），838 ページ．

102　第 I 部　経営学の基礎

【参考文献】

風間信隆・松田健編著『実践に学ぶ経営学』（文眞堂，2018年）．

佐久間信夫・坪井順一編著『現代の経営管理論　第3版』（学文社，2016年）．

塩次喜代明・高橋伸夫・小林敏男『経営管理 新版』（有斐閣，2009年）．

奥林康司他『経験から学ぶ経営学入門』（有斐閣，2007年）．

中村常次郎編著『近代経営学基本用語辞典』（春秋社，1962年）．

---

(25) 三戸公『経営学講義』（未来社，1965年），214ページ．

付記：本章は，井上秀次郎「管理会計の経営職能別展開」森章・近藤禎夫編著『現代会計講座3　情報化と管理会計』（ミネルヴァ書房，1990年）をもとに会計的記述を削除し，「経営管理の展開」として再編集し直したものである．なお足立浩は，「批判的管理会計論の意義と限界」として，同書の編著者近藤禎夫や敷田禮二らの管理会計論にたいして，一方で「管理会計の社会経済的な基盤・条件・背景等の解明とそのもとでの管理会計の現実的機能の分析・解明」を評価しつつ，他方でこうした「会計経済学的視点」の意義と限界を指摘する．しかし現実には，資本主義経済の原理や政策にもとづき会計情報や会計方法が策定されているのであって，むしろ経済学的視角なしで会計現象を解明することのほうが，意義と限界を有するのではないか（足立浩『現代管理会計論再考』〔創成社，2018年〕を参照のこと）．

第Ⅱ部
現代経営学の各領域

第5章

現代企業の経営組織

企業，政府，学校など，組織は無数に存在している．組織とはいったい何で
あろうか．本章では，まず，バーナード=サイモン理論にもとづいて，組織
を定義する．そのうえで，組織にはどのような形態があるのか，組織は環境
とどのような関係にあるのかといった，組織の基本課題についての議論を紹
介する．最後に，最近の経営組織の動向を読み解くために欠かせない，組織
文化，組織学習，組織的知識創造という三つの理論を取り上げて説明する．

【キーワード】

組織文化　　組織学習　　組織的知識創造

1．組織

公式組織（formal organization）

　企業，政府，学校，ボランティア団体など，組織は無数に存在している．
これらの組織では，一定の目的のために人々が協働している．こうした組織
の代表的な定義は，バーナード（Barnard, C. I.）のいう，「2人以上の人々の
意識的に調整された活動や諸力の体系」である[1]．組織が作られるのは，た
とえば，1人では動かせない大きな石という制約があり，協働すれば石（制約）

---

(1) バーナード『新訳 経営者の役割』(山本安次郎・田杉競・飯野春樹訳, ダイヤモンド社, 1968年), 76ペー
　　ジ．この定義は，物的環境（たとえば，機械設備）や社会的環境（たとえば，習慣）などを除外して，
　　すべての協働に共通する要素を抽出した組織の一側面をあらわしている．組織では電力や電磁場の
　　ように「人の『力』」が作用している（バーナード，同上，78ページ）．

106　　第Ⅱ部　現代経営学の各領域

を取り除けるときである.

　石を動かすという活動(努力)は,道を通りたいなどの個人の動機(欲求,衝動,欲望)によって引き起こされる.しかし,それぞれの個人の動機は,組織目的と同じでないことがほとんどであり,意欲の程度にも違いがある.そこで,「共通目的」を個人に知らせたり,個人の「貢献意欲」を引き出したりする手段となるのが「伝達(コミュニケーション)」である[2].これら共通目的・貢献意欲・伝達は組織にとって不可欠な要素である.

　組織の存続の条件は,組織目的の達成にかかわる「有効性(effectiveness)」と,個人的な動機の満足にかかわる「能率(efficiency)」である.組織の有効性と能率に関する問題は,伝達体系(命令系統)に依存している[3].誰が誰に伝達(命令)するのかといった職位の規定は組織構造(組織目的を細部課業に分割し,これらの調整を表現したもの)とよばれ,組織図などによってあらわされている.ただし組織の伝達(命令)は受令者に受容されてはじめて権限(authority)を認められ,その受容の範囲は組織から提供される賃金などの誘因しだいで広くもなり狭くもなる[4].したがって組織目的の達成(有効性)は,協働に必要な貢献の確保・維持のために誘因を提供する能力(能率)に依存している.

非公式組織(informal organization)

　組織には,たとえば同期入社同士のつながりなど,さまざまな非公式な個

---

(2) バーナード,同(1),85 ～ 95 ページ.

　　組織の構造・広さ・範囲は,伝達技術によって決定づけられる.バーナードによれば,「組織内の多くの専門化は,本質的には伝達の必要のために生じ,またそのために維持されている」(バーナード,同(1),95 ページ).

(3) バーナード,同(1),184 ページ.

(4) バーナード,同(1),170 ～ 177 ページ.バーナードは権限受容説の立場をとっている.権限受容の要件は,①伝達を理解でき,また実際に理解すること,②意思決定に当たり,伝達が組織目的と矛盾しないと信ずること,③意思決定に当たり,伝達が自己の個人的利害全体と両立しうると信ずること,④その人は精神的にも肉体的にも伝達に従いうることである.伝達を反問することなく受け入れるのは,個人に「無関心圏」が成立しているからである.この「無関心圏」の範囲は,誘因が個人の負担と犠牲をどの程度超過するかに応じて決まる.

　　誘因には,賃金・作業条件・地位・威信などの手段と,説得の方法がある(バーナード,同(1),148-159 ページ).

人間の関係も存在する。個人間の相互作用から形成される非公式組織の重要性が見出されるきっかけとなったのは、ウェスタン・エレクトリック社のホーソン工場で、1924年から1932年まで実施された「ホーソン実験」である。この研究の結果からメイヨー（Mayo, E.）は、仕事における協働は、「人間相互の関係およびその態度を規制する非論理的な社会規範の発達に依存する」ことを発見した。この概念を展開させたレスリスバーガー（Roethlisberger, F. J.）は、公式組織内で形成される、非公式な集団（非公式組織）を重視した。それをもっとも象徴していたのがバンク配線観察室の調査であった。そこで働く14名の作業者は仕事をするほど報酬が増大する集団請負制であったが、作業者の能力と生産高は一致しなかった。この作業集団には「仕事に精をだしすぎてはいけない」「仕事を怠けすぎてはならない」などの感情が働いており、1日の作業量として適当とされている集団の基準以上に働くと、社会的圧力が加わっていた。

　「ホーソン実験」の一連の調査で、個人は経済的利害や論理に従って行動するだけでなく、個人的な関係のなかで形成される行動規範や共通の感情に則って行動していることが浮き彫りにされた。

2. サイモン理論における意思決定，組織影響力，組織均衡

意思決定（decision-making）

　個人は石を動かすなどの行動に先立って、いくつかの代替的行動のうちから1つを選択（「意思決定」）する。バーナード理論を発展させたサイモン

---

(5) メイヨー『新訳 産業文明における人間問題』（村本栄一訳，日本能率協会，1967年），128ページ．
　　「ホーソン実験」において1927〜29年におこなわれた継電器組立作業実験室の調査では、電話継電器の組立作業をおこなう6名の作業者が対象になり、休憩時間・回数や労働時間などの条件を変えながら、生産高が計測された。しかし、作業条件と生産高との間に十分に有意義な相関関係を発見できなかった。そこで1928年から、雲母剥ぎ作業実験室でも同様の調査をおこなうとともに、従業員への面接調査もおこなわれた。
(6) レスリスバーガー『経営と勤労意欲』（野田一夫・川村欣也訳，ダイヤモンド社，1965年），26〜27ページ．

(Simon, H. A.) によれば組織は，相互関係をもつ，あらかじめ規定された決定前提のシステムである[7].

どの意思決定にも価値と事実という二つの前提がふくまれているが，「望ましい」といった倫理的な言葉であらわされた価値前提は正しさを判断できない．そこで企業では価値前提（組織目的）は，取締役会ないし株主総会という支配集団によって選ばれる[8].

組織目的が与えられれば，その目的を達成するためにとる手段が適切かどうかは，純粋に事実的な問題である[9].つまり目的にたいする適切な手段は，世界が実際にどうであるかを言葉であらわした事実前提から引き出すことができる.

通常，手紙を書く（手段）のは照会に答えるため（目的）というように，それぞれの決定は最終的な目的が達成されるまで続いていく．したがって組織の決定過程は，組織目的につながる手段—目的という事実的で論理的な階層的な概念でとらえられる[10].

組織影響力（organizational influence）

手段—目的の階層は，実際の個人の行動においては，統合された連鎖にはなっていない．組織はいかにして個人の意思決定に影響を与え，組織目的へ統合させるのだろうか．個人は何かを決定するときに，ほんの少しの代替的行動しか思いつけず，得られる知識も断片的で，行動の結果を正確に予測・

---

(7) サイモン『新版 経営行動』（二村敏子・桑田耕太郎・高尾義明・西脇暢子・高柳美香訳, ダイヤモンド社, 2009 年）, 356 ページ. サイモンは，「組織は相互関係をもつ役割のシステム」であり，「役割とはあらかじめ規定された行動のシステムではなく，規定された決定前提のシステムである」と説いている.

　　また，仲田によれば，意思決定についてバーナードが「主観的・道徳的側面，組織目的形成の問題」も取り扱ったのにたいして，サイモンは「価値的前提と事実的前提とを区別し，客観的・論理的に検証可能な後者から導かれる意思決定」に限定して取り扱った（仲田正機『現代アメリカ管理論史』ミネルヴァ書房, 1985 年, 21 ページ）.

(8) サイモン，同 (7)，91 ページ.

(9) サイモン，同 (7)，87 〜 88 ページ. サイモンによれば，「不意打ちをせよ」という価値前提が与えられれば，「不意打ちの条件とは，攻撃の時間と場所を隠すことである」という事実前提を媒介にして，「攻撃の時間と場所を隠せ」という命令が導き出される.

(10) サイモン，同 (7)，112 〜 115 ページ.

評価できない．このような合理性に限界のある個人の決定は，サイモンによれば，タイピストが印刷物を受けとればタイプするように，「一定の方向に注意を向けさせる刺激」によって始まり，刺激にたいする応答のほとんどは習慣的になる⁽¹¹⁾．そこで組織目的の達成を志向するように，個人の決定に働きかけることを「組織影響力」という⁽¹²⁾．

　組織は次のような方法を用いて個人の決定に影響を与え，合理性の限界を克服しようとする⁽¹³⁾．①仕事を個人間に分配し，個人の注意を特定の仕事にむけさせる，②標準的な手続きを確立し，仕事の処理の仕方を決める，③権限と影響のシステムを確立し，階層を通して決定に必要な情報を伝える，④コミュニケーション経路に沿って決定のための情報を流す，⑤個人を訓練・教化する．

組織均衡（equilibrium of the organization）

　なぜ個人は組織の影響力を受け入れるのだろうか．サイモンは組織の参加者として，3種類をあげている⁽¹⁴⁾．①「従業員」は賃金などの誘因を組織が提供してくれるため，企業家の指揮・命令に従って行動する（貢献），②「顧客」は，組織の提供するサービス（誘因）と引き換えに，組織に金銭を支払う（貢献），③「企業家」は，組織の存続と成長（誘因）のために，組織を統制する（貢献）．このような貢献と誘因のシステムを「組織均衡」という．

　組織の存続には，支配集団が他の参加者の貢献を保持するために十分な誘因を提供する必要がある⁽¹⁵⁾．そこでサイモンは，組織の価値基準として，能率（組織目的に照らしてできるだけ効果的に資源を利用する）を重視している⁽¹⁶⁾．

---

(11) サイモン，同（7），158 ページ.
(12) 仲田，前掲（7），192 ページ.
(13) サイモン，前掲（7），171〜172 ページ
(14) サイモン，同（7），223〜228 ページ.
(15) サイモン，同（7），231 ページ.
(16) サイモン，同（7），231〜232 ページ.

3. 経営組織の形態

基本形態

経営組織の形態として，私たちが目にすることができるのは組織図である．組織図は，仕事の分担や伝達（命令）の経路などの組織構造を図示している．組織構造を類型化したものが，組織形態である．その基本形態には，職能別組織と事業部制組織がある．

職能別組織は**図表5-1**のように，製造，営業，財務などの職能ごとに専門化され，代表取締役社長をはじめとする最高経営管理者（経営者）[17]によって統制される．職能別組織は，経営者の管理上の負担が過大になる，職能間の連携がとりにくくなるなどの問題がある．

事業部制組織は**図表5-2**のように，製品や地域といった事業ごとに編成されている．事業部はそれぞれ製造や営業などの職能をふくんでおり，利益責任単位となっている．各事業部間の調整と統制は経営者がおこなう．日本では1933年に松下電器産業（現パナソニック）が事業部制組織を導入し，その後，多角化や地域的に拡大している企業で多く採用されている．事業部制組織の利点は，事業部が業務的な意思決定を担うことによって，経営者が戦略的な意思決定（事業部の統制をふくむ）に専念できるなどである．一方で問題点として，事業部ごとに短期的な利益が追求されやすくなり，事業部間の連携がとりにくいなどがあげられる．

これまで述べてきた職能別組織と事業部制組織は，直線的な指揮・命令系統（ライン）からなる基本形態である．このラインにたいして，スタッフが戦略の計画立案の助言や，人事・総務などのサービスを提供することもある．

なぜ市場を介した取引ではなく，階層的な支配・従属関係にもとづく

---

(17) 管理組織の実質的な意思決定の最高機関はトップ・マネジメントであり，代表取締役社長をはじめとする経営者から構成される．企業規模が拡大するにつれ，トップ・マネジメントと，現場の作業者に直接影響を与える現場管理者（ロワー・マネジメント）の間に，中間管理者（ミドル・マネジメント）が介在する．

ミドル・マネジメントは事業部長・部長・課長などをさし，ロワー・マネジメントは係長・職長などをさす（岸川善光編著『経営組織要論』，同文舘出版，2015年，72ページ）．

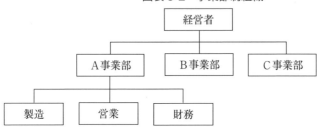

組織がとられるのだろうか．サイモン理論を受け継いだウィリアムソン（Williamson, O. E.）は意思決定者の特性として，先述した合理性の限界に加えて，「機会主義」（個人が利己的に行動すること）をあげている[18]．階層組織は，意思決定の専門化とコミュニケーションコストの節約によって合理性の限界を克服するだけでなく，個人の利己的な言動の監視コストの節約にもつながる[19]．

ネットワーク型組織の進展

　欧米先進国では1970年代以降，消費者ニーズの多様化，情報やサービス産業化の進展により，企業では知的活動の比重が高まってきた．そうしたなかで，工業生産を中心とした大量生産・販売に適した階層的な組織では立ち行かなくなる企業もでてきた．小回りがきかず意思決定に時間がかかったり，従前のやり方にこだわったり，縦割りのセクショナリズムに陥ったりするなど，大企業病とよばれる症状がみられるようになった．

　そこで各事業部や職能に分散している経営資源を共有・活用するために，

---

(18) ウィリアムソン『市場と企業組織』（浅沼萬里・岩崎晃訳，日本評論社，1980 年），418 ～ 420 ページ．
(19) ウィリアムソン，同（18），46 ページ，419 ページ．

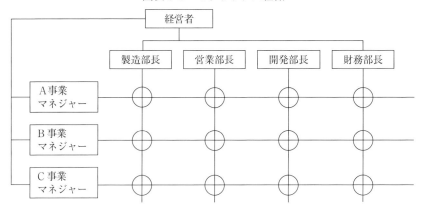

(出所) 磯山優「第4章 マクロ・レベルの組織」高橋正泰他『経営組織論の基礎』(中央経済社, 1998年, 86ページ) をもとに作成.

より柔軟に環境に適応する組織構造が工夫されてきた. その一つが, 職能・事業・地域などのうち二つの部門を組み合わせた「マトリックス組織」(図表5-3) であり, 1970年代〜80年代に欧米で多く採用された. しかしマトリックス組織のもとでは, 職能の上司と事業の上司といった2人のボスを部下がもつために, 矛盾する指示を受けるなど, 意思決定に混乱をもたらすこともある.

また, たとえば特定のプロジェクト達成のために事業部を横断して人材を集めた「プロジェクト・チーム」をとることがある.

さらにインターネットに代表される情報通信技術の発展によって, 空間的・時間的な制約を超えた協働も可能になっている.「テレワーク」とよばれる働き方では, 自宅や外出先からオフィスにいる上司や同僚とコミュニケートして協働作業をおこなえるようになっている[20]. また日本の本社と各国

---

(20) この点についてサイモンは,「いくつかの仕事は工場やオフィスから自宅へと移された. ネットワーキングと『グループウェア』が共同業務を促進した. 組織のネットワーキングに伴い, ハイアラーキーはコミュニケーションチャネルの全体システムにおいてあまり重要な要素ではなくなってきた」と述べている (サイモン, 前掲 (7), 271ページ).

なお, テレワークとは「情報通信技術, とくにインターネットとパソコンに代表されるコンピュータを使って空間と時間の制約を克服した働き方」である (安達房子『ICTを活用した組織変革』晃洋書房, 2016年, 36ページ).

第5章 現代企業の経営組織　113

の支社の社員が，ICT（Information and Communication Technology：情報通信技術）を活用してグローバルに協力して仕事をしている例もある．ICTを活用した個人間のネットワークも広がりをみせており，「バーチャル・チーム」とよばれている[21]．最近では，仕事の一部が人工知能（AI：Artificial Intelligence）に置き換わってきている．そうなると，組織内ではより知的な活動が重視されるようになり，個人にはより多くの仕事の裁量が求められる．

このような国際的競争やICTの進展などの環境変化のなかで，階層的な支配従属という権限関係では説明できない，個人間の関係にもとづいたネットワーク型組織が重要な役割を果たしている．

ネットワーク型組織の代表的な特徴は，①緩やかに結合されたシステム（loosely coupling system）という構造特性をもっていること，②主体的，創造的に新たな組織構造を創り出しやすいという自己組織性をもつことである[22]．また個人的な関係の中で形成される信頼感や共感にもとづく関係が，仲間からの評判や視線のプレッシャーとして働き，怠慢や不正の監視コストを下げることもある[23]．

ネットワーク型組織の問題点としては，複数主体の緩やかな結合であるため，①事業活動自体が状況に左右されて不安定になりやすい，②知識やノウハウが長期的に散逸しやすいなどがあげられる[24]．組織において個人行動の自由裁量が高いほど，組織としての方向性の舵取りをして，長期的に経営資源を蓄積・活用していくことが課題になっている．

---

(21) リプナックとスタンプス（Lipnack, J. and Stamps, J.）は，技術を使って，空間的・時間的・組織的な制約を超えて共通の目的をもって一緒に働くことを，「バーチャル・チーム」と定義している（Lipnack, J. and Stamps, J., *Virtual Teams*, 2nd ed., John Wiley & Sons, 2000, p.18）．

(22) 若林直樹『ネットワーク組織』（有斐閣，2009年），157～159ページ．
　　緩やかに結合したシステムはワイク（Weick, K. E.）の提唱した考え方で，二つのシステムが少数のあるいは弱い共通変数によって結びついていることをさす（ワイク『組織化の社会心理学』遠田雄志訳，文眞堂，1997年，144ページ）．ワイクによれば，個人がそれぞれの目的を達成するために手段（行動）を調整すれば組織は成立し，人々の間の目的の一致は不可欠ではないと説いている（ワイク，同上，117ページ）．

(23) 中野勉『ソーシャル・ネットワークと組織のダイナミクス』（有斐閣，2011年），171ページ．

(24) 若林，前掲（22），62ページ．

4．環境と組織

コンティンジェンシー・アプローチ

　組織は，その外的要因に影響を受けている．たとえばグローバルに活動する組織では，それぞれの国の産業政策や法律，文化などから制約を受けたりチャンスをもらったりする．これらの環境条件が違えば，それに応じて組織構造も違っていくため，あらゆる状況に適用できる唯一最善の組織はないという考え方を，コンティンジェンシー・アプローチという．たとえば，ローレンスとローシュ（Lawrence, P. R. and Lorsch, J. W.）は，環境（市場や技術など）の異なる3つの産業をとりあげ，部門間の分化（態度や思考の違い）と統合の状態をアンケートと面接によって比較した．その結果，環境変化の激しいプラスチック産業では，環境変化の遅い容器産業と包装食品加工産業よりも，部門ごとに高度の分化とその統合が必要であった[25]．

　このような外部環境の状況に応じて，最適な組織が決まるという「環境決定論的」な見方には限界がある．その一つは，同じ環境下の企業がそれぞれ異なる組織構造をもっているにもかかわらず，環境に適応できていることである．

戦略と組織の関係

　アメリカ巨大企業の戦略と組織の変遷を探究したチャンドラー（Chandler, A. D. Jr.）は，「組織は戦略に従う（structure follow strategy）」と説いている．たとえば，本拠地から離れた地域に工場を設けるといった経営者の判断は，企業の長期目的の練り直しをともない，新しい目的達成のために経営資源（資本，工場などの物的資産，人材など）の配分を改める[26]．このような新戦略に応じて，新たな人材や設備が追加されるかもしれないため，全社の経営資源を有効活用するために組織構造の改編が必要になる．チャンドラーは組織構造を決める直接的な原因は環境条件ではなく，経営者の判断（戦略）とした．

---

(25) ローレンス,ローシュ『組織の条件適応理論』（吉田博訳,産業能率短期大学出版部,1977 年),127 ページ.
(26) チャンドラー『経営戦略と組織』（三菱経済研究所訳，実業之日本社 , 1967 年),17 ページ.

第 5 章　現代企業の経営組織　　**115**

チャイルド（Child, J.）は基本的にチャンドラーの「組織は戦略に従う」という命題に依拠しているが，意思決定者の「戦略の選択」が環境条件を創造（イナクト）する力ももっていると説いている[27]。

　戦略選択アプローチの議論を受け継いだマイルズとスノー（Miles, R. E. and Snow, C. C.）は，組織構造も戦略に制約を課しており，戦略と組織構造は相互作用しているととらえた。なぜなら一度組織構造や過程（規則などの行動のレパートリー）が形成されると，意思決定者の知覚と責任の範囲を狭める可能性があるからである[28]。

　この点についてワイク（Weick, K. E.）によれば，個人は行為したことを振り返って，出来事を意味づけて共有の認識を得ようとしていると説いている[29]。したがって組織行動は決定という側面だけでなく，個人の意味づけという側面からもとらえ直さなければならない。とくに「あいまい」（目的が多様で，因果関係が不明瞭で，参加者が流動的であること[30]）な環境下にある組織では，個人間の共通認識を通して，環境に主体的に対応していく能力を解明することが求められている。

5. 組織文化，組織学習，組織的知識創造

組織文化（organizational culture）

　レストランや銀行に入ると，物理的なレイアウトやデザイン，従業員の服装や態度などによって，それぞれ独自の雰囲気やパターンをもっていること

---

(27) Child, J., *Organizational Structure, Environment and Performance*, Environment and Performance, Sociology, 1972, Vol.6, No.1, p.10.
　　イナクト（enact）とはワイクが提唱した用語である。ワイクは組織の行為者が環境を創造するうえで果たしている積極的な役割をイナクトメントとよんでいる（ワイク，前掲（22），169ページ）。
(28) マイルズ，スノー『戦略型経営』（土屋守章他訳，ダイヤモンド社，1983年），9〜11ページ。組織構造や過程は，人間の能力の限界を超えて不確実性が大きくなることを防ぐために発達させられていくためである。
(29) ワイク，前掲（22），184〜185ページ。
(30) マーチ，オルセン『組織におけるあいまいさと決定』（遠田雄志，アリソン・ユング訳，有斐閣，1986年），28〜29ページ。

116　第Ⅱ部　現代経営学の各領域

図表 5-4　組織文化のレベルとその相互作用

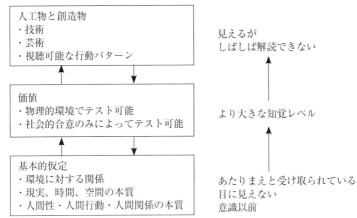

(出所) シャイン『組織文化とリーダーシップ』(清水紀彦・浜田幸雄訳, ダイヤモンド社, 1989 年, 19ページ) をもとに作成.

に気づく.

　シャイン (Schein, E. H.) によれば, この物理的なレイアウト, 言葉, 個人の行動パターンなどの人工物は, 価値と基本的仮定を反映している (**図表 5-4**). 「どうあるべきか」をあらわした価値は現実にテストされておらず, まだ個人間に共有されていない. しかし, たとえば「商品の売上げを伸ばすために, 広告を増やすべきだ」というリーダーの価値にもとづいた「広告を増やす」という解決策が機能して, 集団によってその成功についての認識が共有されれば, その価値が当たり前になり意識されなくなる. この個人に無意識に作用する基本的仮定が, 組織文化の本質である.

　基本的仮定のもとになる価値とは, 外部環境をどう定義して生き残っていくかに関すること (使命や戦略など) と, その環境のなかで個人間の関係を統合する方法に関すること (共通言語や権限の問題など) である[31].

　このような組織文化の代表的な定義は, 「ある特定のグループが外部への適応や内部統合の問題に対処する際に学習した, グループ自身によって, 創られ, 発見され, または, 発展させられた基本的仮定のパターン――それはよく機能して有効と認められ, したがって, 新しいメンバーに, そうした問

---

(31) シャイン『組織文化とリーダーシップ』(清水紀彦・浜田幸雄訳, ダイヤモンド社, 1989 年), 67 ページ.

題に関しての知覚，思考，感覚の正しい方法として教え込まれる」である[32].

さて，ディールとケネディ（Deal, T. E. and Kennedy, A. A.）によれば，経営者の理念（組織の基本的な考え）が，英雄（理念を実践してみせ，人々の役割モデルとなる人物）や儀式・儀礼（優秀な社員の表彰や式典など）というシンボル，噂のような非公式なコミュニケーション手段を通して人々に広く浸透できれば，強い文化となる[33]．強い文化を維持・管理する人々はシンボリック・マネジャーとよばれる．この強い文化は，人々が日常的にいかにして行動すべきかを明確に示す，非公式な決まりの体系になる．そのため強い文化をもつ組織ほど，人々の行動パターンにまとまりをもたせたり，人々の不安を低減しやすくなる．

しかし，強い文化は人々の知覚や認識の画一化をもたらすため，環境変化に対応した戦略や組織構造の変革を難しくさせるという問題点がある[34]．また，管理者がシンボリックな行動をしても，送り手の意図の通りに受け手が解釈するとは限らないため，組織文化を管理者が形成・維持できるというとらえ方には限界がある．

そこで，以下で組織学習のうち個人学習をベースにした理論と，個人の創造性に着目した組織的知識創造の理論をみていく．

組織学習（organizational learning）

個人は経験から知識や行動パターンを学ぶが，組織も学習している．組織学習とは，知識や理解を向上させることによって，行動を改善させるプロセスである[35]．たとえば，組織では個人が異動や退職をしても，仕事のやり方や考え方がパターンとして継続される．

---

(32) シャイン，同 (31)，12 ページ．

　　なお，組織文化論の登場の契機となったのは，コンティンジェンシー・アプローチに端を発した1960 年～70 年の議論とともに，日本的経営への注目もあげられる．日本企業は 1970 年代の 2 度のオイルショックを契機にした世界的な経済の低迷のなか，いち早く立ち直ったからである．

(33) ディール，ケネディ『シンボリック・マネジャー』（城山三郎訳，新潮社，1983 年），26 ～ 29 ページ．

(34) コッターとヘスケット（Kotter, J. P. and Heskett, J. L.）は，強い組織文化がかならずしも高業績を上げているわけではなく，「環境に適応する企業文化」が優れた業績を上げていることを発見した．環境に適応する企業文化とは，株主，顧客，従業員という企業の支援者たちの正当な権利を満足させるために，戦略などの変革をおこなうことのできる文化である（コッター，ヘスケット『企業文化が高業績を生む』梅津祐良訳，ダイヤモンド社，1994 年，75 ページ）．

このようなパターンの学習は，与えられた目的や価値の範囲内でおこなわれるため，シングル・ループ学習や低次学習という．アージリス（Argyris, C.）は，温度調節をおこなう装置であるサーモスタットを例にあげて二つの学習を区別している⁽³⁶⁾．シングル・ループ学習では設定した適正な温度にもとづいて温度が調整される．一方，設定された温度が適正なのかを問うと，自分の動作プログラムや目的なども見直すことになり，ダブル・ループ学習や高次学習という．

組織学習では低次学習が促され，高次学習は困難である．なぜなら，人々は自分がつくり，行動を決定する基準となっている論理を進んで問いかけようとはしないからである⁽³⁷⁾．したがって，シングル・ループ学習のもとで慣性が働くと，不都合な情報が隠ぺいされたり，偽装されたりする問題を内包してしまう．たとえば，無資格の従業員が完成車両の検査をした不祥事では，コスト削減という目的達成のためにあらゆる手段を尽くして低次学習を実現していた．

こうした学習に関わる障害を克服して「学習する組織」を構築するための能力として，センゲ（Senge, P. M.）は次の5つをあげている⁽³⁸⁾．第一に「自己マスタリー」（個人の視野を明瞭にし，深めること）である．組織は個人を通して

---

(35) Fiol, C. M. and Lyles, M. A., "Organizational Learning." *Academy of Management Review*, 1985, Vol.10, No.4, p.803.

(36) アージリス「『ダブル・ループ学習』とは何か」有賀裕子訳（『DIAMOND ハーバード・ビジネス・レビュー』ダイヤモンド社，2007年4月号），102 ～ 103 ページ.
　　高次学習の中身について安藤は，組織目的や組織文化といった企業レベルから，仕事にたいする考え方のようなビジネス・レベルまで多岐にわたっているが，「企業レベルの高次学習に固執するのは，あまり適切なことではない．ビジネス・レベルの高次学習だけでも，企業はある程度成功を勝ちとることができる」と説いている（安藤史江『組織学習と組織内地図』白桃書房，2001年，104 ページ）.

(37) アージリス，前掲（36），104 ～ 109 ページ.
　　組織学習の理論家はダブル・ループ学習の困難を克服するために人為的な介入が必要だと主張するが，この議論の欠陥は組織内外の誰かが学習を実行に移す最適の時間と方法を知っていると仮定していることであるという指摘がある（野中郁次郎・竹内弘高『知識創造企業』梅本勝博訳，東洋経済新報社，1996年，66 ページ）.

(38) センゲ『最強組織の法則』（守部信之他訳，徳間書店，1995年），91 ～ 266 ページ.「学習する組織」とは，革新的で発展的な思考パターンが育まれる組織，共同して学ぶ方法を絶えず学び続ける組織などである（センゲ，同上，9 ～ 10 ページ）.
　　センゲの「学習する組織」は組織学習論などを応用した実践的な理論であるが，変化の激しい環境に直面している企業の要請に応える理論であったため，組織学習論への関心を飛躍的に高めた（安藤，前掲（36），22 ～ 24 ページ）.

学ぶため，まず，学習する個人がいなければならない．第二に「固定観念の克服」である．第三に「共有ビジョンの構築」である．達成すべき将来のイメージを個人間で共有することによって，さまざまな活動への結束がもたらされる．第四に「チーム学習」である．学習の基礎単位であるチームのメンバーが，対話を通して，それぞれの固定観念を共同で思考することである．第一から第四の能力を統合する第五の能力が「システム思考」（個々の部分ではなく，全体の相互関係のパターンをとらえるための枠組み）である．

　近年，不祥事が相次いで起きており，不正を防いだり監視したりできる「学習する組織」を形成していくことは，現代組織の喫緊の課題である．

組織的知識創造 (organizational knowledge creation)

　「組織的知識創造」とは野中郁次郎によって提唱された理論で，「組織成員が創り出した知識を，組織全体で製品やサービスあるいは業務システムに具現化すること」であり，1970 ～ 80年代に日本企業が次々と新商品・技術を生み出した要因でもある．[39] 個人は知識や情報を創造する存在であり，組織は主体的に環境に働きかけているという新しい理論を展開した．

　組織的知識創造の出発点は，個人に内在化されて言葉であらわすことが難しい「暗黙知」である．暗黙知には，職人の技などノウハウといわれる側面と，個人のものの見方や考え方といった認知的な側面がある．この暗黙知は，言語や数字として表現された「形式知」に変換されてはじめて，組織内で伝達・共有できる．そして，形式知から暗黙知に変換されることによって学習が起き，新しい知識の創造につながる．

　組織的な暗黙知と形式知の相互作用においてミドルは，トップがもっているビジョンとしての理想をもとに，第一線社員が理解でき実行に移せるような具体的なコンセプトを創り出す．[40] つまり，ミドルはトップとロワーに働きかけて組織的知識創造をおこなう中心的な役割を担うことから，ミドル・アップダウン・マネジメントが提唱されている．[41]

---

(39) 野中・竹内，同 (37)，i～iiページ，1ページ．

(40) 野中・竹内，同 (37)，191～193ページ．

(41) 野中郁次郎『知識創造の経営』（日本経済新聞社，1990年），124～131ページ．

このような組織的知識創造は，日本的経営の特殊性も影響している．たとえば，定年まで同じ企業に勤める終身雇用のもとでは，欧米より労働流動性が低く，暗黙知の蓄積・移転を進めやすかった[42]．しかし，1990年以降，バブル崩壊後の長期不況のなかで，企業内において新卒の正社員の採用は抑えられ，パートや派遣などの非正規社員が増加している．また，インターネットを活用して，直接顔を合わさずに仕事を進めることもできるようになっている．こうしたなかで，イノベーションの鍵になる暗黙知をいかにして共有していくかが課題になっている．

【参考文献】
佐久間信夫・坪井順一編著『現代経営組織論の基礎』（学文社，2011年）．
笹川儀三郎・山下高之・仲田正機・渡辺峻編著『現代の企業経営を学ぶ』（ミネルヴァ書房，1996年）．
高橋正泰・山口善昭・磯山優・文智彦『経営組織論の基礎』（中央経済社，1998年）．
野中郁次郎『知識創造の経営』（日本経済新聞社，1990年）．
野中郁次郎・竹内弘高『知識創造企業』（梅本勝博訳，東洋経済新報社，1996年）．

---

(42) 野中，同（41），227ページ．

第6章

現代企業の経営戦略

現代企業の経営戦略を，企業戦略，競争戦略，環境変化という三つの側面から述べる．企業戦略では企業全体の成長が図られ，競争戦略では他社との競争が扱われる．環境変化については，現代企業が直面する戦略上のイシューとして，ビジネスや社会の変革を促すイノベーションの創出と，複数企業間のパートナーシップで経営資源を共有するアライアンスを取りあげる．そののち，経営戦略と私たちの社会との関わりについて考察する．

【キーワード】

企業戦略　　競争戦略　　環境変化

1．経営戦略

経営戦略とは何であろうか．ビジネスの場で戦略という言葉を耳にするとき，あるときは企業の成長が語られ，別のときは競争に生き残ることが示唆される．イノベーションを創出することが目指されるときもあれば，複数企業がパートナーシップを組むこともあげられる．このように，経営戦略という言葉には多様なニュアンスがふくまれている．

チャンドラー（Chandler, A. D. Jr.）は，戦略（strategy）を，「長期の基本目標を定めたうえで，その目標を実現するために行動を起こしたり，経営資源を配分したりすることを指す」ものと定義している[1]．この定義のなかには，

---

(1) チャンドラー『組織は戦略に従う』（有賀裕子訳，ダイヤモンド社，2004年），17ページ．

122　　第Ⅱ部　現代経営学の各領域

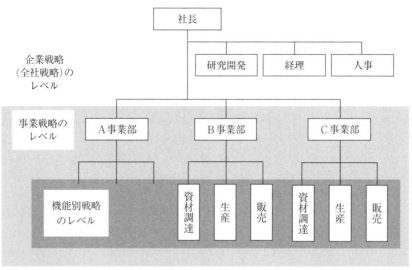

図表6-1 戦略のレベル

(出所) 筆者作成.

①長期的視野をもつ，②目標・ビジョンを定める，③経営資源を配分する，という三つの要素がふくまれているといえる．

このような戦略とは，**図表6-1**にみるように，大きく三つのレベルに分けられる．企業戦略，事業戦略，機能別戦略である．

企業戦略（全社戦略）とは，企業全体のレベルで構築される，包括的な戦略のことである．**図表6-1**のように複数の事業分野を展開している企業の場合は，どの事業部にどれだけの経営資源を配分するか，各事業分野の構成を全体としてどのようなものにするか，そして新規事業への参入や既存事業からの撤退をおこなうかなどが考慮される．

事業戦略は，各事業部のレベルで実行される．事業戦略では，自社と同じ事業を営む競合他社との競争が主題となる．ここでは，市場における自社の競争優位を確立するための，競争戦略が策定される．

機能別戦略は，個々の従業員の働く現場にもっとも近いレベルでおこなわれる．ここでは事業分野内の，資材調達，生産，販売などの各機能を，効率的に管理していくための道筋がつけられる．

第6章 現代企業の経営戦略　123

2．企業戦略

企業戦略の構成要素

企業戦略（corporate strategy）を構成する要素として，アンゾフ（Ansoff, H. I.）は，①製品―市場分野，②成長ベクトル，③競争優位性，④シナジーを述べている[2]．

①製品―市場分野は，その企業が扱おうとしている製品と，その製品を販売しようとする市場をさす．②成長ベクトルは企業の成長の方向性をあらわし，③競争優位性は同業他社にたいする競争上の強みを，そして④シナジー（synergy：相乗効果）は自社の扱える経営資源――人材や工場設備や技術など――を多重利用することで相乗的に利益を生むことを意味する．

企業戦略の構築には，いかなる製品―市場分野において，自社をどのように成長させるのかを考える必要がある．この課題について，アンゾフは，製品（既存製品か新製品か）と市場ニーズ（既存市場か新規市場か）の二つの軸をもとに，**図表6-2**のように，四つの成長ベクトルを提示した[3]．

アンゾフは以下のように説明する．

市場浸透とは，自社がすでに参入している既存市場において，自社がすでに扱っている既存の製品の，市場シェアを増大させるという方向性である．熟知した場所で熟知したモノを手がけるので，一番手堅いベクトルであるといえる．

市場開発は，自社がまだ参入していない新規市場へ，自社の既存の製品を販売していく方向性である．たとえば，もっぱら国内で展開していた企業が海外市場に打って出る場合がそうである．このとき，新規市場にはどのようなニーズがあるのかの探究がおこなわれる．自社にとって新しい市場を開発することでもある．

製品開発は，自社が参入する既存市場において，自社が新しい製品を投入

---

(2) アンゾフ『企業戦略論』（広田寿亮訳，産業能率大学出版部，1969年），135〜140ページ．

(3) アンゾフ，同 (2)，136ページ．なおアンゾフは「使命（ニーズ）」と表現しているが，より一般的な用語として本章ではこれを市場ニーズとした．

図表6-2　成長ベクトル

市場ニーズ ＼ 製品	現	新
現	市場浸透	製品開発
新	市場開発	多角化

（出所）アンゾフ『企業戦略論』（産業能率大学出版部，1969年），137ページを加筆修正．

しようとする方向性である．既存製品にとって代わる新しい製品を生み出すことである．いままでの製品を改良する場合もあれば，製品のレパートリーを多彩に増やす場合もある．

　上述した市場浸透・市場開発・製品開発の三つの方向性は，企業にとっては，いずれも熟知した場所もしくは熟知したモノを土台とした，拡大化のベクトルである[4]．しかし，この三つとは明らかに区別される単なる拡大にはとどまらない新しいベクトルがある．それが多角化である．

　多角化（diversification）とは，自社がまだ参入していない新規市場へ，自社にとってまったく新しい製品を投入しようとする方向性である．たとえばヤマト運輸のように，既存の事業である大口荷物輸送から新しいタイプの事業である小口荷物輸送（「宅急便」）へ飛び込んだ例が典型だろう．事業の多角化は，自社にとって熟知した場所でも熟知したモノでもないため危険が多く，そのため多角化すべきか否かの決定はその企業の発展における大きな曲がり角になる[5]．企業が多角化をおこなうときは，もはや拡大化もままならず生存さえ危ぶまれる状況で多角化を余儀なくされる場合もあれば，多角化することで一層多くの収益を見込める場合もある．

多角化の種類

　多角化の種類として，アンゾフは，①水平型多角化，②垂直型多角化，③集中型多角化，④コングロマリット型多角化をあげている[6]．

---

(4) アンゾフ，同（2），160ページ．

(5) アンゾフ，同（2），160ページ．

(6) アンゾフ，同（2），165ページ．アンゾフの説明によると，いずれのタイプの多角化においても，M&Aのケースが想定されている．

第6章　現代企業の経営戦略　　125

①水平型多角化とは，これまで既存事業で接してきた顧客と同じタイプの顧客層を対象に，新製品を展開することである．たとえば，かつてのホンダのように，オートバイメーカーが新たに自動車を開発し，販売することがその例である．水平型多角化においては，顧客ニーズについての知識や販売ノウハウなどといった自社資源を応用することで，マーケティング面でのシナジーを発揮することが期待される．

②垂直型多角化は，生産工程の統合をあらわす．製品が最終消費者に届くまでの段階を，原材料調達→部品製造→最終製品製造→販売→最終消費者とすると，この流れに沿って多角化を進めることである．この流れを川の流れにたとえて，部品調達や原材料調達へと事業を多角化していくことを川上統合といい，卸売や販売といったように最終消費者に近い事業へ多角化していくことを川下統合という．

③集中型多角化は，自社資源を応用するにあたり，技術面でのシナジーまたはマーケティング面でのシナジーを生むような関連事業へ多角化することである．富士フイルムのように，写真フィルム開発で培ったナノ技術を転用して新たに化粧品を開発することが例としてあげられる．水平型多角化と比べ，いままで対象としていた顧客とはだいぶ異なる層に働きかけることがあり，自社の「強み」となることに集中特化しているのが特徴である．

④コングロマリット型多角化は，技術面でもマーケティング面でもシナジーがあまり期待できない，自社のこれまでの既存事業とは非関連の事業へ多角化することである．たとえば建設会社が観光業に進出しホテル経営をはじめることなどがあげられる．この多角化においては，収益性に富んだ成長機会への投資や，自社の既存の技術や市場ノウハウではもはやシナジーを見込めないケース，そして経営者の好みなどが反映される．

事業ポートフォリオ

企業が複数の事業分野へ多角化した場合，それぞれの事業にたいして，自社の経営資源をどのように割り振ればよいのか．その問いにたいする答えとして，ボストン・コンサルティング・グループを中心に，製品ポートフォリオ・マネジメントの手法が開発された．これは後述するように，自社の各事

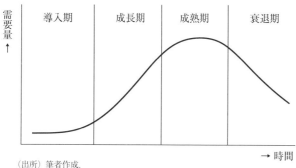
図表6-3 製品ライフサイクル
(出所) 筆者作成.

業をいくつかのタイプに類型化することで，各事業の最適な組み合わせ（ポートフォリオ：portfolio selection）を導き出すものである[7]．

この類型化では，製品ライフサイクルと経験曲線効果が前提とされる．

製品ライフサイクル（product life cycle）とは，製品またはサービスに，誕生→成長→成熟→衰退へいたるライフサイクルがあるとする見方である（**図表6-3を参照**）．各々の製品は，導入期から成長期にかけてその需要量が伸びて市場に普及していく．そして市場に浸透し需要量が安定する成熟期を迎える．やがて需要が減少していく衰退期に入り市場から姿を消す．

経験曲線効果（experience curve effect）とは，製品の累積生産量が増えるにつれて，その製品の単位当たりの実質コストが減るという現象である（**図表6-4を参照**）．これは，生産を継続的に続けることで，どうすればより能率的な作業ができるか，生産工程をより効率的なものへ改善できるかについての学習経験が高まり，その結果，その製品の単位あたりのコスト削減につながることをあらわしている．

製品ライフサイクルは，自社の扱う製品が，市場におけるライフサイクル上のどの時期にあたるのかについて見極めが必要であることを示しており，経験曲線効果は，製品についての経験を積み上げることが，コスト削減さらには競争力向上につながることを意味している．

製品ポートフォリオ・マネジメント（PPM：Product Portfolio Management）

---
(7) J・C・アベグレン，ボストン・コンサルティング・グループ編著『ポートフォリオ戦略』（プレジデント社，1977年）．

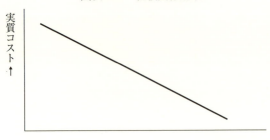

図表 6-4　経験曲線効果

(出所) アベグレン他編著『ポートフォリオ戦略』(プレジデント社, 1977年), 28ページをもとに作成.

は, 市場成長率と相対的マーケット・シェアの二つの軸をもとに, 図表6-5のように, 四つの類型を描くものである. 四つの類型にはそれぞれ以下の名前がつけられている[9].

花形商品とは, 市場成長率が高く, 相対的マーケット・シェアも高い事業をさす. 製品ライフサイクルでいえば成長期に相応するであろう. 市場が大きく成長し続けているため, 相対的マーケット・シェアすなわち競争上の優位性を維持するには, 多額の投資を続けて, 経験曲線効果を高め続けることが必要とされる.

金のなる木は, 市場成長率が低く, 相対的マーケット・シェアが高い事業である. 製品ライフサイクルの成熟期にあたる. 市場の大幅な成長は見込めないが, それゆえに多額の投資をしなくてもよい. さらに競争上の優位があるため, 自社にとって資金源になる. この金のなる木の事業で得た資金を, 研究開発や, 問題児につぎ込むことができる.

問題児は, 市場成長率が高く, 相対的マーケット・シェアが低い事業である. 製品ライフサイクルの導入期〜成長期にあたるであろう. 強力な競合他社に追いつくために, とにかく多額の投資を必要とし, 手間暇かけて経験曲線効果を高めることが求められる. 負け犬になりうる危険もある事業だが,

---

(8) アベグレン他, 同 (7), 69ページ. 市場成長率とは, その製品の市場の成長率がどれだけ高いかを示し, 相対的マーケット・シェアは, その製品の市場における自社の競争上の地位がどれだけ高いかをあらわす.

(9) アベグレン他, 同 (7), 71〜72ページ.

図表 6-5　製品ポートフォリオ・マネジメント

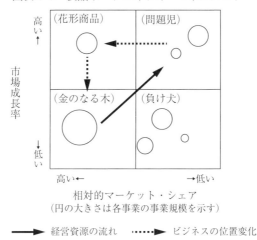

（出所）アベグレン他編著『ポートフォリオ戦略』（プレジデント社, 1977年）, 75ページおよび80ページを加筆修正.

うまくいけば将来の花形商品に成長しうる事業でもある.

　負け犬は，市場成長率と相対的マーケット・シェアの双方が低い事業である．もしこうなった場合，この事業の規模縮小や事業撤退を検討すべきとされる．

　以上の四つの類型で構成されるマトリックスの上に，**図表6-5**のように，自社の各事業を示す円をおくことで，各事業の組み合わせを描くのである．**図表6-5**の実線の矢印は自社の経営資源の流れを示し，点線の矢印は各事業のビジネスの位置変化をあらわす．つまり，金のなる木で得た資金を，問題児に投資する．それにより問題児は，経験曲線効果によって競争力を高めて花形商品へと成長し，製品ライフサイクルの成熟にともない金のなる木になって，自社の各事業を支えるようになる．

　このように，製品ポートフォリオ・マネジメントとは，金のなる木，問題児，花形商品の各事業をバランスよく運営できるよう経営資源を割り振ることで，各事業の最適な組み合わせ（ポートフォリオ）を達成しようとするものである．

第6章　現代企業の経営戦略　129

3. 競争戦略

競争戦略（competitive strategy）については二つの異なる視角がある．一つは，自社の外部に注意を払い，自社のおかれている状況を分析するものである．もう一つは，自社の内部に目をむけ，自社の強みとなる資源を活かそうとするものである．前者はポジショニング学派とよばれ，後者は資源ベース学派とよばれる．

五つの競争要因

ポジショニング学派（positioning school）の競争戦略では，まず市場における自社のポジショニング（位置づけ）を明確にし，そこから自社の採るべき戦略を見出していく．この学派の代表的な研究者が，ポーター（Porter, M. E.）である．

ポーターは，業界の構造を分析するうえで，企業間の競争を激化させる五つの競争要因に着目すべきであるとし，**図表6-6**のような図式を提示している[10]．この5個の競争要因こそが，企業に競争を強いるものである．ファイブ・フォースともよばれている．

業者間の敵対関係は，競争業者（競合他社）間での競争の激しさの程度をあらわすものである．競争の激しさは，①業界において同規模の企業の数が多いこと，②業界自体の成長が遅いこと，③業界で扱う製品の固定コストまたは在庫コストが高いこと，④製品の差別化ができないこと，などの要因によって増すとされる[11]．

たとえば，①同規模の企業数については，もしも業界が寡占的であり，有力な数社が大勢を押さえているのであれば，それらリーダー企業が競争に一定の規律を行使するであろう．しかし業界が似たり寄ったりの規模の企業ばかりで構成されていると，各社はわれ先に他社を出し抜こうとせめぎ合うので，競争が激しくなる．②業界の成長速度については，業界の成長がもし

---

(10) ポーター『競争の戦略』（土岐坤・中辻萬治・服部照夫訳，ダイヤモンド社，1982年）.
(11) ポーター，同（10），34～36ページ.

130　第Ⅱ部　現代経営学の各領域

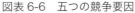

図表6-6 五つの競争要因

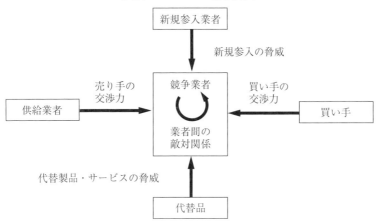

(出所) ポーター『競争の戦略』(ダイヤモンド社, 1982年), 18ページをもとに作成.

も速ければ業界の成長に合わせて自社も成長・拡大しやすいが, 業界の成長が遅いと, 競合他社と市場シェアを激しく奪い合うことになる. ③固定コスト・在庫コストについては, これらコストが高くなると, 企業は在庫管理に苦しみ, 在庫を売り払おうと勢い製品の値下げ合戦が激しくなる. ④製品差別化ができない場合, 製品の値下げやサービスの過熱を引き起こすことになる.

新規参入の脅威とは, 業界に新規参入業者が現れることでもたらされる損失に関わっている. たとえば新規参入業者が既存企業のそれよりも魅力的で売れる製品を提供し始めた場合, その業界での競争は激しさを増す. ただしこの新規参入の脅威は, 参入障壁が高くなるほど, 弱まるとされる. その参入障壁の主なものは, ポーターによると, ①規模の経済性が働いており大企業ほど有利な業界であること, ②製品差別化が進み既存企業がすでに強力なブランドを確立していること, ③業界に参入するのに巨額の初期投資が必要であること, ④仕入先を変えるコストがかかること, ⑤流通チャネルの確保が難しいこと, そして⑥政府の政策——関税や許認可などの規制——である.[12]

代替製品・サービスの脅威とは, 既存の製品またはサービスに代替する,

---

(12) ポーター, 同 (10), 22〜30ページ.

新製品または新サービスが現れる脅威のことである. 端的な例としては, 電子警報システムの普及が, 警備ガードマンの業界の既存企業の売上を侵食したことがあげられる. また任天堂のように, 単にゲーム業界だけの競争にとどまらず, ゲームに代替する他の娯楽すべて――小説や音楽やテーマパークなど――が, 自社ゲーム製品と競合するライバルになるとする発想もあるだろう. いずれにせよ, 代替品が出回ることは, 業界内の競争を激しくさせる.

買い手の交渉力とは, 買い手が企業にたいして, 値下げを迫ったり, もっと高い品質やサービスを要求したりする力である. 買い手 (消費者) がどれだけ強い力をもつかをあらわす. この力は, 買い手にとって取引先を変えるコストが安く, 買い手が十分な情報をもつなどの場合に強くなる. この力が強くなるにつれて業界内の競争は激しくなる.

売り手の交渉力とは, 製品のもととなる素材や部品などを供給する業者が, 企業にたいして, 価格を上げる, または品質を下げるといった脅しをかけて, 売買の交渉を有利にしようとする力である. 売り手の業界が少数の企業によって牛耳られていたり, 供給業者の製品が買い手の事業にとって重要な仕入品である場合, この力が強くなる. この力が強まるに従い業界内の競争も激化する.

三つの基本戦略とバリュー・チェーン

さらにポーターは, 上記の五つの競争要因への対処として, 企業が他社に打ち勝つための三つの基本戦略を提唱した. コスト・リーダーシップ戦略, 差別化戦略, 集中戦略である.

コスト・リーダーシップ戦略とは, コスト削減をがむしゃらに追求することで, 業界においてもっとも優位な市場シェアを勝ち取ろうとする戦略である. そのためには, 前節で述べた経験曲線効果に加えて, コストおよび間接諸経費の厳しい管理, 低コストの製造を実現する製品設計 (たとえばモジュー

---

(13) ポーター, 同 (10), 41～43ページ.

(14) 新原浩朗『日本の優秀企業研究』(日経ビジネス人文庫, 2006年), 40ページ.

(15) ポーター, 前掲 (10), 43～45ページ.

(16) ポーター, 同 (10), 46～47ページ.

(17) ポーター, 同 (10), 56～63ページ.

図表 6-7　バリュー・チェーンの基本形

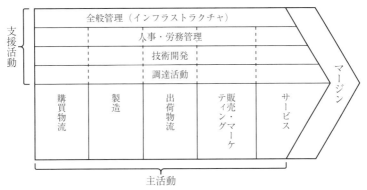

(出所) ポーター『競争優位の戦略』(ダイヤモンド社, 1985年), 49ページをもとに作成.

ル化されたコンポーネントの使用で組み立てを容易にするなど), 低コストの流通システム (原材料を他社よりも有利に入手する) などが必要とされる.

　差別化戦略とは, 業界のなかでも特異な何かを創造しようとする戦略である. ブランド・イメージの差別化, テクノロジーの差別化, 顧客サービスの差別化などがあり, これらの差別化を実現することにより業界で安全な地位を確立するというものである.

　集中戦略とは, 特定の買い手グループ, 特定の製品の種類, 特定の地域市場などへ, 企業の資源を集中する戦略である. この戦略には, 特定セグメントに限定された低コスト戦略と, 同じく特定セグメントに限定された差別化戦略とがある.

　企業は上述したような基本戦略の実行を通じて, 業界における競争優位 (competitive advantage) を達成しようとするのである[18]. そして, その競争優位を診断する決め手となるものが, 次に述べるバリュー・チェーンである.

　ポーターによると, バリュー・チェーン (value chain：価値連鎖) とは, 企業にとって価値を生み出す諸活動のつながりのことをさす[19]. これは, **図表6-7**のように, 直接的に価値を生み出す主活動 (購買物流, 製造, 出荷物流, 販売・マ

---

(18) ただしポーターによると, 一つの企業がコスト・リーダーシップ戦略と差別化戦略を両立させることは稀である. つまり企業はどちらかの戦略を選択することになるのである.
(19) ポーター『競争優位の戦略』(土岐坤・中辻萬治・小野寺武夫訳, ダイヤモンド社, 1985年).

ーケティング，サービス）と，間接的に価値を生む支援活動（全般管理，人事・労務管理，技術開発，調達活動）とで構成される．彼によると，価値をつくる諸活動は，企業の競争優位を組み立てていくバラバラの建築ブロックのようなものであり，他社と比較して自社のどのブロックに，低コスト化または差別化の優位性をもっているかが分析の焦点となる[20]．たとえば，購買物流のブロックに低コスト化の優位性をもつファストファッション企業もあれば，サービスのブロックに差別化の強みをもつスターバックスのような企業もあるだろう．

コア・コンピタンス

　資源ベース学派（resource based view）の競争戦略では，競争力の源泉として，自社の保有する経営資源を強調する．代表的なものの一つに，ハメル（Hamel, G.）とプラハラード（Prahalad, C. K.）の提唱したコア・コンピタンスの研究があげられる．

　コア・コンピタンス（core competence）は，他社には真似できない自社ならではの価値を提供する，企業の中核的な力のことである[21]．ハメルとプラハラードによると，競争上の強さを生み出すものは，製品そのものというよりも，コア・コンピタンスである．たとえばキヤノンの競争優位の源は，基本カメラなどといった製品群ではなく，その製品群のもととなるコア・コンピタンス——精密機械工学や精密光学などの技術——であるとされる[22]．

　ハメルとプラハラードは，企業の競争力向上においては，事業再編成等のリストラクチャリングやビジネスプロセス改善等のリエンジニアリングよりも，自社の基本戦略の練り直しと産業の再創出を目指すことで業界の主導権を勝ち取るべきであると主張した[23]．基本戦略の練り直しにあたっては，企業を，事業部の集合体としてではなく，コア・コンピタンスの集合体として認識したうえで[24]，コア・コンピタンスの獲得・強化を追求すべきとした．

　コア・コンピタンスを獲得・強化するために，企業は自社の経営資源のレ

---

(20) ポーター，同 (19)，48 〜 51 ページ．
(21) ハメル，プラハラード『コア・コンピタンス経営』(一條和生訳，日本経済新聞社，1995 年)，11 ページ．
(22) ハメル，プラハラード，同 (21)，291 ページ．
(23) ハメル，プラハラード，同 (21)，34 ページ．

図表 6-8　新結合のケース

①新しい財貨	消費者の間でまだ知られていない財貨、あるいは新しい品質の財貨の生産。
②新しい生産方法	当該産業部門において実際上未知な生産方法の導入。
③新しい販路	当該国の当該産業部門が従来参加していなかった市場の開拓。
④新しい供給源	原料あるいは半製品の新しい供給源の獲得。
⑤新しい組織の実現	独占的地位（たとえばトラスト化による）の形成あるいは独占の打破。

(出所）シュムペーター『経済発展の理論 上』（岩波文庫，1977年），183ページをもとに作成.

バレッジ（てこ入れ）を達成すべきであるという．そのためには，カギとなる戦略上の目標に，経営資源を効率的に集中すること（一点集中する，焦点を定める，ターゲットを定める）が必要であるとしている[25].

4．環境変化と経営戦略

イノベーションと経営戦略

　シュムペーター（Schumpeter, J. A.）によると，ビジネスや社会に革新をもたらすイノベーション（innovation）の本質は，生産諸要素ないし経営資源を，従来とは違った革新的な方法で，「新結合」させることにある[26]．彼は，新結合が遂行されるケースとして，以下の五つをあげている（図表6-8）.

　このように，新しい財貨（商品），新しい生産方法，新しい販路，新しい供給源，そして新しい組織といった「新結合」が，経済発展における革新を生み出すというのである．

　たとえば，2007年に発売されたiPhoneが典型例であろう．iPhoneは，技術的には既存のもの——タッチパネルとインターネット通信機器と携帯電話——を結びつけたものであったが，スマートフォンという新しい市場を開拓し，その後のモバイル通信端末だけでなく，社会のコミュニケーションのあり方を大きく変えた．

　スマートフォンのほかにも，ビジネスや社会の変革を余儀なくさせるイノ

(24) ハメル，プラハラード，同（21），35ページ.

(25) ハメル，プラハラード，同（21），203ページ.

(26) シュムペーター『経済発展の理論 上・下』（塩野谷祐一・中山伊知郎・東畑精一訳，岩波文庫, 1977年).

第6章　現代企業の経営戦略　135

図表 6-9　確立された技術と破壊的技術

確立された技術	破壊的技術
ハロゲン化銀写真フィルム	デジタル写真
固定電話	携帯電話
ノート・パソコン	携帯デジタル端末
総合証券サービス	オンライン証券取引
実店舗をもつ従来型の小売業	電子商取引を行うオンライン小売業

（出所）クリステンセン『イノベーションのジレンマ 増補改訂版』（翔泳社，2001年），23ページをもとに作成.

ベーションの出現が，現代では幅広くみられるようになった．その原動力の一つが，技術革新である．

　クリステンセン（Christensen, C. M.）によると，製品のもととなる技術には，持続的技術と破壊的技術がある．前者の持続的技術とは，すでに確立された技術の延長であり，いままでの主流市場のメインの顧客に評価されてきたものである．他方で，後者の破壊的技術とは，従来とはまったく異なる価値基準を市場にもたらすもので，当初は主流から外れた少数の顧客に評価されるにすぎないが[27]，やがて既存製品を市場から駆逐し，古い市場そのものを破壊する力を生み出すものである．

　これら対照的な技術を対比したものが**図表6-9**である．このように，写真フィルムはスマートフォンでのデジタル写真に代替され，実店舗をもつ従来型の小売業の売上は，アマゾンなどのオンライン小売業に侵食されつつある．クリステンセンは，こうした破壊的技術の進歩によるイノベーションを，破壊的イノベーション（disruptive innovation）とよんでいる．

　破壊的イノベーションが生じると，確立された持続的技術に強みをもっていた従来型の大企業を，衰退へ追いやることがある．クリステンセンは，この場合こうした大企業が失敗するのは，ずさんな経営をおこなったからというよりも，むしろ従来型の優良経営を続けたからであると指摘する．つまり，いまの顧客が求める製品を増産し，いまの技術を改良するために積極的に投資し，いまもっとも収益率の高そうな領域に投資配分したからこそ，衰退したというのである[28]．こうして，大企業が従来型の優良経営を続けるがために，

---

(27) クリステンセン『イノベーションのジレンマ 増補改訂版』（玉田俊平太監修／伊豆原弓訳，翔泳社，2001 年），9ページ.

他社の創出した破壊的イノベーションによって，かえって衰退を招く現象こ
そが，クリステンセンのいうイノベーターのジレンマ（innovator's dilemma）
である．

　破壊的イノベーションとイノベーターのジレンマの現象は，なぜ既存の大
企業が衰退し，新興企業が成長していくのかを説明するものである．幅広い
分野で技術革新がすすむ今日，企業には，こうした逆転現象がありえること
を前提に，イノベーションの創出にむけて，時として従来型の経営戦略を大
きく刷新することが求められている．

アライアンスと経営戦略

　アライアンス（alliance）とは企業間の提携のことであり，パートナー企業
同士が協力しあい，リスクと経営資源を共有・活用することで，互いに知識
を深め，市場へのより良いアクセスを得ようとする関係のことをさす[29]．これ
は戦略的提携（戦略的アライアンス）ともよばれる．

　技術革新や市場の盛衰などにより絶えず変化する経営環境で，企業が生存
していくためには，自社単体で対応するよりも，アライアンスを通じて他社
と協力しあう方が有効な場合がある．アライアンスの例としては，自動車業
界における日産とルノーの連合，ハイテク素材のヒートテックを生んだアパ
レル企業ユニクロと繊維メーカー東レとのパートナーシップ，マイレージを
共有するスターアライアンスやワン・ワールドなど航空会社同士のアライア
ンスなどがある．

　アライアンスの形態として，安田洋史は以下のように述べている[30]．

　①販売協力とは，パートナー企業の販売資源を活用することである．た
とえば家電製品にみるように，新興国のメーカー企業が，OEM（Original
Equipment Manufacturing：相手先ブランド生産）を通じて日本の家電メーカー
のブランド名をつけて，自社製品を販売することがその例である．OEM生

---

(28) クリステンセン，同（27），5ページ．

(29) Hitt, M. A., Dacin, M. T., Levitas, E., Arregle, J. L. and Borza, A., "Partner Selection in Emerging
and Developed Market Contexts: Resource-Based and Organizational Learning Perspectives,"
Academy of Management Journal, Vol. 43, No. 3, 2000, p. 449.

(30) 安田洋史『新版 アライアンス戦略論』（NTT出版，2016年），51～72ページ．

第6章　現代企業の経営戦略　　**137**

産する企業からみれば日本の家電メーカーの販売チャネルを活用できることになり，日本の家電メーカーとしても製品のラインナップを拡充できるというメリットがある．

　②技術ライセンスとは，パートナー企業の技術資源を活用するアライアンスである．特許，技術ノウハウなどの知的財産がふくまれる．これは，業界内でのデファクト・スタンダード（de fact standard：事実上の業界標準規格）を獲得するための競争に関わる．DVDの録画方式やUSBメモリなどといった規格は，標準化されるにつれて，コスト・ダウンが進み，市場が拡大する．もし自社が標準化を主導する側に立てば，自社技術を各社にライセンスすることで，その対価を得られるようになる．

　③共同開発とは，パートナー企業の人材資源を活用することである．特にエレクトロニクスやバイオなどのハイテク業界では，技術の高度化が進み，その開発に多様な能力の結集が求められているため，複数の企業間の連携が不可欠になっている．共同開発においては，研究者・技術者のみならず，経営者，販売・マーケティングの担当者，生産現場のオペレーターなど，さまざまな能力をもった人材が，企業の境界を越えて協力しあうことになる．

　④生産委託とは，パートナー企業の生産資源を活用することである．ファブレス企業と生産委託した企業との関係がその例である．ファブレス企業（fabless）とはメーカーでありながら自社工場を所有しない企業のことであり，シリコンバレーでの多くのベンチャー企業がこの形態をとっている．自社工場をもたないことでファブレス企業はみずからのユニークな技術や製品の開発に注力することができ，生産を受託する企業もまた利益を得ることができる．

　⑤合弁会社とは，複数企業が共同で企業活動するために設立される会社のことであり，合弁会社の設立を通じて，パートナー企業は互いに資本資源を活用しあうことになる．合弁会社はジョイント・ベンチャー（JV：Joint Venture）ともよばれる．例として，トヨタ自動車とソフトバンクが，ITを活用して利便性の高い移動手段を提供するために，共同で設立したモネ・テクノロジーズがある．このように，既存の業界の枠組みを越えたアライアンスもおこなわれている．

経営戦略と社会

　企業の経営戦略を通じて，私たちの社会には新しい商品やサービスが提供される．また，経営戦略は，時としてイノベーションの起爆剤となり，私たちに新しい価値を提案し，新しいライフスタイルの台頭を促すものでもある．

　しかしながら，経営戦略は，しばしば社会問題に関わることがある．たとえば，世界の市場で競争に勝つために，自社の強みとなる事業を選択して，そこに経営資源を集中するという「選択と集中」は，戦略として正しいだろう．自社の不採算部門を整理・統合または売却することで企業の生存を図ることもありえる．旧来の事業が衰退し新興の事業が勃興すること自体は，市場の新陳代謝をもたらしてくれる．しかし，そうした変化が，かならずしも新しい雇用を充分に生み出しているとは限らず，また富の再分配に寄与しているかは疑わしい．むしろ現代において，雇用は富裕層と貧困層へ二極化している．つまり，中間層が減少し，格差の拡大が生じているのである[32]．

　利益を増やし成長を続ける事業がある一方で，コスト・ダウンと低賃金と過度の業務負担で人材確保もままならず崩壊へむかう事業もある．私たちの社会生活を維持するうえで不可欠な，保育，介護，医療，その他サービスに関わる広範囲の分野では，事業の継続すら危ぶまれる事態が起きている[33]．これら事業分野での混乱は，格差の拡大とあいまって，サービスをこれまでどおり享受できる層と，そこから排除されていく層を生み出すおそれがある．そうした社会のひずみは，やがて企業の成長にもマイナスの影響をおよぼしかねない．

　労働現場の混乱や格差といった社会問題は，企業努力だけで対処することが難しいため，労働・社会保障制度において国・自治体の取り組みが期待される面もあるだろう．そして企業もまた，短期的な利益を求めて経営資源（ヒト・モノ・カネ・情報）をむさぼる存在になってはならない．企業の経営戦略は，社会を構成する責任ある主体として，長期的な視野をもち，社会と調和

---

(31)「日本経済新聞」2018年10月4日付.

(32) 厚生労働省『平成24年版　労働経済の分析』（2012年），109ページ.

(33) 保育崩壊に関しては前田正子『保育園問題』（中公新書，2017年）を，介護崩壊については西久保浩二『介護クライシス』（旬報社，2015年）を参照.

するビジョンを描き，経営資源を未来にむけ生かしていくものであることがのぞましい.

【参考文献】
ドラッカー『マネジメント エッセンシャル版』（上田惇生訳，ダイヤモンド社，2001 年）.
大滝精一・金子一頼・山田英夫・岩田智『経営戦略 第 3 版』（有斐閣アルマ，2016 年）.
吉原英樹『国際経営 第 4 版』（有斐閣アルマ，2015 年）.

論点

ザ・トゥルー・コスト

　ZARA，H&M といったファストファッション・ブランドは，ファッション性が高く，低価格で，次から次へ新作を投入するため，世界中で人気がある．しかし，多くの人たちが注目するファッションの裏側には，目を背けたくなるような現実もある．

　映画『ザ・トゥルー・コスト──ファスト・ファッション 真の代償』（2015年）では，ブランド企業からのコスト・ダウン圧力のもと，低賃金かつ劣悪な労働現場で生地を縫製する途上国の人たちや，生産性を上げるため遺伝子組み換えの綿花が使われ土壌が汚染されていること，染料などの薬品が川に流されて深刻な健康被害が起きていることなどが描かれている．

　店頭では低価格のファスト・ファッションだが，そのことで未来を生きる人たちが払わされる真の代償とは何であろうか．企業の経営戦略が誰のためのものであればよいのかを，あらためて考えさせる作品である．

第**7**章

現代企業の生産システム

資本主義企業では，生産の目的は利潤獲得にあり，販売はそのためのものである．それゆえ企業の生産システムは経営システムとして機能し，資本主義に特有な生産と消費の矛盾への調整が生産システムの基本活動になる．生産体制・現場管理に矛盾が集中し，またマーケティング活動が重要な役割を果たし，価格と品質の管理が重視され，生産現場の管理が強められる．

【キーワード】
生産システムの意義と機能　　日本的生産システムの特殊性　　品質管理の劣化

1. 生産システムの意義と機能

　企業の生産システムは経営システムのなかの生産システムとして位置づけられる．内部のすべての活動（経営職能）は，相互に有機的に関連して固有の機能を発揮することによって，トータルシステム（total system）として経営を形成する．生産システムは，社会的総過程としての生産過程と個別資本の運動としての企業内における生産過程との両過程とをふくむものである．前者は広義の生産システム（production systems），後者は狭義の生産システム（manufacturing systems）である．企業の生産システムの体系は産業資本の一般的定式として示される[1]．

---

(1) 産業資本の一般的定式については，本書第4章，89ページ参照．

生産（production）は，人間が自然に働きかけてこれを人間に役立つように変形し物質的財貨をつくる過程である[2]．生産された財貨（property）は商品として他の生産業者や卸売業者，最終的には交換業者を通じて消費者へ販売されていく．これを取引（business）という．取引とは社会的分業（social division of labor）を基礎とした，人間の活動または生産物の相互交換をいう．販売は生産とならぶ重要な機能である．だが販売は生産がなければ成立しないが生産は販売がなくても成立する．ここから生産と消費の矛盾が発生する．このように生産が出発点であり消費は終結点となり，この両者をつなぐ媒介項が取引という交換である．

　消費（consumption）は社会の生産のあり方に規定される．だが生産と消費とはつながっているばかりか，実際には同一そのものである．生産行為は，人間の能力と生産手段の消費をともなう．そして消費は，生産の前提であり人間の欲望をつくりだす．さらに生産と消費とは相互に作用しながらも，基本的には生産が決定的な要因であり，消費を規定する．生産は消費・分配・交換を生産過程（process of production）という包摂者のうちにそのモメントとして位置づけるのである[3]．生産をつかさどる企業（business enterprise）の生産過程は，いわば企業の利害関係者（ステークホルダー：stakeholder）への関わりをなくしては存在しない．企業は常にこれらの利害関係者を意識した経営行動をとらなければならないのである．

　企業が生産する製品，すなわち商品は二重の性格を有する．一つは商品の価値は品質として現れる使用価値と，もう一つは価格・コストとして現れる交換価値とである（商品の二要因という）．商品の販売競争には，市場品質・品質競争と市場価格・独占価格・随意契約価格などとしての価格競争（price competition）とが併合して展開する．品質競争は，価格以外の競争として非価格競争（non-price competition）といわれる．これには商品の品質，特許・商標・デザイン・品質・サービス・販売方法などがある．

---

(2) 平野喜一郎「生産・分配・交換・消費」『大月 経済学辞典』（大月書店，1979年），552ページ．
(3) 平野，同 (2)．

第7章　現代企業の生産システム　143

2. 生産システムの日本的特殊性

　生産とその生産を生み出す労働のシステムは，普遍的性格としての技術＝生産システムと，特殊的性格をもつ労働＝雇用編成・労使関係として現れる．この両者は，一般には，生産力（productive forces）と生産関係（relations of production）との関係として把握される．生産力の発展は同一の労働でより大量の財貨を生産することになるが，同時に生産とその生産物の配分における人と人との関係（生産関係）を変化させていく．生産力の発展が生産関係の変化を招くといっても，生産力の主体的要因は人間であるから，その人間の主体的・能動的な働きなくして生産関係の変容もありえない．一定の社会の政治的・文化的特徴は，根本的にはその社会の特定の生産関係，したがって特定の経済構造によって規定されており，生産関係はまた，生産力の発展に照応して変化する．生産力の発展に照応しなくなった生産関係は変革され，新しい政治・経済構造の社会が形成される．封建社会から資本主義社会へという社会体制の変化は，生産力の発展にともなう生産関係の変化，すなわち新しい生産様式の変化を根底にもっていることによるものである[4]．

　生産関係の変化は，それぞれの地域の歴史的に基礎づけられた労使関係や組織風土，経営慣行などの特殊的条件に対応して，特殊的に現れる．それゆえ生産システムとしての普遍的な性格と，特殊な性格をもつものとしての日本的生産システムとは明確に区別しなければならない．普遍的性格としての生産システムを支配し，資本として機能させるには，労働が必要であり，労働のあり方における特殊性としての日本的労働編成・労使関係がある．

日本的生産システムの形成

　わが国の資本主義経済は，「後発・強蓄積（急激強引な蓄積）型」とでもいうべき性格を，その誕生以来もっている[5]．明治維新政権は，当時の帝国主義列強の侵略に対抗する必要から急激な資本主義の育成・確立を進めた．す

---

(4)「生産力」大島清・大島康正編著『政経倫理辞典』（数研出版，1986年），191～192ページ．
(5) 高木督夫『日本経済の危機と労働組合運動』（学習の友社，1994年），64ページ．

なわち富国強兵による殖産興業政策の推進であり，一方では近代産業の育成と，他方で輸出産業の振興であった．それはイギリス資本主義のような自生的発展ではなく，国家権力の保護のもとに「上から」急速に跛行的に進められた．国家権力による産業資本の保護・育成政策は，日本経済に特殊な性格を与え，現代にいたるまでその発展と構造に大きなゆがみをもって進行した．日本的生産システムはこうした背景のもとで形成された．

このことは，「資本主義的生産様式の諸法則が純粋に展開されることを前提」にして可能にされた資本主義の原理（economic principle）の成立が，資本主義の重商主義・自由主義・帝国主義という歴史的段階の解明を可能にし，ここにこの両者の区別を明確にされねばならない現実的基礎を与えられることになった．この両者（資本主義の「原理」と歴史的「段階」）との区別が明確にされてくると，現状分析の問題として，さらに日本のように資本主義化の遅れた国は，イギリスのような先進国とは異なった資本主義の過程を経てきたことが，解明されることになる．そして世界史的には，第一次世界大戦を帝国主義諸国間の戦争と考えることができたのにたいし，第二次大戦ではすでに資本主義と異なった社会体制をもった国家の参加がみられたことからも明らかなように，こうした時期以降は，単に帝国主義論としてではなく世界経済論（world economy）としての現状分析が可能となる．その場合，帝国主義とは，その国が独占資本主義の国だということを根拠にするのではなく，その国が現実にとっている政策と行動の内容を根拠とすることになり，強国だけでは段階規定ができなくなってきている．帝国主義が支配的な力をふるった時代はもう過去のものになったという認識が必要である．

---

(6) 日本資本主義の特質規定をめぐってなされた講座派・労農派間における論争として，日本資本主義論争がある．明治維新の階級的な性格，日本の国家権力の規定，農業における半封建的な生産関係の問題など広範囲にわたった．第一次大戦後の階級対立の激化しつつあるなかで，当面する日本革命の性格を規定するうえで，すぐれて実践的な課題をもつものとして展開された（前掲（4）『政経倫理辞典』，270 ページ）．

(7) 時永淑他『経済学　資本論と現代』（日本放送出版協会，1973 年），11 ページ．

(8) こうした資本主義分析の考え方は，宇野学派とよばれている．宇野弘蔵『社会科学としての経済学』（ちくま学芸文庫，2016 年），および同書収録の大黒弘慈「解説　方法を模写するということ」，また時永他，前掲（7），10 〜 11 ページ，参照．

(9) 一ノ瀬秀文「現代資本主義研究によせて」『経済』2009 年 1 月号．

世界的標準としてのディーセントワーク

　日本的生産システムにおける，世界標準とは異質な日本的なものとは，労働関係における遅れた側面，すなわち前資本主義的な労働関係にあるといえる．それゆえ日本的生産システムの海外への移植，すなわちジャパナイゼーション（Japanization）において問題となっていたのは，高度な品質や生産効率の実現にあたって，それと合体した遅れた労働編成・労使関係，たとえば労働組合の排除や選任権の否定などをともなって導入されてきていることからも明かといえる．「海外進出した日本企業は，これらの経営手法を現地法人にはほとんど適用できなかった[10]」のである．

　わが国独自の労働形態が，現代の日本的生産システムの特殊性としてのフレキシブル生産（flexible manufacturing）を可能としているのは，わが国における労働編成・労使関係の特徴としての前資本主義的な労働システムである[11]．前資本主義的生産諸関係にもとづく日本的生産システムのもとでの国際間競争は，「ルールなき資本主義[12]」ともいわれるルール違反の不公正競争である．いま20世紀にアメリカン・ヘゲモニーを柱にして構築した国際経済・金融体制が，歴史的使命を終えて，新しい主体と新しいルールのもとに，新しい国際通貨・金融機構に転換・再編成されようとしている[13]．わが国の大企業に求められているのは，国際間競争において，人間らしい働き方（ディーセントワーク：decent work[14]）と生活を保障する労働条件を国民に保障し，その確保に努めることにある．

---

(10) 奥林康司「会社は海外でどのように経営しているのか」奥林他『経験から学ぶ経営学入門』（有斐閣，2007年），332ページ.

(11) 井上秀次郎「『日本的生産システム』とフレキシビリティ」坂本清・櫻井幸男編『現代企業経営とフレキシビリティ』（八千代出版，1997年）.

(12) ルールなき資本主義とは，日本の場合，資本主義のルールとしての市場原理にかなう商取引や商慣行，自由競争がおこなわれるのではなく，対米従属的な経済主権を丸ごと米国に売り渡すような協定など，不平等・不公平，独占的におこなわれる取引などをいう．端的にいえば，「儲かれば何をやってもいい」のであり，「現代におけるルールなき資本主義とは，新自由主義のこと」である（大門実紀史『ルールある経済って，なに？』新日本出版社，2010年，参照）.

(13) 一ノ瀬，前掲（9）.

(14) 「国際的な労働基準としてのディーセントワーク」については，藤田実『戦後日本の労使関係』（大月書店，2017年），264～266ページ，参照.

3. 品質管理

品質管理の展開

　資本主義的生産管理は，生産と消費の矛盾の個別資本レベルにおける調整的任務と位置づけられる[15]．そこにおいては，かならずしも品質管理の目的は，品質水準を最高にすることにあるわけではない．

　品質管理（Quality Control：QC）とは，「買い手の要求にあった品質の製品を経済的に作り出すための手段の体系である[16]」といわれている．売れる商品であること，売れるための品質であること，そのための品質管理である．消費者にとっては製品の品質水準は高いほどよいが，資本家にとっては品質を高めるためには一般に原価が高くなる．したがって資本家は，品質と価格の関係，商品（製品）の販売見込み，および自企業の技術水準，生産能力などを考えあわせて製品の品質水準を決定する．

　しかし企業が決定する製品の品質水準はきわめて主観的なものである．それは資本主義的な生産様式の特質に起因する．すなわち封建制生産様式のもとでは自給自足生産がおこなわれていて，消費者＝生産者であったから，その生産物（たとえば織物・醸造・住居など）の品質は消費者である本人みずからで創造することが可能だったのである．ところが機械制大工業による資本主義的生産様式のもとでは，生産者と消費者とは切り離され，しかも企業は無政府的生産法則に規定され，製品の品質や数量は主観的な判断にならざるをえないのである．

　品質管理が「合理的」な管理方法の体系を整えるようになったのは，1920年代の独占資本による生産の集積・集中が急速に強められた時期であり，大量に生産された製品について，品質の均一性が強く要請された時期である．それはウェスタン・エレクトリックのベル電話研究所のシューハート（Shewhart, W. A.）の品質管理図や同所のドッジ（Dodge, W. F.）やロミッグ（Romig, H. G.）らの統計的抜取検査などに求められる．すなわち彼らの品質

---

(15) 井上秀次郎「生産国際化の進展と生産管理」野口祐編著『経営学原理』（日本評論社，1980年）．
(16)『品質管理用語』JIS・Z・8101．日本規格協会．

第7章　現代企業の生産システム　147

管理の特徴は，第一に，自給自足的体系ではなく，近代的な大量生産体系に適合した供給者選択の機能を導入することであり，第二に，最少の費用で最大の効果をあげるための手法として，全数でなく「抜取」による検査手法を採用したことであった．これらの統計的品質管理（Statistical Quality Control：SQC）の導入が，生産者と消費者の分離をいっそう進め，品質の決定が資本家の主観的判断によらざるをえないことを決定的にしたが，それと同時に，検査部門の労働者の人員削減を可能にしたことはいうまでもない．

　しかし品質管理手法が，統計的品質管理から総合的品質管理（Total Quality Control：TQC）へと発展するのはいわば必然であった．それは経営管理が，個別管理から全般的管理へと発展するのに照応して現れた．オートメーション（automation）の導入による大量生産の拡大は，欠陥商品や不良品の発生も拡大する．この大量に生産された商品を大量に販売する管理体系整備が要請されるのと同時に，他方で，均一で良質な製品の生産過程の管理体系を確立することが絶対的な条件として要求される．発生した不良品を取りのぞくという検査方式ではなく，最初から不良品を発生させない生産方式でなければならなくなる．大規模化し体系化した大経営のもとでは，低コストで，しかも生産の前段階から品質を考えなければ経営は成立しなくなる．総合的品質管理は，このような条件のもとで成立し，大量消費市場と大量生産体系とを結合させた体系的な管理技術といえる．

乖離品質の本質

　ところで品質管理の展開で注意しなければならないのは，それが本来的な品質の管理から乖離したかたちをとって現象することである．品質競争の形態には，①品質そのものを変える基本的差別化，②外観だけを変えるモデル・チェンジ，包装，デザイン，スタイル，商標，ラベルなどの外部的差別化があるが，前者はきわめて少ない．両者ともそれを支えている広告宣伝競争を無視できない．60年代には，このように本来的な品質から乖離したところで品質がつくられ乖離品質が急速に進められた．[17]そのもっとも典型的な形

---

(17) 河野五郎他『品質基礎理論』（税務経理協会，1966年），参照．

148　　第Ⅱ部　現代経営学の各領域

態は，独占資本による最大利潤の追求のための品質の永続性を，計画的に破壊し，捨てさせ買わせる計画的陳腐化政策である．それには①耐久力を故意に弱くする材料の陳腐化，②流行によって製品を古くさせるスタイルの陳腐化，③新製品の発売による機能的陳腐化などがある．しかしそれを支えているのは少数の大企業による市場独占であり，独占的協調による高い参入障壁である．

　最後に，現代の品質管理の特徴は，前述に加え，つぎのようにいえる．

　①品質精度の統計的管理を通じて，労働者に不断の能率向上を要求する．すなわち労務管理と結合した品質管理の導入である．

　②品質管理の対象範囲の拡大．事務や販売部門でも労働の質が求められる．それは品質水準の維持は経営活動全般におよぶからであるが，品質を名目とすることによって組織ぐるみの管理強化がしやすくなる．

　③巨大化した設備をもつ現代の生産体系のもとでは，設備稼働が長期化し，品質の大幅な改良はできなくなる．したがって見せかけだけの品質となり，乖離品質重視の管理となる．品質の重点をイノベーション（innovation:技術革新）におくのではなく，モデル・チェンジ，包装，デザインなど外観におき，広告・宣伝でそれを補強する．品質規格は，品質水準の向上よりも，基準設置による他部門からの参入障壁としての性格が強く，一種の独占によるカルテルである場合が多い．

〔補論〕統計的管理状態と中心極限定理

　数理統計学（mathematical statistics）では，その中心とするものに確率論的推定の方法をおいている．そしてその基礎としているのは，いわゆる任意抽出法（sampling）の「原理」である．

　任意抽出法の考え方では，いま，ある与えられた数値の集団（母集団）から等確率で抽出されるよう，母集団から無限回抽出したと想定し，そこに与えられた標本の平均の分布によって「理論」を構築しょうとするものである．

　ここで母集団と諸標本平均の分布との間には，諸標本平均の分布の平均値と母平均とは等しいという関係が成立する．これはつぎのように示される．

$$\mathrm{E}\ (\bar{\mathrm{X}})\ =\ \mu$$

第7章　現代企業の生産システム　　**149**

また諸標本平均の分布の分散と母分散との関係は，母集団の大きさをNとすると，$N \fallingdotseq \infty$のとき，

$$V(\bar{X}) = \xi^2 \big/ n$$

と示される．nは標本平均の大きさである．

ここでは標本平均の分布は，母集団をまえもって与えておき，そこから抽出される標本のあらゆる場合を想定してつくりあげたものであるが，しかし現実にはこの逆であって，母集団の数値が未知であるので，これを推定しようとするのが任意抽出法の意味でなければならない．そこで，これを「解決」するのが中心極限定理であるとするのである．

中心極限定理とは，$X_1, \cdots\cdots, X_n$がかならずしも同一の密度関数をもたず，異なった平均ν_i'，分散ξ_i^2（いずれも$i=1, \cdots\cdots, n$）をもつ独立な確率変数列であるとき，

$$T = \frac{(X_1 + \cdots\cdots + X_n) - (\mu_1 + \cdots\cdots \mu_n)}{\sqrt{\delta_1^2 + \cdots\cdots \delta_n^2}}$$

の密度関数は，$n \to \infty$において，平均0，分散1の正規分布へ収束することが証明される．この法則が中心極限定理とよばれるものである．

ところで，この中心極限定理によって「説明」しようとするのに統計的品質管理がある．これは製造工程における製品のバラツキが，ある一定の条件[18]のもとでは統計的管理状態にあり，それが正規分布に従うものとし，統計的管理状態にあれば，変動の原因は偶然原因だけであって，見逃すことのできない原因は存在しないと考えるのである．

この考え方の根本的な誤りは，数学的手法を，統計的管理状態という工程作業者の肉体的条件などによって影響されるものと同一視するところにある．すなわち，ここでは確率論という観念的世界を統計的管理状態という自然，社会現象へ帰属させようとするのであるが，これらはまったく別の問題であることに注意しなければならない．つまり確率論的＝数学は理論的に抽象化された観念の世界のものであり，自然や社会の存在とはまったく別個に

---

(18) 測定値の大きさがそろっていないこと，また不ぞろいの程度のことをいう．品質特性値は通常ある分布幅をもつが，この分布幅をバラツキという．

図表7 統計的管理状態

(出所) 米山高範『品質管理のはなし』(日科技連出版社, 1969年), 46ページをもとに作成.

運動するものである.

また, ここでは想定が「無限回繰り返された」という前提において成り立っているものであるが, これは理論的可能性としては存在するが, 現実的にはまったく不可能である. 先に任意抽出法の「原理」について説明したのはそのためであって, ここではまったく転倒され,「平均の学」としての数理統計学の意味が忘れ去られているのである[19].

【参考文献】
片渕卓志『トヨタ品質管理のメカニズム』(晃洋書房, 2019年).
中瀬哲史・田口直樹編著『環境統合型生産システムと地域創生』(文眞堂, 2019年)
坂本清『熟練・分業と生産システムの進化』(文眞堂, 2017年).
山本孝・井上秀次郎編『生産マネジメント』(世界思想社, 2007年).
井上秀次郎『戦後・日本生産管理の展開』(光陽出版社, 1991年).

(19) 吉田忠『経済と経営における統計的方法の基礎』(日本評論社, 1970年).

論 点

生産的労働と事務労働

〈質問〉

「生産的労働」についての質問です．直接にモノの生産に関わっていなくても，設計図を描いたり部品・製品を運搬したりするのはもともと生産過程の一部なので生産的労働だそうですが，それではメーカーで商品の管理や部品の発注，営業などの事務部門にいる人も生産的労働者なのでしょうか（勤労者通信大学の受講者から）．

〈回答〉

● 生産的労働の二つの規定

生産的労働について議論するときに重要なことは，まず何を「生産的労働」とするか定義するところから始めることである．そうしないと何が何だか分からなくなり，迷路にはまり込んでしまうことになる．それは現代の資本主義が国際化・情報化の進展や産業構造の高度化により，非常に複雑化してきていて実態がみえにくくなってきているからである．

たとえば同じようにボタンを押すだけの労働であっても，工場での機械のスイッチを押す労働とビル管理者がマンションの機械調節でボタンを押す労働とでは異なる．前者は生産的労働とみなされるが，後者は非生産的労働となる．

一般に，生産的労働は，本源的規定と資本主義的形態規定との二つの規定として説明される．

本源的規定というのは，たとえば資本主義という体制とは無関連に労働一般に与えられる規定で，物質的財貨，または使用価値を生産する労働は生産的労働であるというものである．これにたいして資本主義的形態規定は，価値増殖過程から与えられる規定で，資本のために剰余価値を生産す

152

る労働は生産的労働である，とする.

　たとえば繊維メーカーが生産するハンカチは生産的労働にもとづくものであるが，恋人の作ってくれたハンカチは非生産的労働である，というような区別は一般によく知られている.

●社会的分業のなかで考える

　しかし先にも述べたように，高度に発達した現代の資本主義のもとでの生産的労働を理解するためには，次の点に留意する必要がある.

　一つは，現代の労働は多数の労働者による協業によっておこなわれていることである.　したがって1個の生産物も，全体の労働者による共同的生産物に転化している.　たとえば管理・監督者などのようにみずから直接に労働対象に働きかけていない，したがって直接に生産物を生み出していない労働であっても生産物形成の部分機能を担うものであり，生産的労働とみなされる.

　もう一つ留意すべき点は，現代の資本主義のもとでの生産過程は，一企業内で完結する個別的生産はほとんどなく，社会的分業によって社会的生産過程の一環をなしているということである.　この意味での生産的労働とは，よくいわれるように運輸・通信などは社会的生産過程のもとでの物質的生産の一翼を担うという意味で生産的労働とみなされる.

　この点で質問者が指摘されているように，「直接にモノの生産に関わっていなくても，設計図を描いたり部品・製品を運搬したりするのは，もともと生産過程の一部なので生産的労働」だといえる.　ただし設計図を描く労働は協業の一環としての生産的労働であるのにたいして，部品・製品の運搬は社会的分業の一環としての生産的労働であるといえる.

●どの過程における「事務」なのか？

　もう一度整理しておくと，物質的財貨を生産する労働は生産的労働である.　これはどんな社会でもいえる.　しかし資本主義生産のもとでは物質的財貨を生産するとともに，生産過程で直接・間接にモノづくりに関与しつ

第7章　現代企業の生産システム　　**153**

つ剰余価値を生産する．そこで資本家のもとで剰余価値を生産する労働が生産的労働であるということになる．前者が本源的規定，後者が資本主義的形態規定である．そして生産的労働以外の労働を非生産的労働という．

そこで質問に戻るが，「それではメーカーで商品の管理や部品の発注，営業などの事務部門にいる人も生産的労働者なのであろうか」という点についてである．

先にも述べた通り，商品の管理や部品の発注はそれが流通部門に属さない限り，設計や運輸などと同様に生産過程の一部をなすものであり，生産的労働であると規定することができる．

それでは「営業などの事務部門にいる人」はどのように考えたらよいであろうか．ここで細かくいうと，「営業」と「事務部門」とは区別する必要がある．営業部門では，産業資本が生産部門で搾取した剰余価値のなかからその一部を（他の流通費用とともに）非生産的労働者である「営業」部門の労働者に賃金として支払う．

しかし事務労働者の場合は複雑である．その当該事務が生産過程，流通過程，さらには利子生み資本の運動過程のどの一部なのか，あるいはまた資本家の機能としての管理監督労働としての事務労働なのか，すなわちその当該事務が有する機能によって異なってくるといえるであろう．

● 管理監督労働者の二重性

ではメーカーで働く人事・労務部門の労働者の場合はどうであろうか．

一般に現代の資本主義のもとでの管理監督労働は，二重の規定を有しているといわれている．先にみた本源的規定と資本主義的形態規定とを思い出してみると，一面では，労働過程が協業にもとづいておこなわれているいかなる生産様式においても管理監督労働は必然的に生じる．したがって当然ながら，資本主義的生産様式のもとでも管理監督労働はこれまた必然的に生じることになる．ただこの場合，資本主義的生産様式のもとでの管理監督労働は，本来的には，資本家階級によっておこなわれるものである．その意味では，この場合の管理監督労働は労働ではなく，資本家の機能と

してとらえられるものである.

　ところが現実には，この機能は資本の「所有と経営の分離」によって，賃労働者にゆだねられていくことになる．こうして「監督の労働が，彼ら専有の機能に固定される」（『資本論』上製版Ⅰb，新日本出版社，576ページ）のである．この管理監督労働者は労働者を搾取する労働をおこなうのであるが，同時に彼らは賃労働者として自立化することになる．ここでいう人事・労務部門の労働者はいうまでもなく，上述の管理監督労働者の範疇に入ることは明らかである.

　しかし人事・労務部門の労働者が資本家の機能を担うということは，機能資本家そのものに属するすべての実質的な機能を彼ら管理監督労働者に依拠しなければ資本として成立しないことを意味する．彼らの労働は資本家の機能を担うが，同時に賃労働者である，という二重の規定をともなうものである．したがって彼らを資本の側につけるのか，労働者の側にひきつけるのかは，いわば力関係，階級闘争に大きくかかわるものであるといえるであろう.

　（出所）井上秀次郎「生産的労働と事務労働」『学習の友』2003年6月号．なお掲載にあたっては，文体を「である」調に変更した.

第8章

現代企業の人的資源管理

企業は，人的資源である「ヒト」，生産設備等の「モノ」，資本となる「カネ」の三大経営資源に，技術・ノウハウ・データなどの「情報」を加えた四大経営資源を効果的に活用・管理して経営活動をおこなっている．企業等の組織において資源の活用・管理をするために意思決定をおこなうのはヒトである．ヒトは他の経営資源とは異なり，感情をもち，モチベーション（motivation）によって行動が左右され，その行動が企業経営の成果に大きな影響を与える．このヒトである人的資源は企業等の組織が目標とする成果を獲得するためにもっとも重要な役割を担っていることから「企業はヒトなり」ともいわれる．組織の目標を達成するためには，労働者のモチベーションを向上させることが重要であることから，労働者が主体的に働きたくなる雇用管理，労働時間管理，賃金管理，福利厚生，評価制度，キャリア開発等を構築する必要がある．

【キーワード】
雇用管理　　労働時間管理　　キャリア開発　　働き方改革
ワーク・ライフ・バランス

1. 変化する雇用のマネジメント

　経済が右肩上がりで成長していた時代には，企業は常に成長・発展するものであり，労働者も増加していくと考えられていた．日本企業における雇用システムは，経済が右肩上がりで成長することを前提として，新規学卒者を

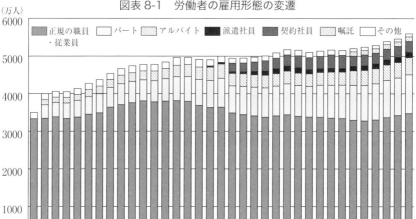

図表 8-1 労働者の雇用形態の変遷

(出所) 総務省統計局「労働力調査」より筆者作成.

正規雇用労働者として採用し，長時間かつ長期間働くことのできる男性労働者の雇用を定年年齢まで保障していた．

しかしバブル経済の崩壊やリーマン・ショックによる不景気を経験した後は，正規雇用労働者の報酬や福利厚生等にかかる固定費を抑えるため，通常の業務量を想定した適正人数の労働者を雇用し，繁忙期には残業をさせたり，一定期間，臨時の非正規雇用労働者を雇用することによって対応した企業は多い．好景気時は，業務量が増加し，常態的な長時間労働となり，企業への忠誠心を表現するサービス残業が暗黙の了解として求められ，日本の企業文化ともいえる長時間労働が定着していった．

しかし近年，**図表8-1**に示したとおり，多様な雇用形態で働く労働者が増加するとともに，女性の社会進出が定着し，性別役割分業による雇用管理は厳禁となっている．従来，女性だけが担っていた育児・介護は，いまやすべての労働者の役割の一つとなり，ライフステージ (life stage) に対応した雇用管理が求められている．

雇用形態

雇用には**図表8-1**に示した多様な形態がある．雇用形態の多様化が促進されたのは，日経連による1995年発表の「新時代の『日本的経営』」において示された雇用形態別人材活用ポートフォリオとして，必要な雇用形態の労働者を活用することが推奨された影響も大きい．「新時代の『日本的経営』」によって雇用の流動化が浸透し，日本的経営の三種の神器といわれた終身雇用制，年功序列制，企業内組合が崩れることも同報告は指摘した．

その結果，非正規雇用の活用が促され，企業に多数の非正規労働者が雇用され，賃金や職業訓練，労働時間などの労働条件の格差が正当化されることとなった．現在では，非正規雇用労働者が労働者人口の約3分の1を占めるにいたり，低所得者が増加するとともに正規雇用労働者の長時間労働が問題になるなど，雇用に関する課題は山積している．

採用活動

企業が必要とする正規雇用労働者を確保する方法は，企業外から労働力を調達する採用（外部労働市場）と企業内から調達する異動・配置（内部労働市場）がある．

▶ 新規学卒者の定期一括採用

日本独特の雇用慣行である新規学卒者の採用において，企業は各大学のキャリアセンターや就職課等とも連携し，学生の在学中に採用試験をおこない内定を出し，卒業した年の4月から直ちに一斉就業させる．この慣行は，明治時代，下級ホワイトカラーの採用から始まり，大正時代には若年労働力の確保策として定着した．昭和時代，高度経済成長期の人手不足対策のため，大企業の中・高卒者の大量採用から確立され，この定期一括採用は，現在の日本において一般的な雇用慣行となっている．

---

(1) 2002年，経済団体連合会が日本経営者団体連盟「日経連」を統合して発足した．
(2) 同報告書は，労働者を，長期蓄積能力活用型グループ，高度専門能力活用型グループ，雇用柔軟型グループに分け，雇用を人材ポートフォリオで管理し，必要に応じて合理的に多様な雇用形態の人材を活用することを提唱した．

▶ 通年採用

　欧米企業は，欠員が発生したり，人材が必要なときに雇用条件や求める能力を明記して社内外から募集し，職業経験のある，より優秀な労働者を採用する．近年，日本でもグローバル化に対応できる優秀な人材を確保するため，定期一括採用のほか，秋期などにも採用する通年採用を実施する企業もある．中小・零細企業では，年度途中での中途採用も多い．中途採用した労働者は新卒採用者と異なり，他社での就労経験があり，即戦力となるスキルを身につけた人材であることから教育訓練費や教育時間の初期投資の削減を図ることができるというメリットがある．

▶ インターンシップ

　学生が企業で就業体験をするインターンシップは，学生が正規雇用労働者としての業務を体験できる機会となっている．現場の生産的労働や販売・営業活動，なかには新製品開発等に参画し，若者としての意見や提案者として参加を求められることもある．このリアルな就業体験により，学生はアルバイトでは得られない多様なメリットを享受することができる．

　従来，インターンシップ学生を受け入れると，新入社員研修のように就業体験をさせる負担があるうえ，就職活動とは切り離す必要があったため，従来の企業にとっては負担であった．しかし新卒一括採用した新入社員の雇用ミスマッチ等により短期間で退職するという，いわゆる「新卒離職の七五三現象」[3]の解消策として，インターンシップも活用されるようになった．さらに今後の労働力人口減少による将来の労働力人口不足に備え，就職活動解禁日を待たずして就活前の学生と出会えるインターンシップは，求める人材と早期に出会える絶好の機会でもあることから，インターンシップを導入する企業は増加している．

採用後の雇用管理

　企業は維持・発展できる経営活動をおこなうために，労働者の採用から退職

---

(3) 採用されて3年以内に中卒7割，高卒5割，大卒3割の新入社員が退職してしまう現象．

までの期間に，人事考課などにもとづく評価をおこない，キャリア形成を意識した雇用管理をおこなう．異動には，配置転換，昇進，転勤，出向，転籍などがある．配置転換とは，所属部署を異動することであり，昇進は地位が上がることである．転勤は勤務地を変わることであるが，地方への転勤の場合，家族にも変更を強いることになるため，夫婦や家族の分断や子育て・介護等が問題となる⁽⁴⁾ことがある．余剰人員については，出向として子会社や系列会社などへの在籍出向として就労させることもあれば，関係会社へ転籍させることもある．

退職は，終身雇用の名のもとに既定の年齢で退職する定年制度にもとづくものと，本人の都合や企業側の都合により退職するものがある．労働者と職務等とのミスマッチに起因する場合もあるが，育児や介護のようにライフステージに対応する場合や企業・工場の撤退や解雇による場合もある．定年退職年齢は高齢者雇用安定法にもとづき65歳とすることが推奨されていることから，定年年齢が65歳を下回る場合，本人の希望に従って，65歳まで雇用を保障するために，適切な雇用形態で再雇用するなどの措置⁽⁵⁾をとらなければならない．

2. 労働時間・賃金のマネジメント

労働時間管理

労働時間とは，労働者が監督者等の指揮命令下において労働に従事しなければならない時間のことである．労働時間が定められた経緯は，1919年に開催された国際労働機関（ILO：International Labour Organization）の第1回総会で，家内労働者を除いた工業等におけるすべての労働者の労働時間は1日8時間，1週48時間を超えてはならないと定められたことによる．

---

(4) 介護は転勤を断る正当な理由になる．
(5) 定年年齢を65歳未満に定めている場合は，労働者の安定した雇用を確保するため，「65歳までの定年の引上げ」「65歳までの継続雇用制度の導入」「定年の廃止」のいずれかの高年齢者雇用確保措置を実施する必要がある．

図表 8-2　時間外労働の割り増し賃金

時間外労働	25%以上	1日8時間を超える労働時間
	25%を超える	1か月間の時間外労働時間が45時間～60時間までの場合
	50%以上	1か月間の時間外労働が60時間を超えた場合
深夜労働	25%以上	午後10時～翌午前5時
休日労働	35%以上	法定休日（法律で定められた休日）※時間外割増はつかない
休日＋ 時間外労働	35%以上	休日労働は特殊な時間外労働 ※8時間を超えても時間外労働の25%は加算されない
時間外＋ 夜間労働	50%以上	時間外（25%）＋深夜（25%）
休日＋ 深夜労働	60%以上	休日（35%）＋深夜（25%）

（出所）筆者作成.
（注）中小企業は猶予措置あり.

▶ 基準となる労働時間

　日本における労働時間は，労働基準法（1947年施行）で定められている法定労働時間と，企業が就業規則で定めている所定労働時間に区別できる．現在の法定労働時間は「1日8時間，1週間40時間」と定められている．法定労働時間を超えたり，法定休日に労働者を働かせたりする場合には，労働組合や労働者の過半数を代表する者と「時間外労働・休日労働に関する協定書」を締結し，「36協定届」を労働基準監督署に届け出ることが義務付けられている。届け出れば労働時間規制が実質的に取り払われ，罰則がない状況となるため，過労死にいたる構造ができたといえる．36協定を締結し，法定労働時間を超えて働く場合は**図表8-2**に示した額の割り増し手当を支給する必要が生じる．

　1日の休憩時間は，労働時間が6時間を超える場合は45分以上，8時間を超える場合は1時間以上を一斉に与える必要がある．しかし経営者や管理監督者，加えて管理監督者とともに職務を遂行する秘書職等はこの労働時間規制の対象外となっている．

　現在の休日は週休2日制が一般的になっているが，労働基準法では，週に1日以上与えればよいことになっている．雇用して半年経過後から前年の全

---

(6) 36協定は，正式に「時間外・休日労働に関する協定届」という．この規定が労働基準法36条に定められているため，Saburoku Agreementとよばれている．時間外労働時間の限度基準は，1週間15時間，1か月45時間，3か月120時間，1年間360時間である．

第8章　現代企業の人的資源管理　　**161**

勤務日の8割以上勤務した従業員には年次有給休暇が10日与えられ，2年後には11日，さらに2年後には12日，その後は勤務期間が1年延びるごとに2日増加し，年間，最高20日まで与えられる．これは決定後2年以内に消化しなければ消滅することが多いが，未消化の年休を介護休暇等に備えて積み立てておき，必要なときに使用できる制度として導入する企業は増えている．

　所定労働時間は，法定労働時間を限度とした企業が定める労働時間である．たとえば所定労働時間が9時から17時で，昼食休憩時間を1時間とした場合，実働時間は7時間となる．19時まで残業した場合，法定労働時間の8時間までの1時間は通常の時間給となるか，25％増となるかは就業規則[8]によることになる．

▶ 多様な働き方に対応する労働時間

　労働者の労働時間の裁量度を上げるために，コアタイム（core time：全従業員の拘束時間）を除くフレキシブルタイムの時間内で出退勤時間の選択権を労働者に与えるフレックスタイム（flextime：自由勤務時間制）を導入している企業もある．育児・介護休業法において，3歳に満たない子を養育する労働者には始業時刻変更等の措置[9]が適用されている．しかし育児・介護等のために生活時間を確保する必要のある労働者にたいして，パターナリズム（paternalism）的配慮から負担の少ない，責任のともなわない仕事を与えることもある[10]が，これは労働者のやる気をなくす原因になるということが調査結果に示されている．また，育児や介護にむき合っているときに短時間勤務等を選択

---

(7) 日本企業で週休2日制を最初に導入したのはパナソニック株式会社（旧松下電器産業株式会社，創業者：松下幸之助）である．

(8) 就業規則とは，賃金や労働時間などの労働条件について事業場ごとに定めたもの．常時10人以上の労働者を雇用している場合，原則として就業規則の作成と届出が義務づけられている．

(9) 育児・介護休業法の事業主が講ずべき措置として，「所定労働時間の短縮措置（短時間勤務制度）を講じることが困難と認められる業務に従事する労働者」には，①フレックスタイムの制度，②時差出勤の制度，③保育施設の設置運営その他に準ずる便宜の供与となっているが，③は経費がかかるため，②を導入する企業は多い．

(10) パターナリズムとは，結婚や出産後の女性は家庭責任が増すことから，配置や仕事の配分等において，上司が女性に負担や責任の大きい仕事を与えないという配慮をすることをいう．家父長的温情主義のこと．労働者の意思にかかわらず，出産・育児に配慮された結果，昇格・昇進のない責任のない定型補佐業務を与えられる状況をマミートラックという．

したことによって，評価が公平性を欠くとやる気を削ぐことになる．短時間勤務であっても，成果が出せるチャンスを与えたり，通常勤務者と同じ評価基準で評価をする必要がある[11]．

さらに労働時間の裁量度の高い制度として裁量労働制がある．これは業務の性質上，業務遂行の手段や方法，時間配分等を労働者の裁量にゆだねる必要がある業務[12]に労働者を就かせた場合，労使であらかじめ定めた時間働いたものとみなすものである．たとえば裁量労働制としてみなし労働時間8時間として雇用契約を締結し，ある日10時間働き，翌日5時間働いた場合，両日とも8時間働いたものとみなす．出退勤時刻の管理はするものの，労働時間の設定は労働者の裁量に任されており，長時間労働となっても実際に働いた労働時間に応じた残業手当は支給されない．短時間で仕事を終えることが期待されているが，裁量労働制の労働者は通常勤務労働者より短時間勤務になるどころか，長時間労働となる傾向にあることが調査結果から明らかになっている[13]．

賃金管理

賃金管理の目的は，賃金コストを適正に保ちつつ，必要な労働力を確保し，労働者のモチベーション（motivation）を維持させながら，必要な人材のリテンション（retention）[14]などをおこなうことである．賃金・給与は，現金給与総額と現金給与以外に分けられる．前者には，毎月支給される所定内給与（基本給＋諸手当）と所定外給与（残業手当）に加えて，年2回の賞与や期末手当がふくまれる．給与以外には退職金，法定福利費，法定外福利費，教育訓練等がある．従来，日本企業では年功制賃金が採用され，正規雇用労働者の職務遂行能力は，就業年数が長くなるほど向上すると考え，職位も上がり

---

(11) 人と仕事研究所「短時間勤務者への配慮」「短時間勤務の際に受けた配慮に満足しているか」『パートタイマー白書 2016 女性活躍の現状と課題』（2017 年）．

(12) 厚生労働省令および厚生労働大臣告示によって定められた業務．

(13) 労働政策研究・研修機構「裁量労働制等の労働時間制度に関する調査結果 労働者調査結果」調査シリーズNo. 125（2014 年）．

(14) 維持・保持という意味で，優秀な人材を流出させないための施策．将来の戦力となる若手労働者や基幹労働者の社外流出防止のための人事戦略．

賃金・給与も上昇した.

　賃金・給与は，職務内容や職務遂行による職務要素にもとづく仕事給と，年齢や学歴，勤続年数などによって決定される属人給とがある．日本では，担当職務が雑多であったり，職務間の境界も不明確であるため属人給をベースにした総合給を導入している企業が一般的である．したがって属人的要素もふくみ，職務遂行能力によって賃金・給与額を決定する職能給が職務給よりも好まれる傾向にある．自己申告や面談により，単年度ごとに目標とする数値や項目を設定し，その達成度に応じて翌年度の年俸を決定する年俸制を採用する企業もあるが，その対象者は主に管理職である．さらに近年は雇用形態にかかわらず，同一労働には同一賃金が求められ，給与体系を見直す企業が増加している.

　退職金は，江戸時代の老舗の「のれん分け」「奉公明け」のお祝いに源流をもち，制度として明治時代から大企業を中心に労働者を企業に定着させる目的で普及した．戦前は熟練労働者を引き留めるために支給され，戦後は労働組合の要求などから制度化された．現在は長期間働いた「賃金の後払い」「退職後の生活保障」の意味もふくみ，退職時に勤続年数と貢献度に応じて一時金として支給される．しかし近年は職務遂行にたいする評価を直ちに報酬に反映させる制度を導入し，定年を待たずして退職金を支給する退職金前払制度[15]を導入する企業も珍しくない.

　定年年齢より数年早期に退職することを推奨するために，退職金等を優遇する早期退職優遇制度を設ける企業もある．50歳代の管理職や正規雇用労働者の退職後の空席に若年労働者を雇用できれば企業にとって人件費の削減にもなる．この制度を活用して実質的な強制退職が強要される場合もある．また企業が従業員に転職や独立開業のための支援をする転職・独立開業支援制度を設ける企業もある．この制度は社内で役職が不足する場合やキャリア支援等の動機づけとして活用されている.

　一定の役割を終えた正規雇用労働者を退職しやすくする一方で，出産・育児・介護等でいったん退職した正規雇用労働者を退職後3年〜5年以内で再

---

(15) 労働者は定年退職時に退職金として算定される額を月々の賃金に加算して一緒に受け取ることができる制度.

雇用する制度を設ける企業も増加している．これは，その企業の職務内容を熟知している元正規雇用労働者を短期間の職場復帰支援後，即戦力となることが期待できるため，企業・労働者ともにメリットの大きい制度である．

福利厚生

福利厚生は，人材の確保と定着を目的に生活支援に関わる施策として導入された．労働者に支給される賃金の約8割は現金で支給されるが，約2割は現金以外の報酬として，福利厚生や教育訓練の機会等として与えられる．福利厚生は，法律によって企業に課されている法定福利（社会保険，労働保険）と，企業独自で実施する法定外福利（住宅手当，社員旅行，自己啓発，社員食堂等）に分けられる[16]．現在は労働観が多様化し，企業への忠誠心が低下している時代であることから，労働者は働きやすさの指標として福利厚生を重視する傾向にある．1995年以降，一律の福利厚生を用意するのではなく，貢献度に応じて労働者みずからが柔軟に福利厚生を選択できるカフェテリア・システムが広がりをみせた[17]．このように多様化する労働者のニーズに対応することは一企業では負担となるため，アウトソーシング型の福利厚生の導入によって[18]，個々の労働者のニーズに対応しようとする企業は増えている．

3. 人材マネジメント

評価制度

人事管理，労務管理，そして最近の人的資源管理との間には，意義上の区別はほとんどないといわれる．広義の労務管理はこの三者を統括したものと考えられる．人事管理は人に対する管理であり，労務管理は労働に対する管理ともいわれる．

---

(16) タニタ食堂やロート製薬の社員食堂は有名である．
(17) 従業員に一定の基準で支給される福利厚生ポイント等を使って，種々の福利厚生メニューのなかから好きなもの，必要なものを選択することができる制度．株式会社ベネッセコーポレーションが1995年に日本で最初に導入した．
(18) 株式会社ベネフィット・ワンが提供している福利厚生サービスが好事例としてあげられる．

第8章　現代企業の人的資源管理　　165

労働者の評価は，一定のルールにしたがって，仕事への取り組みを合理的かつ適正に評価する必要がある．従来の日本企業では，労働者の態度・情意，能力，業績を査定して評価する人事考課を用いている．これには①企業の一員としての自覚や意欲があり，適切な態度で業務を遂行できるかを問う態度・情意評価，②職務遂行に必要な能力を備えているかを問う能力評価，③指示・命令および遂行すべき仕事の達成度を問う業績評価がある．従来の評価は直属の上司が担当し，一般に開示されることはなかったが，近年，労働者への開示が公正性や企業への信頼を高め，結果のフィードバックは効果があると考えられ，導入する企業は増加している．労働者に対する評価は，企業への貢献度などによる処遇を決定するだけでなく，組織の目標や求める人材の提示となり，労働者の能力開発への指標にもなる．

目標管理

目標による管理のことで，ドラッカー（Drucker, P. F.）によって提唱され，マグレガー（McGregor, D.）のY理論によって理論的基礎が与えられた．その具体的な展開手法はシュレー（Schleh, E. C.）によって示された[19]．目標管理は，労働者が上司との面談をとおして自身の職務遂行の目標を設定し，職務遂行後に上司との面談により達成度を労働者に自己評価させる．

目標管理は，目標値（標準数値）を容易に達成できるものは設定させないという点では，ティラーの科学的管理法と同じと考えられるが，企業全体目標と個人目標とを同じベクトル上に設定することにより労働者との一体感を与え，人間関係管理と科学的管理法との調和的・協調的管理ということもできる．目標管理の目的は，労働者の企業意識の高揚をはかり，経営参画意識をもたせることによって，労働者の目標を企業の業績に直結させることにある．

能力開発

雇用した労働者が企業等の戦力として職務遂行できるように能力を養成・

---

(19) 村杉健「行動科学的人事管理」森俊治編『現代工業経営学』（有信堂高文社，1982年）．Y理論とは，1950年代後半のアメリカの心理学者であり，経営学者であるマグレガー（McGregor, D.）によって提唱された人間観「X理論Y理論」に示されている．

向上させることである．能力開発には，企業の効果的な経営のためにおこなうものと，将来のキャリアを見据えて労働者自身がおこなうものとがある．

▶ OJT（On The Job Training）

新しい職務に就く労働者に，上司や先輩が日常の職場において，職務遂行に必要な知識や技術，態度などを計画的に指導・教育することをOJTという．実践に即した必要な知識・技能を，緊張感をもって早く習得させることができ，職場の雰囲気に慣れさせ，結果がすぐにフィードバックされるなどの効果が得られる．しかし指導者の能力に左右されたり，多忙な部署での指導のための時間をとることができない場合は，その対応が課題となる．指導者の能力やリーダーシップ力等の向上の機会ともなるため，指導する上司や先輩労働者に新入社員のメンター[20]としての役割を担わせる企業もある．

▶ Off-JT（Off The Job Training）

日常の業務から離れておこなう集合研修のことをOff-JTとよび，OJTと平行しておこなうことにより教育効果が高まる．各種の研修会やセミナーの実施，通信教育の受講，e-ラーニング（e-learning），国内外への留学，業務に関連する公的資格取得の支援という直接的なものから，外国語研修，情報提供など多様な支援がある．業務遂行に必要となる公的資格取得を能力開発としてサポートする企業は多い．

▶ 自己啓発

労働者みずからの自発的意思と積極的な努力により能力の向上に取り組むことを自己啓発という．現在の職務に直結しない資格取得であっても将来のキャリアのために自己啓発支援制度（受験費用支援・受験休暇の付与・資格取得の報奨金や手当支給等）を設けて支援し，自己申告制度に活用する企業は少なくない．厚生労働省の調査によれば，近年，自己啓発の支援額は減少傾向にあったが，今後は増加させたいと考える企業は約30％である[21]ことが示されて

---

(20) メンターとは，支援が必要な人にたいして指導や助言をする人のことをさし，コーチより幅広い支援をおこなう．企業の場合は新入社員を指導する先輩や上司がメンターとなる．

いる．本調査対象企業の正規雇用労働者のうち自己啓発に取り組んでいるのは42.9％である．取り組めない理由の多くは「仕事が忙しくて自己啓発に取り組む余裕がない」であり，正規雇用労働者の57.5％を占めている．

▶ エンプロイアビリティ（employability）

雇用する（employ）と能力（ability）とを組み合わせた造語である．企業をはじめとする多様な組織において職務遂行に必要な特定の知識・技能などが顕在化したものや，労働者が保持しておくべき職業能力を有し，労働者が雇用され続けるための能力や可能性があることを意味している．1980年代以降，アメリカで企業が労働者の長期的雇用を保障できなくなった時期に浸透した考え方である．終身雇用が保障されない時代となって雇用が流動化したことによって，企業・労働者ともに欠かせない能力と考えている．

▶ キャリア開発（Career Development）

キャリアとは一般的にキャリア・ゴール（CG：Career Goals）を意味し，キャリア確立のための能力開発プログラムをCDP（Career Development Program）という．近年，労働者のライフステージと関連づけて実施される傾向にある．企業の目標達成のため，自己申告制度や上司との面談を通して，労働者の目標や希望，期待を調整して，それにもとづいて，配置転換，教育訓練，出向等がおこなわれる[22]．

4．働き方改革

2016年に働き方改革実現推進室が内閣官房に設置され，働き方改革が始まった．政府は，「働き方改革の目標は，現在のわが国の労働制度と働き方に関する課題である正規・非正規の不合理な処遇の差を解消するため同一労働同一賃金

---

(21) 厚生労働省『平成29年度「能力開発基本調査」』（2017年）.

(22) 伊藤健市「キャリア・デベロップメント・プログラム」吉田和夫・大橋昭一編著『基本経営学用語辞典 改訂増補版』（同文舘出版，1999年），57ページ.

を実現，長時間労働を是正し，多様で柔軟な働き方を実現して転職が不利にならない柔軟な労働市場・企業慣行の確立を実施することである」としている[23].

しかし政府の働き方改革は，政府・企業による働かせ方改革であるともいえる．とりわけ長時間・過密労働，過労死の解消に逆行する政策として，労働者やその家族，社会にとっての真の働き方改革ではないという批判もある.

新たな働き方

最近，導入が進んでいる働き方を支える施策として，ワーク・ライフ・バランス，ダイバーシティ・マネジメント，高度プロフェッショナル制度などがある.

▶ ワーク・ライフ・バランス（WLB：Work Life Balance）

仕事と生活の両立を支援する一連の施策のことである．内閣府の仕事と生活の調和憲章の定義では[24]，「国民一人ひとりがやりがいや充実感を感じながら働き，仕事上の責任を果たすとともに，家庭や地域生活などにおいても，子育て期，中高年期といった人生の各段階に応じて多様な生き方が選択・実現できる社会」とされている．ワーク・ライフ・バランスの実現のためには，ライフステージに対応した仕事と生活の両立支援と男女均等施策が不可欠であるが，特に男性の働き方が問われることになる.

▶ ダイバーシティ・マネジメント（DM：Diversity Management）

ダイバーシティとは多様性のことである．性別，年齢，出身，国籍，人種，障害などの人の特徴を戦略的に企業経営に活かしていくことをダイバーシティ・マネジメントという．多様な人種が共存しているアメリカにおいては，公平な評価をするための施策として導入・実践されている．日本においても，ダイバーシティ・マネジメントを実践することにより，性別役割分業を前提

---

(23) パートタイム・有期雇用労働法が2020年4月1日より施行され，同じ企業で働く正社員と短時間労働者・有期雇用労働者との間の基本給や賞与，手当などあらゆる待遇について，不合理な差を設けることが禁止され，同一労働同一賃金が義務づけられる.

(24) 内閣府 男女共同参画局 仕事と生活の調和推進室「仕事と生活の調和推進サイト」
http://wwwa.cao.go.jp/wlb/towa/definition.html

とした男性中心組織から脱却し，女性や高齢者，障害者も活躍できる組織へと変わることが求められている．

▶ 高度プロフェッショナル制度

2018年6月29日に働き方改革関連法案とよばれる改正労働法が成立し，2019年4月1日施行された．この制度は，年収の高い専門職を労働時間規制の対象者から外し，収入が一定額（2019年4月現在，年収1,075万円）以上の専門職の労働者について，働いた時間ではなく成果で評価する制度であることから「残業代ゼロ法案」とよばれている．この制度を適用するためには，職務の内容が決まっていること，労使委員会の5分の4以上の多数決議があること，行政官庁に届け出ていること，本人が同意していること，労働者の在社時間と労働した時間を会社が把握する措置をとっていること，1年で104日以上，4週間で4日以上の休暇を付与していること，さらには休日や労働時間に関する措置⁽²⁵⁾をとり，有給休暇を付与し，健康診断を実施することなどが必要である．しかし違法とならない長時間労働に拍車をかけるものとなる可能性が高い．

健康経営をめざして

生産性向上をめざした働き方改革が進むなか，生産性にもっとも大きな影響を与えるのは労働者の健康であるという考え方が浸透してきている．

ICT（Information and Communication Technology）の進展により企業間競争が激化していることから労働環境も厳しくなっているため，労働者の健全な生活を保障することが必要である．労働者は迅速な意思決定や大量の情報を処理し，さらに無駄を徹底して省いた職務遂行が求められ，現在の労働者はきわめて多忙になっている．仕事の負荷が大きくなっているうえ，育児・介護等の生活責任や労働者が担うべき役割の増大⁽²⁶⁾により，すべての労働者が超

---

(25) ①勤務間インターバル制度，および深夜労働の回数の上限を定める，②「健康管理時間」の上限を定める，③1年に1回以上，有給以外に2週間連続の休暇を与える，④一定範囲の従業員にたいする健康診断の実施．

(26) 職場で高い専門性が求められる一方，私生活上の家事・育児・介護等，性別にかかわりなく担うべき役割が増え，個人的時間が確保できない環境となっている．

多忙であり，ストレスは増加している．

　さらに，ビジネスの場では多様な雇用形態の労働者がさまざまな働き方をしていることから，上司，部下，同僚との人間関係も複雑化しているにもかかわらず，他者とのコミュニケーション時間は限られている．SNS（Social Networking Service）の浸透により人間関係は広がっているが，複雑で希薄になっていることでストレスはさらに増大しているともいえる．短期的な成果が求められることなど，多様なストレスからメンタルヘルス不全に陥る労働者は増加していることも報告されている．

　高ストレスの労働者に早期対応するために，アルバイトをふくむ労働者50名以上の事業場にストレスチェックが義務化されている．ストレスチェックを実施し，メンタル不調にたいする一次予防を講じて不調者の発生を防ぎ，健康的で働きやすい職場を実現しなければならない．

　多様な働き方が広がるなか，高度プロフェッショナル制度のように労働時間管理が難しくなる雇用形態も増えている．これらに備えて，1日の勤務終業時刻から翌日の始業時刻までの間に一定時間の休息の確保を義務づける勤務間インターバル制度などを設ける必要に迫られている．勤務終了から翌朝までの休息時間が短すぎると身心に悪影響をおよぼすため，勤務間インターバルとして11時間以上の休息時間を空けることが必要である．9時から17時までが所定労働時間のところ，17時から23時まで残業をした場合，23時から11時間のインターバルを取って，翌日の始業時刻は10時とするなどである．

　新しい働き方の一つとしてワーケーションという働き方も広がりをみせて

---

(27) 厚生労働省『平成29年「労働安全衛生調査（実態調査）」』によると，58.3％が強いストレスを感じており，「仕事の質・量」では62.6％，「仕事の失敗，責任の発生等」34.8％，「対人関係」30.6％，「役割・地位の変化等」23.1％が強いストレスとしてあげられている．

(28) エン・ジャパン株式会社「企業のメンタルヘルス対策意識調査」では，「メンタル不調者が増えている」と回答した企業が52％であり，メンタル不調者が在籍している企業は58％であり，その原因の1位から「職場の人間関係」「本人の性格の問題」「上司・部下のコミュニケーション不足」と回答されている．https://corp.en-japan.com/newsrelease/2018/12378.html

(29) 2015年12月から，常時50名以上の事業所は義務化，50名未満は努力義務とされている．

(30) 米国で生まれた，仕事（work）と休暇（vacation）を組み合わせた造語．旅先などで仕事をする新しい働き方で，働き方改革を推進する企業を中心に広まりつつある．

いる．政府が進めるテレワークを活用した仕事の取り組みであり，地方創生を促進するために地方でも仕事ができるように関係人口[31]を増加させるための方法として注目されている．

　これまで述べてきたように，今後の人的資源管理は，一人ひとりの労働者がライフステージに応じて希望する働き方を選択してやりがいをもって働き，めざすキャリアが獲得できるシステムを構築し，企業は労働者とともに成長・発展していくことをめざさなければならない．

【参考文献】
佐藤博樹・武石恵美子編『ワーク・ライフ・バランス支援の課題』（東京大学出版会，2014年）．
上林憲雄他著『経験から学ぶ人的資源管理 新版』（有斐閣，2018年）
守屋貴司・中村艶子・橋場俊展編著『価値創発（EVP）時代の人的資源管理』（ミネルヴァ書房，2018年）

---

(31) 移住した定住人口でもなく，観光に来た交流人口でもなく，居住地と特定の地域を行き来して，地域や地域の人々と多様に関わる人々のことを関係人口とよぶ．

第Ⅲ部

現代企業の諸問題とその展開

第**9**章

トヨタ生産方式とその発展

トヨタ生産方式には「ジャスト・イン・タイム」と「(ニンベンのある) 自働化」の2本柱がある. 「ジャスト・イン・タイム」は「つくりすぎのムダ」を排除し「必要なものを, 必要なときに, 必要なだけ造る／運ぶ」こと, 「自働化」は, 「機械に人間の知恵をつけることで, 機械が不良品を感知して停止する仕組みを備える」ことである. またこれらの仕組みによって常に改善が促進されている. こうした考え方は国内外に広がっており, モノづくりだけでなく医療や農業などの分野でも応用されている.

【キーワード】
ジャスト・イン・タイム　　(ニンベンのある) 自働化　　改善

1. トヨタ生産方式の基本理念

　本章では, 日本の代表的な生産方式であるトヨタ生産方式 (TOYOTA Production System) について説明するとともに, その展開として他分野への応用について説明する.

　モノづくりに関する技術全般を生産技術 (広義) といい, それは「何をつくるのか」という製品技術 (product technology) と, 「どうやってつくるのか」という製造技術 (manufacturing technology) とに大別されるが, このトヨタ生産方式は後者の製造技術にあたるものである. 現代の大量生産方式の基礎になった製造技術については, 20世紀初頭にはじまったフォード社 (Ford Motor Company) による大量生産 (mass production) 方式が著名である.

174　第Ⅲ部　現代企業の諸問題とその展開

その方式においては，生産する品種をＴ型フォード（Ford Model T）といわれる製品にしぼり，量産効果（volume efficiency）を高めることで，それまでは高価であった自動車の価格を大幅に引き下げ，購買層が飛躍的に拡大することになった．量産効果をさらに高めるために，作業者が移動して部品を組み付ける定置組み立て方式ではなく，ベルトコンベアによって車台を移動させる形にして，作業者は自分の前を車台が移動する際に，特定の部分の組み付けをする方式を採用するとともに，作業内容を細分化して分業（division of labor）することにより短時間で習熟が可能な単純作業となり，熟練作業者（skilled worker）でなくとも作業ができるようにしたとされている[1]．

　本章で扱うトヨタ生産方式は，上述のフォード生産方式における大量生産の原理を踏襲しつつ，日本の実情に合った生産方式を模索した結果として生み出されたものであるといえる．トヨタ生産方式を確立したとされるトヨタ自動車株式会社の元副社長である大野耐一によれば，これは「多種少量で安くつくることのできる方法[2]」であり，その目的は「あらゆる種類のムダを徹底的に排除することによって生産効率を上げようというもの[3]」であるとされている．その前提として，第二次世界大戦後の高度成長期における日本はいわば「つくれば売れる」時代であり，量産効果によってコスト低減を図るという考え方が染みついており，そのために，製造・運搬の最小単位であるロット（lot）をできるだけ大きくする手法が採られていた．しかし大野はこの生産方式が「あらゆる種類のムダを生み出している」として，この考え方を否定している[4]．

　その根底にあるのは，先述のような「つくれば売れる」時代が終わるとともに，製品の価格決定においては，「かかっただけの原価に利潤を上のせして値段を決定するような『原価主義』の考え方[5]」は通用しない．すなわち価格は市場によって決まる所与のものであることから，利益を確保するには原価を低減することが必須である．その意味で，トヨタ生産方式は，現在の成

---

(1) これらについては，坂本清『フォードシステムともの作りの原理』（学文社，2016 年），を参照．
(2) 大野耐一『トヨタ生産方式』（ダイヤモンド社，1978 年），5 ページ．
(3) 大野，同（2），まえがき i ページ．
(4) 大野，同（2），6〜7 ページ．
(5) 大野，同（2），18 ページ．

熟化した市場において非常に有益な考え方であるといえる.

× 原価 ＋ 利益 ＝ 売価 … 低成長時代にあわない「原価主義」
○ 利益 ＝ 売価 － 原価 … 原価低減により利益確保

2. ジャスト・イン・タイム生産

トヨタ生産方式の基本思想は先述の「徹底したムダの排除」にあり, それを貫く二本柱が, ①ジャスト・イン・タイム (Just In Time：JIT) と, ②自働化 (JIDOKA) であるとされる[6].

一つ目の柱である「ジャスト・イン・タイム」の考え方として, 自動車の組立ラインにおいて「組み付けに必要な部品が, 必要なときにそのつど, 必要なだけ, 生産ラインのわきに到着する」というものがあげられる. これにより, 「物理的にも財務的にも経営を圧迫する『在庫 (inventory)』をゼロに近づけることができる」と考えられている[7]. この「在庫」は, 顧客の発注に即座に対応するために構える「完成品在庫」, 工程間の加工能力や製造・運搬タイミングのズレを調整するために工程内および工程間に存在する「仕掛在庫」, 製造指示にすぐ対応するための「原材料・部品在庫」という三つに大別される. いずれも企業がお金を払って購入した原材料や部品, 完成品が顧客に渡らず社内に残っているものであり, 会社の資金として現金化されている状態ではない. つまり在庫が過剰である状態とは投下した資金が回収できず社内に滞留している状態であり, 企業の資金繰りに大きく影響し財務的な負担が増大することになる. もちろん, こうした過剰在庫があれば倉庫が必要となり, それを運搬したり管理したりする必要が出てくる. 長期在庫になれば余分な品質チェックも必要となり, 最新の製品と比べると販売価格も下げざるをえなくなる可能性も出てくるなど, 過剰在庫がもたらす不利益はけっして小さくない. さらに, 設備故障や不良品発生などのトラブルがあっ

---

(6) 大野, 同 (2), 9ページ.
(7) 大野, 同 (2), 9ページ.

ても，在庫で対応することでこうした問題が隠れてしまうことで，不良率が高止まりし製造原価の引き下げにつながりにくく，さらに生産の遅れによって納期遅延を引き起こしたりする可能性があることも大きな問題である．しかも在庫が過剰になり把握が難しくなることで必要な部材や製品を探せなくなり，さらに新しい在庫を積み増して対応するという悪循環にもつながりかねない．在庫をもつこと自体は，先述のような設備故障や不良品発生時の対応に加えて，顧客の注文に即応する「短納期」という大きなメリットがあるものの，それと引き替えにこうした大きな問題が起きてしまうことは無視できない点である．

　こうした過剰在庫を生む原因となる「つくりすぎのムダ」を徹底的に排除する必要があるが，たとえば1か月単位の計画生産方式では需要予測とのズレなどに対応できず，「欠品がありながら，不要不急の部品の在庫が山ほどたまる」[8]ことになりかねない．こうした従来のやり方ではなく，生産計画は最終組立ラインにのみ示され「後工程から前工程に，必要なものを，必要なときに，必要なだけ，引き取りに行く」ことで，「前工程は引き取られた分だけつくればよい」としたうえで，各工程をつなぐ道具として「何を，どれだけ」欲しいのかを表示した「かんばん（KANBAN）」を活用するという生産方式が考案された[9]．これにより，生産計画を変更する場合も最終組立ラインにのみ指示すれば，需要の変動に対応した生産量・生産品種の変更が実現できるようになる．さらに，全工程に生産計画の変更を知らせる必要がなくなり，管理工数を大幅に減少させることができるとともに，計画変更に柔軟な対応が可能となるわけである[10]．

　具体的に「かんばん」は，大きく「引き取りかんばん」「生産指示（または仕掛け）かんばん」とに分けられる．「引き取りかんばん」は部品それぞれもしくはケース単位に付けられて一定数が組立ラインのそばにおかれており，製品に組み付けをおこなう際にその「かんばん」を外して回収ポストに入れる．回収ポストに入れられた「かんばん」は，定期的に回収されるとともに，

---

(8) 大野，同 (2)，10ページ．なおこの場合の「かんばん」は平仮名で表記する．
(9) 大野，同 (2)，10〜11ページ．
(10) 大野，同 (2)，12ページ，81〜83ページ．

第9章　トヨタ生産方式とその発展　　177

「水すまし」とよばれる担当者によって組み付けに使用する部品（「引き取りかんばん」が付いている）が供給される.

　「引き取りかんばん」には部品の品名・品番などの他に，組み付けがおこなわれる工程（後工程）とその部品を製造している工程（前工程）が記載されており，先ほどの「水すまし」が回収した「かんばん」は，そこに記載された前工程である部品の製造工程まで運ばれ，再び部品の現物に付けられて後工程である組み付け工程に運ばれる. このように「引き取りかんばん」は，部品の組み付け工程である後工程とその部品を製造する前工程との間を循環しながら，必要な部品（組み付けに使われた部品）を補充する役割を担っている. この「引き取りかんばん」の枚数によって，前工程と後工程および工程間を運搬中の部品在庫が管理され，つくりすぎの防止につながっているわけである.

　部品を製造する前工程には，「引き取りかんばん」によって引き取られることになる部品がおかれており，それぞれの部品もしくはケース単位に「生産指示かんばん」が付けられている. 前工程からもち帰られた「引き取りかんばん」に記載された品名・品番の部品を受け取り，そこに付けられた「生産指示かんばん」を外して「引き取りかんばん」と差し替えて，該当する組み付け工程（後工程）に部品を運搬し補充する. 外された「生産指示かんばん」は，外された順序通りに部品製造工程の作業者に渡され，作業者は「生産指示かんばん」に記載された品名・品番の部品を製造して，再び「生産指示かんばん」と一緒に部品棚などにおかれる. この工程で組み付けに使われた部品にはあらかじめ「引き取りかんばん」が付けられており，その部品が使われた後にはさらに前の工程に引き取りに行くといったようにしながら，最終組立ラインを起点として，自社内だけではなくサプライヤー（部品や原材料を製造・供給する企業）へとつながる形で原材料までさかのぼっていく（**図表9-1**，**図表9-2**）. こうした仕組みは「後工程引き取り・後補充方式」，「引っ張り方式」や「プル生産方式（pull system）」などといわれている[11]. そしてこのなかで「かんばん」は，モノを造る／運ぶための「権利書」であり「かんばん」がないときは造らない／運ばない，というルールを守ることで，造りすぎを防止するための仕掛けとなっている[12].

178　第Ⅲ部　現代企業の諸問題とその展開

図表 9-1 2種類のかんばんを使用する諸段階

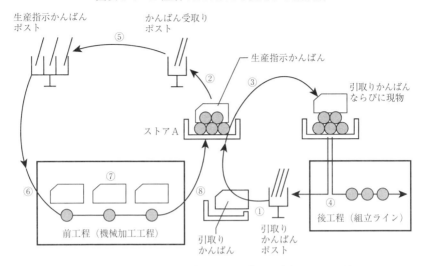

(出所) 門田安弘『トヨタプロダクションシステム』(ダイヤモンド社, 2006年), 35ページ, 図2-9.

図表 9-2 かんばんと現物の連鎖

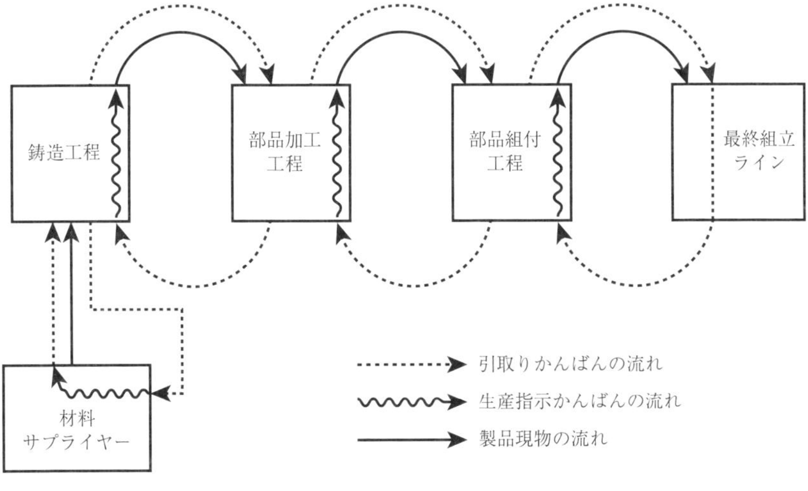

(出所) 門田安弘『トヨタプロダクションシステム』(ダイヤモンド社, 2006年), 36ページ, 図2-10.

第9章 トヨタ生産方式とその発展 179

これにたいして，従来の生産方式は「押し出し方式」や「プッシュ生産方式（push system）」といわれることもあるが，この方式では，後工程の状況は考慮せず，完成した部品を後工程へ流していくことで工程間の仕掛在庫が増加することにつながりかねない．またそのことにより，生産リードタイム（生産ラインに投入した原材料が完成品になるまでの時間）が長くなり，財務的負担が大きくなるとともに，在庫の積み卸しや整理などの物理的負担も増えていくことになる．この生産リードタイムを短縮するためには，「流れるようにつくるやり方[13]」にすることが必要であり，「ものは売れる速さで形を変えながら流れていく[14]」べきという考え方にもとづいた生産の仕組みを構築し，仕掛在庫を減らしてモノが停滞している状況を極力少なくしていく必要がある．逆にいえば，「流れるようにつくるやり方」への改善に取り組まずに加工能力の高い設備を導入することは，仕掛在庫の増加につながる危険性もある．そうしたつくり方をトヨタ生産方式では「流し作業」と表現し，「流れ作業[15]」とは区別している．

　具体的には，自動車販売店（ディーラー）から届いた情報をもとにした生産計画が組まれるが，年単位，月単位，日単位と，市場の動向にあわせて微調整が加えられつつ最終組立ラインにおける順序計画が組まれて，最終的な順序計画は完成車が工場から出てくる2日前に最終組立ラインにのみ伝えられ[16]，それをもとにして組み付け作業がおこなわれることになる．ここで重要なことは，必要以上の情報を現場に流さないことにあるとされる．先々の情報まで流してしまうことで造りすぎを誘発してしまい，需要の変化に対応できなくなってしまうためである．顧客を起点として[17]，需要の変動に柔軟に対

---

(11)「かんばん」については，大野，同（2），11〜12ページ，52〜57ページ，および門田安弘『トヨタプロダクションシステム』（ダイヤモンド社，2006年），27〜37ページ，を参照．なお，「かんばん」は長方形の紙片をビニール袋などに入れたものであったが，近年は現物の「かんばん」ではなくデータを送る「電子かんばん（e-かんばん）」に置き換わりつつある．(12) このルールを守らせるために，「かんばん」に機械加工を始めるためのバーコードが印刷されていて，そのバーコードを機械に読み込ませないと加工できないという仕組みを設けている企業もある．

(13) 大野，前掲（2），61ページ．

(14) 野地秩嘉『トヨタ 現場の「オヤジ」たち』（新潮新書，2018年），106ページ．

(15) 大野，前掲（2），185〜186ページ，222ページ．

(16) 門田，前掲（11），118〜119ページ．

応できる生産体制にすることで，造りすぎによる在庫の増加を防ぐことにつながる．

　こうした方式の源流は，米国のスーパーマーケットにあるとされる．スーパーマーケットには多くの商品が並んでいて，顧客は必要なものがすぐに入手可能であり，スーパーマーケットは売れた物だけを補充するという仕組みになっているのを自動車生産に応用したのが，「ジャスト・イン・タイム」という考え方である．この「ジャスト・イン・タイム」の考え方の根幹は「顧客を起点としたモノづくり」である．モノづくりの生産性は，各工程の加工能力の高さや機械設備の性能の高さのみによって決まるのではない．顧客を起点として，各工程の「部分最適」だけではなく，原材料から完成品にいたるまでの「全体最適」を目指した生産方式を構築すべきであるといえよう．大野耐一は「トヨタ生産方式においては，量とスピードを追求するあまり，いたずらにロスを生み出してしまうマス・プロダクションとマス・セールスへの，いわばアンチテーゼである」と述べており，顧客を起点として「流れるようにつくる」ことで，大量生産によるムダを排除し，真の意味での効率性を追求した生産方式を目指したものであるといえる．

3. 生産の平準化とサイクル・タイム

　この「ジャスト・イン・タイム」の考え方の前提になるのが，「生産の平準化（production leveling）」である．「生産の平準化」とは，最終組立ラインにおける「生産の山を出来るだけ崩して低くし，同時に谷を浅くして，流れの表面をおだやかにする」というやり方である．これには「総量の平準化」と「品種別数量の平準化」がある．かつてトヨタ自動車では，サプライヤーからの部品が不規則かつ断続的に納品されるため，月初は部品が揃わずに生

---

(17) 大野，前掲 (2)，89 〜 90 ページ．
(18) 大野，同 (2)，50 ページ．
(19) 大野，同 (2)，201 ページ．
(20) 大野，同 (2)，68 ページ．

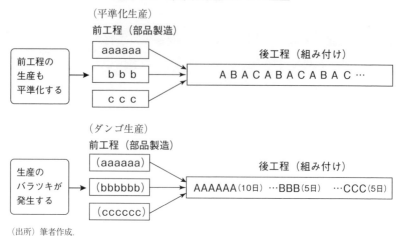

図表 9-3　平準化生産とダンゴ生産

（出所）筆者作成.

産に取りかかれず，月末になって集中して生産する，という「でかんしょ生産」がみられた[21]．こうしたやり方では，作業者の人数や設備をピークに合わせる必要があることから，非常にムダが多い方式であるといえる．そうしたムダをなくすためには，自社の平準化にも取り組みつつサプライヤーとも協力しながら，なるべく生産量の変動を少なくしておく必要がある．

また，現在のように顧客の要望も多様化している状況では，より多くの品種を揃えてその要望に応えていかなければならず，そのためには，先述のT型フォードとは異なる「多品種少量生産（high-mix low-volume production）」の体制が必要となってくる．

そこでは，生産品種についても平準化をおこない，生産・運搬の単位であるロットの最小化を図っている．たとえば1か月20日間稼働を想定して，A品種が5000台，B品種が2500台，C品種も2500台を生産するとすれば，生産品種の切り替えを嫌って，最初の2週間（10日）はA品種，次の1週間（5日）はB品種，その次の1週間（5日）はC品種を生産するというやり方が考えられる（**図表9-3**）．こうしたロットを大きくする生産は「ダンゴ生産」といわれるが，これには大きな問題がある．つまり，最終組立ラインで「ダンゴ生

---

(21) 大野，同 (2), 24〜26 ページ.

182　第Ⅲ部　現代企業の諸問題とその展開

産」をおこなうと，その前工程やさらにその工程に納品するサプライヤーについても，その影響を受けて「生産のバラツキ」が発生することとなる．それを避けるためには，生産する順序を「ＡＢＡＣＡＢＡＣＡＢＡＣ……」といったように1台ずつ切り替えることがおこなわれている．すなわち，生産総量と生産品種の両方について平準化を図ることで，全体でのムダを削減することになるわけである．最終組立ラインだけではなく各工程においても，できるだけ「1個流し」を目指した小ロット生産（small lot production）をおこなうことが必要となる．ここでは，単なる加工数量の増大ではなく，品種の切り替えである「段取り替え（changeover）」を簡単に短時間でおこなえるようにする「段取り替え改善」が必要となってくる．この改善により小ロット化が可能となり，需要の変動に応じて素早く対応することで，完成品在庫の削減とともに，プロセス全体の「生産の平準化」にもつながることになる．

　また在庫を極小化する生産体制を採るためには，生産のペースをどうするのかも重要になってくる．トヨタ生産方式では，「つくりすぎのムダ」をなくすためには「生産量と必要数がイコール」であることが必要であり，この「必要数」とは「売れゆき」，すなわちすべて市場の動向から決まっており，生産現場にとっては所与の事項で勝手に数量を増減することができないものであるとされている[22]．この「必要数」を基準として生産のペースを決定し「売れるスピードでつくる」ことが，つくりすぎのムダをなくすことにつながるわけである．この生産のペースは「サイクル・タイム（cycle time）[23]」とよばれており，顧客を起点とした「必要数」から導き出す必要がある．その計算方式は，1日あたりの稼働時間を必要数で割る，というものである．たとえば，1日の必要数が500個，1日の稼働時間8時間であるとすれば，「サイクル・タイム」は57秒（57.6秒・小数点以下切り捨て）となり，このペースで原材料から完成品にいたるまでの生産プロセス全体の同期化を図ることで，「流れ

---

(22) 大野，同（2），111ページ．
(23) ここでいう「サイクル・タイム」は，「タクト」「タクト・タイム」と表現されていることもあり，「サイクル・タイム」と「タクト・タイム」を区別しているものも見受けられるが，ここでは「サイクル・タイム」と表現する．

るようにつくる」ことが実現可能となる.

　またトヨタ生産方式においては，顧客を起点とした「必要数」を無視して過剰に生産することは「みかけの能率」の向上にすぎず，あくまで「必要数」にもとづいて生産数量を決定すべきであり，その数量をより少ない人数でこなせるように改善して原価を下げることが「真の能率」であるとしている．いい換えれば，加工能力にたいする生産実績を示す「稼働率」は，本来は市場の動向によって変動するべきものであり，それを無視して機械を動かして「稼働率」を上げれば，結果として「つくりすぎのムダ」につながる．トヨタ生産方式においては，この「稼働率」と「可働率（機械を動かしたいときにいつでも動く状態）」とを厳密に区別しているとされる．すなわち生産現場においては，必要以上に「稼働率」を上げるべきではなく，むしろ「可働率」を重視すべきであり，これを高めることによって市場の動向に即座に対応することができるわけである．またこの「可働率」を上げるためには，設備などの保全をきちんと実施するとともに，生産品種を素早く切り替える「段取り替え改善」を進める必要がある[24].

4．ニンベンのある自働化と改善

　トヨタ生産方式のもう一本の柱が，（ニンベンのある）「自働化」である．これは，トヨタ自動車の祖業である織物生産に由来しているものである．トヨタグループの創始者である豊田佐吉が発明した織機（織物を織る機械）においては，「機械に良し悪しの判断をさせる装置」が組み込まれており，経糸が1本でも切れた場合や，緯糸がなくなったりした場合に，すぐに機械が止まる仕組みになっている．この考え方を応用し，不良品が発生したり必要な数量の生産を完了した際に，機械がそれを判断して停止するようにすることを，一般的な「自動化」と区別して（ニンベンのある）「自働化」と表現した．この「自働化」された機械においては，異常が発生した場合には機械が停止し

---

(24) 大野，前掲 (2)，107～109ページ，226ページ.

184　　第Ⅲ部　現代企業の諸問題とその展開

て光や音などで知らせる仕掛けが備わっており，不良品の発生を抑えられるとともに，機械の動作中に作業者がそばについている必要がなくなる．そのため，複数の機械を同時に担当することが可能になり，原価低減につながるわけである．[25] トヨタ自動車では「人を機械の番人にしない」という考えのもと，作業者が「監視作業」のような付加価値を生まない作業に従事するのではなく，加工（変質・変形・組立・分解）が進み「付加価値を高める正味作業」の比率を高めることが，工数低減＝原価低減につながると考えられている．[26]

また複数の機械を担当する場合でも，同じ種類の機械を複数担当する「多台持ち」よりも，異なった種類の機械を複数担当する「多工程持ち」が望ましいとされる．作業者が特定の工程に固定されれば，工程の前後に加工前／加工後のワークを溜めておき，まとめて加工してまとめて運ぶことになり，仕掛在庫の増加につながることが多い．加工工程順に異なった機械を並べたラインを構築し，作業者が次の工程へと移動しながらワーク（材料）を1個ずつ加工し，流れるように製品を造っていくやり方が望ましい．[27]

そして，「多工程持ち」の前提になるのが，各工程における作業の「標準化」もしくは「標準作業」である．ここでいう「標準」とは，誰がやっても同じ作業時間で，同じ結果になるという意味をふくんでおり，作業のなかのカンやコツなどを作業要領書などに盛り込むとともに，なるべくそうしたカンやコツが必要とされない作業にする工夫をすることによって，新人でも「3日で一人前」になるような作業にするということである．[28] そのことにより，作業者の多能工化（multiskilling）が容易になり，「多工程持ち」が容易になるだけでなく，作業そのものがやりやすく改善されることで，品質の安定や作業時間の短縮にもつながるわけである．

さらに，多能工化を進めることによって，「（目のある）省人化（manpower-saving）」および「（目のない）少人化（flexible-manpower line）」が可能になる．「省人化」は，作業員の数を減らして原価を低減することをさす．0.1人分の

---

(25) 大野，同（2），14〜16ページ．
(26) 大野，同（2），102〜104ページ．
(27) 大野，同（2），20〜23ページ．
(28) 大野，同（2），43ページ．

作業工数であっても1人の作業者を配置する必要があるため，原価を低減するためには，改善によって工数を減らすだけではなく人員そのものを減らす必要がある．そのためには，「整数化」すなわち小数点以下の工数がなくなるように，作業の配分を見直して作業内容の「片寄せ」をおこない，作業員を減らす「省人化」をおこなうことで，原価低減が実現することになる．また「少人化」とは生産ラインの「定員制の打破」，生産量（必要量）に応じて投入する作業者の数を柔軟に変更できるラインにすることであり，「標準作業」と「多能工化」を進めるとともに，加工工程順に設備を並べそれぞれの間隔をすぐ近くに配置する（「間締め」といわれる）ことで実現が可能になる[29]．

加えて「自働化」でラインが止まることによって問題点が顕在化され，またラインが止まると生産の遅れが発生してしまうことから改善（KAIZEN）に取り組まざるをえなくなり，改善が促進されることになる[30]．手作業については先述の「標準化」「標準作業」にむけた改善や，機械故障を未然に防ぐための設備保全の仕組み構築の改善などであり，これらは「予防医学」とよばれる[31]．またこのように，問題点を顕在化して誰の目にもすぐにわかるようにすることは，「目で見る管理」や「見える化」[32]といわれ，不良品対策をふくめた多くの場面で用いられている．

そして最終検査で不良品を取り除くだけではなく，そもそも不良品が発生しない工程をめざして「品質を工程で造りこむ（built in quality at the production process）」ことによって，不良品が顧客に渡ってしまうことを防ぐとともに，不良品の発生によるコストアップや生産の遅れを防ぐことにつながる．

このようにして「自働化」によって顕在化された問題点をなくすために，改善がおこなわれることになる．トヨタ生産方式においては，発生した問題

---

(29) 大野，同 (2)，120 ～ 123 ページ，220 ページ.

(30) 大野，同 (2)，15 ～ 16 ページ．なお「かんばん」にも改善を促進する役割があり，仕掛在庫が少ない状況で「かんばん」が運用されているため，不良品が発生した場合に後工程に部品が供給されなくなりラインストップを起こすことから，問題がある工程がすぐに明らかになり，正常な状態と異常な状態との区別が明確になっている．これは「不良品を出した工程が痛みを感じるシステム」といわれている（大野，同上，74 ～ 75 ページ）.

(31) 大野，同 (2)，187 ページ.

(32) 大野，同 (2)，217 ～ 218 ページ.

186 第Ⅲ部 現代企業の諸問題とその展開

に対して「なぜ」を5回繰り返すことで，表面的な対策ではなく真の原因（真因）を追究し，根本的な対策を採るということがおこなわれている[33]．

5．トヨタ生産方式の他分野への応用

ここまでみてきたように，トヨタ生産方式は自動車生産における製造技術として発展しており，サプライヤーをふくめて広く普及してきたが，その考え方は製造業以外の分野でも応用されてきており，特によく知られているのは医療分野である．日本国内では，トヨタ自動車が創設した病院であるトヨタ記念病院においては，「トヨタ・ウェイ」として，「かんばん」や「カイゼン」などの取り組みがおこなわれている[34]．また名古屋大学附属病院においては，トヨタ自動車および一般社団法人中部品質管理協会と連携して，「明日の医療の質向上をリードする医師養成プログラム（あすいし・ASUISHI）」を開講し，トヨタ自動車における品質管理手法を応用して，医療の質を高めるための教育が実施されている[35]．

また海外においても，米国バージニア・メイソン・メディカル・センターでは，2002年にトヨタ自動車の工場を2週間視察してその方式を全面的に採用し，作業のムダの削減によるコスト削減や，医療事故の発生件数を減らすことにつながっている事例がみられている[36]．

さらに農業の分野に応用した事例もある．トヨタ自動車は「豊作計画」といわれる，クラウドを活用して農家を支援するサービスを開発している．農

---

(33) 大野，同（2），33～34ページ．
(34) トヨタ記念病院 サイト「採用情報」（2019年4月13日検索）
　　URL: https://www.toyota-mh.jp/recruit/residents/merit.php
　　　なお，愛知県刈谷市，高浜市およびトヨタグループ8社が運営する医療法人豊田会・刈谷豊田総合病院においても，トヨタ方式とは明示されていないものの，近い方式が採られている事例がある（坂田隆文「医療経営における『トヨタ方式』の可能性――医療経営研究会報告書」公益財団法人医療科学研究所編『医療と社会』第17巻第3号，を参照）．
(35)「日本経済新聞」2015年11月15日付朝刊，および，名古屋大学大学院医学系研究科医学部医学科サイト「明日の医療の質向上をリードする医師養成プログラム」，を参照（2019年4月13日検索）．
　　URL: http://www.iryoanzen.med.nagoya-u.ac.jp/asuishi/

作業を工程としてとらえて，スマートフォンやタブレットなどで作業計画を作業者に配信，作業終了後に情報を返信することで，計画との差異を「見える化」しデータを分析し改善につなげる，といったことが可能となるとされている[37].

　もちろん製造業においても，トヨタ生産方式を他業種に応用可能な普遍的な方式と考えた企業による「NPS研究会」が以前より存在しており，原則として1業種1社のみが入会できるグループとして，トヨタ自動車とも業務提携を締結して活動を続けている[38]. また，新たにトヨタ生産方式の導入を検討している企業にたいして，トヨタ自動車のOBによる指導を通じて支援するサービスがおこなわれている．トヨタ自動車とリクルートが設立した株式会社OJTソリューションズは，トヨタ自動車出身のベテラントレーナーが指導をおこなっている（非製造業も対象）[39].

　トヨタ生産方式は，長い歴史のなかで「ジャスト・イン・タイム」と「自働化」を2本柱として，さまざまなサブシステムと組み合わされてできた製造技術であり，そのすべてを応用して活用することは難しいと思われる．ただその考え方や手法を「トヨタ・ウェイ」として，他の製造企業や他分野に応用することは可能であるといえよう．その意味では，トヨタ生産方式が広まり続けているといえるが，一方で，その一部の手法のみを取り入れて，トヨタ生産方式なりトヨタ・ウェイを導入している，といえるかどうかは判断が難しい．ただいえるのは，トヨタ生産方式においては究極的には手法や考

---

(36) スティーブン・J・スピア「トヨタ生産方式で医療ミスは劇的に減らせる」林宏子訳『DIAMOND
　　ハーバード・ビジネス・レビュー』ダイヤモンド社，2006年8月号），および「日本経済新聞」
　　2008年11月23日付朝刊，を参照．
　　　またバージニア・メイソン・メディカル・センターのサイトでも，トヨタ生産方式を参考にした
　　「Virginia Mason Production System」として触れられている．バージニア・メイソン・メディカル・
　　センターサイト「Virginia Mason Production System」（2019年4月13日検索），を参照．
　　URL: https://www.virginiamason.org/vmps
(37) 「日本経済新聞」2014年4月5日付朝刊，およびトヨタ自動車サイト「豊作計画」（2019年4月
　　13日検索），を参照．
　　URL: https://www.toyota.co.jp/housaku/index.html
(38) NPS研究会サイト（2019年4月13日検索）．
　　URL: http://www.nps-kenkyukai.jp/index.html
(39) 株式会社OJTソリューションズサイト「導入事例」を参照（2019年4月13日検索）．
　　URL: http://www.ojt-s.jp/jirei

え方の導入・実践を通じた人材育成が何より重要であり，そうした人材を
継続して生み出し続ける仕組みが構築されてこそ，それが現場に浸透し，継
続・発展していくことになると考えられる．

【参考文献】
青木幹晴『全図解 トヨタ生産工場のしくみ』(日本実業出版社，2007 年).
青木幹晴『全図解 トヨタ生産工場（生産管理・品質管理）のしくみ』(日本実業出版社，
　2011 年).
岩月伸郎『生きる哲学 トヨタ生産方式』(幻冬舎新書，2010 年).
門田安弘『トヨタプロダクションシステム』(ダイヤモンド社，2006 年).
野路秩嘉『トヨタ物語』(日経 BP 社，2018 年).
大野耐一『トヨタ生産方式』(ダイヤモンド社，1978 年).
坂本清『フォードシステムともの作りの原理』(学文社，2016 年).
下川浩一・藤本隆宏編著『トヨタシステムの原点』(文眞堂，2001 年).
トヨタ自動車株式会社編『トヨタ自動車 75 年史』(トヨタ自動車株式会社，2013 年).
ウォマック，ルース，ジョーンズ『リーン生産方式が世界の自動車産業をこう変える。』(沢
　田博訳，経済界，1990 年).

論点

日本の産業の基礎となった繊維産業

　日本の基幹産業ともいうべき自動車産業と繊維産業とは，一見ほとんど関係がないように思われるかもしれないが，実は歴史的にみると大きな関係がある．日本を代表する世界的な自動車企業であるトヨタ自動車株式会社も，そのルーツといえば，繊維産業に欠かせない自動織機を開発した企業であることはよく知られており，現在も株式会社豊田自動織機として，祖業の織機をはじめとしたさまざまな製品を製造・販売している．

　自動車産業と繊維産業とは，ビジネスという意味と技術的な意味の二つの点で関連がある．ビジネスという意味でいえば，日本の繊維産業が隆盛を極めていた時代に，織機の製造・販売によって得られた利益をもとにして，当時の次世代ビジネスである自動車産業への積極的な投資をおこなうことができたといえよう．また技術的な意味でいえば，織機に用いられる重要部品である鋳物は，製品の品質を決める非常に重要な部品であり，織機の開発・製造を通じて多くのノウハウが蓄積されていた．自動車の心臓部分ともいえるエンジンは，多くの鋳物によって製造されており，他にもさまざまな重要部品が鋳物で造られていることから，織機から自動車へとシフトしていくなかで，織機で培ってきた鋳物に関する技術やノウハウが活かされていったわけである．さらに，トヨタが織機から自動車へ参入するにあたり，織機部品を製造していた企業とも協力して自動車産業に参入したことに端を発し，現在も自動車部品を製造している部品企業も見受けられる．

　また後ほど仏ルノー社と資本提携する日産自動車株式会社においても，1966 年に合併したプリンス自動車工業の事業を引き継ぎ，繊維機械の製造をおこなっていた（1993 年に日産テクシス株式会社として繊維機械事業部が独立したあと，1999 年に株式会社豊田自動織機へ事業譲渡）．他にも，小型の自

動車で著名なスズキ株式会社も，創業者である鈴木道雄によって設立された鈴木式織機製作所がルーツであり，自動車産業と繊維産業との間の関連性を感じさせる.

　さらに自動車産業以外の分野においても，繊維産業がルーツとなっている産業が見受けられる．繊維機械で培った技術を基盤として，工作機械，熱交換器，プレス機，物流機器，珍しいところでは調理用器具などの分野へと進出していった企業がみられる．また，繊維製品の素材となる糸を製造する原糸メーカーの多くが，その技術を活かして樹脂関連製品や医療品，化粧品などを製造する化学メーカーへと多角化してきている．また生地を染めるための染料から，火薬，化学肥料，医薬品などの分野へと派生している事例も多く見られる．さらに，繊維を扱う商社が総合商社へと発展するなど，技術的な面でもビジネスという点でも，日本の経済発展のルーツに繊維産業があることは，興味深い点であるといえよう.

〈参考文献〉
阿部武司・平野恭平『産業経営史シリーズ 3 繊維産業』（一般財団法人日本経営史研究所，2013 年).

第10章

労働組織再編と現場管理の展開

本章では，労働者管理の日本的特質を検討する．日本の製造現場の生産・労務管理の特質は，労働者の多能工化，QCサークル（quality control circle），改善活動への参加などに求められる．これらは日本的経営（Japanese management），日本的生産システム（Japanese production system）などとよばれ，1980年代以降，日本企業が国際競争力を高めるとともに注目されてきた．第1節では，日本的生産システムの特徴を整理する．第2節では，戦後日本の労使関係（industrial relation）における協調主義化の過程を検討する．第3節では，現場労働者の技能形成と労働負担の関係を検討する．

【キーワード】

ムダの排除　　企業主義的協調組合　　労働負担

1. 日本的生産システムの特質

本節では，日本的生産システムと労働者の働き方の一般的特徴を整理する．日本的生産システムが機能する条件として，日本の労使関係に着目すべき点を示す．

日本的生産システムの特質

日本的生産システムとは，徹底した「ムダ」の排除の理念にもとづき，原価低減と収益拡大を志向する生産管理の総体をさす．ここでは「ムダ」の排除がどのように実現されるのかをみる[1]．日本的生産システムで指摘されるム

192　第Ⅲ部　現代企業の諸問題とその展開

ダには，物的ムダと人的ムダがふくまれる．前者はつくりすぎのムダ，後者
は労働者のムダをさす．

第一に，後工程が前工程へ，必要なものを，必要なときに，必要なだけ取
りにいく．これは「ジャスト・イン・タイム（Just In Time：JIT）生産」（あ
るいはカンバン方式）とよばれる．JIT 生産を通じて，各工程に在庫がない状
態（生産の同期化：synchronization），異なった車種・品種を平均して生産する
こと（生産の平準化：leveled production）などが実現される．第二に，異常発
生時に自動停止する機械を採用することで，労働者の受け持ち機械を増大さ
せることができる．いわゆる「ニンベンのついた自働化」である．労働者は
複数の工程に従事することが可能になるので，需要変動時に周辺のラインを
担当することができ，場合によっては人員を削減することができる．

こうして，JIT 生産と自働化を通じて，物的ムダ，人的ムダを極力排除す
ることができる．

現場労働者の働き方

労働者は多能工化している．多品種生産を志向しているので，製品の変化
や異常も発生する．これらを，保全工や専門労働者に任せるのでは，効率的
なものづくりにはならない．不良が発生した場合，それは現場で解決される
べきである．こうした考え方から，日本企業の製造現場では，ホワイトカラ
ー労働者（white collar worker）のみならず，現場労働者（blue collar worker）
もふくめた労働者総体が，品質管理に従事する．事後検査よりも，予防を重
視し，工程での「品質の作り込み」を可能にする．それは，現場労働者の生
産活動への強い関与による．通説ではこのように理解されてきた[2]．

米国の自動車産業の工場では，労働者の職務内容は細分化されている．組
み立て労働者が，品質管理の仕事に従事することはない．保全労働者は，機
械の修理等をもっぱら担う．職場内での分業関係が明確であるため，労働者

---

[1] 日本的生産システムの特質を，徹底した「ムダ」の排除から一貫して理解したものとして，大野威
『リーン生産方式の労働』（御茶の水書房，2003 年），19 ～ 33 ページ，を参照．大野は，リーン生産
方式（lean production system ＝日本的生産システムと同義）が労働者の厳しい働き方を不可避と
するとの認識を示している．

は多能工化しない．あくまで特定の職務をこなす単能工である．このような
理解が一般的であった[3]．

日本的生産システムの歴史的・社会慣行上の位置

このようにみてくると，日本的生産システムと，米国の自動車産業の代表
的な生産システム（フォード生産システム：FORD Production System）との関係
性をどのように理解すべきかが問題となる．フォード生産システムは，運搬
の連続化と自動化を条件として，生産工程の部品，工具等を規格化，標準化
した点に特徴がある．すべての生産工程を同期化し，ムダな原材料や仕掛品
などの余剰在庫をなくすことを志向した．この点では，日本的生産システム
における徹底した「ムダ」の排除，同期化原理と共通する[4]．

日本的生産システムは，日本が後発発展国であることを背景として，先
行する生産システムの技術的条件を模倣した．たとえば，トヨタ自動車は，
1951年5月の渡米の際に，フォード社のルージュ工場で見聞した提案制度に
ヒントを得て，創意工夫委員会を発足させている[5]．また，かつてトヨタ自動
車の副社長をつとめた大野耐一は，フォード生産システムの特徴を生産の同
期化に求め，全工程に流れを作ることは，トヨタ生産システムが学んだこと
だと述べている[6]．このように，日本的生産システムは，フォード生産システ

---

(2) 品質管理の日本的特徴や，工程での「品質の作り込み」については，富野貴弘『生産管理の基本』（日本実業出版社，2017年），76〜82ページ，藤本隆宏『能力構築競争』（中央公論社，2003年），118ページ，などを参照．なお，「品質の作り込み」は，最終組立のみならず，部品・素材メーカーにも求められる．清晌一郎は，日本のメーカーとサプライヤー（supplier）の取引関係を，図面の契約主義を乗り越えた現物主義，非契約主義にあるととらえる．そのうえで，メーカー側は不良発生への全面責任をサプライヤーに要求していると指摘している（清晌一郎「曖昧な発注，無限の要求による品質・技術水準の向上──自動車産業における日本的取引関係の構造原理分析序論」中央大学経済研究所編『自動車産業の国際化と生産システム』中央大学出版部，1990年，224〜225ページ）．

(3) 米国の自動車産業では現在でも，労働組合による職場規制が機能している．その代表例として，職場異動や退職の際に，勤続年数の長い労働者を優先的に扱う制度があげられる．これは，先任権制度（seniority rule）とよばれる．先任権制度もふくめた米国自動車産業における労働組合の職場規制の詳細は，篠原健一『転換期のアメリカ労使関係』（ミネルヴァ書房，2003年），146〜147ページ，を参照．

(4) 下川浩一「フォード・システムからジャスト・イン・タイム生産システムへ──自動車生産システムにおける国際移転，両者の関連と変容についての歴史的考察」中川敬一郎編『企業経営の歴史的研究』（岩波書店，1990年），287〜290ページ．

(5) 鈴木富久「戦後十年間・トヨタ労使関係の展開──賃金等の企業別編成と戦闘的労組の敗北」現代社会研究会編『新しい社会学のために』第30号（1983年），47ページ．

ムの同期化原理を継承しつつ，労働者の多能工化，QCサークル，改善活動への参加を可能にした点に最大の特徴があるといえる[7]．

こうして，日本的生産システムが労働者管理として機能する条件は，JIT生産や自働化などの技術的な条件に加えて，社会慣行上の条件，とりわけ労使関係によっても規定されていることがわかる[8]．では，日本の労使関係はいかなる特質をもつものなのか．第2節では，日本の労働組合の協調主義化の過程を整理する．

2. 企業主義的協調組合の成立過程

本節では，日本の労働組合の協調主義化の展開を確認する．敗戦直後の労働組合の動きは，①生産管理闘争を通じた経営権の侵食時期（1945～50年），②三池争議に象徴される労働組合の職場規制が残る時期（1950～60年代），③生産協力・分配対立の労使協調主義が台頭する時期（1960年代以降）に分けられる．

以下，生産協力・分配対立を軸とする企業主義的協調組合はいかに形成されたのか．この点を明らかにする．

生産管理闘争から経済復興会議へ──「拘束された経営権」からの解放

生産管理闘争とは，労働組合が，企業経営の実質を掌握して，生活維持

---

(6) 大野耐一『トヨタ生産方式』（ダイヤモンド社，1978年），185ページ．なお，藤本隆宏は，日本的生産システムの歴史的位置を，アバナシー（Abernathy, W. J.）の製品・工程ライフサイクル説をヒントに，「圧縮された（compressed）ライフサイクル」という概念で把握している（藤本隆宏『生産マネジメント入門 I』日本経済新聞社，2001年，81ページ）．

(7) 清晌一郎は，フランスのレギュラシオン学派（regulation school）の日本的生産システム論を批判的に検討し，日本的生産システムの柔軟性は，日本の労働者を前提にしているため，海外移転の際，困難が発生するとしている（清晌一郎「転倒した思考による妥協・調整──B. コリア著『逆転の思考』におけるトヨタ生産方式評価について」『中央大学経済研究所年報』第22巻第2号，1991年，135ページ）．

(8) 経営者の立場から，労務管理における労使関係対策の重要性，とりわけ末端職制管理の重要性を指摘するものとして，田中博秀「日本的雇用慣行を築いた人達 その二──山本恵明氏にきく（1）」『日本労働協会雑誌』第24巻第7号（1982年），41～43ページ，を参照．同インタビューで，トヨタ自動車の元常務取締役である山本恵明は，人事管理の基本は末端職制を通じてやることが原則であると明確に述べている．

を図る争議運動をさす．山本潔によれば，1945年10月〜1946年5月までの生産管理闘争は次の三つの過程を経て深化した．①1945年10月〜12月の第1次読売争議の時期には，正力松太郎社長の戦争責任が追及された．②1945年12月〜1946年12月の京成電鉄，東芝，日本鋼管，三菱美唄炭鉱などでの争議では，賃金三倍値上げなど，賃金要求が中心となった．③1946年3月からの高萩炭鉱，東洋合成などの争議では，労働者自身による賃上げの決定，採用・解雇などの特徴がみられた．こうして，生産管理闘争中の労働組合は，企業経営の実権を掌握するようになる[9]．

政府や財界は，労働組合による生産管理闘争が，資本主義体制を脅かす可能性があるものとして，警戒した．政府は，1946年2月1日に，争議権を事実上否認する内務・司法・商工・厚生四大臣声明（四相声明）を発表した．また，同時期に財界中堅の経済同友会は，争議第一主義を否定し，企業経営の平常な秩序にもとづく生産管理のみ容認する立場をとった．他方で，労働者階級の指導的立場にあった日本共産党は，資本家の経営権を一切認めない労働者管理から，労働者と資本家による企業経営を重視し，経営協議会制度を承認する立場（＝争議戦術論）にシフトした．こうして，階級的立場を超えた「国民的合意」として，1947年2月6日，「経済復興会議」が発足した[10]．

経済復興会議では，労働組合に企業権を尊重すること，経営者と協力関係に立つことを求めている．そのスローガンは，労働者の生産的責務の遂行にある．また，労働者管理にかえて，「経営協議会」の設立を重視している．こうして，経済復興会議は，丸腰の経営者から，「資本を担っている経営者」へ転換することを目的としている[11]．これは，西成田豊が指摘するところの，「拘束された経営権」からの解放，すなわち真の労資協調の実現を意図している[12]．以後，「経営協議会」を軸とする労使交渉に移る[13]．

---

(9) 山本潔「『産業再建』と諸政治主体」東京大学社会科学研究所戦後改革研究会編『戦後改革 5 労働改革』（東京大学出版会，1974年），220ページ．

(10) 山本，同（9），186〜237ページ．

(11) 山本，同（9），238〜239ページ．

(12) 西成田豊「占領期日本の労資関係——『拘束された経営権』の問題を中心に」中村政則編『日本の近代と資本主義』（東京大学出版会，1992年），217ページ．

輪番制と生産コントロール——三井三池労働組合の職場規制

　三井三池争議とは，1959年から1960年にかけて三井鉱山三池鉱業所（福岡県大牟田市と熊本県荒尾市にまたがる場所）を舞台としておこなわれた大争議をさす．石炭から石油への日本のエネルギー政策が大きく転換されるなかで，採算の合う鉱山として再建するため，会社側は企業整備案を発表した．争議の一大争点は，1200名の人員整理（指名解雇）にふくまれる300名の職場活動家，会社側のいう「生産阻害者」の解雇問題にあった．

　第一に，三池鉱山の輪番制である．三池鉱山では，作業箇所の決定（配役）が職制の指示でおこなわれていた．出来高給のため，作業現場の自然条件でその日の収入が異なる．職制による差別的配役を阻止するため，三池労働組合（三池労組）でおこなわれていたのが，輪番制である．輪番制とは，職制の作業指示系統を組合が遮断して，末端の組合組織がみずからの手で日々順番に，かつ等しい収入になるように組合員に指示するものである．

　第二に，生産コントロールである．生産コントロールとは，三池炭鉱最大規模の三川鉱（工員数5273人）でおこなわれていた，労働組合による職場規制の方法をさす．現場職制の指示を無視し，自動採炭機ダブルジブ・カッターの進行を直接規制する．具体的には，作業現場（切羽）に配役された採炭工1人につき，ダブルジブ・カッターの進行を，1.6メートルに制限する．1.6メートルの根拠は，採炭工が「保安を遵守し無理をしない」程度の労働強度で，1日1人あたり約1600円が最低保証される作業量から算出されている．

　こうして，三川鉱の労働者は，出炭能率を平常出炭時の実績以下に下げ，かつその水準に固定化し，変動を抑えることで，労働強度の規制を実現した．同時に，労働強度を規制した結果，出来高給である採炭工の賃金を，実質的に固定給化することを可能にした．これが，輪番制と生産コントロールによる労働強度の規制である[14]．

---

(13) 山本潔は，生産管理闘争を，社会主義革命への移行形態（工場ソビエト）ととらえている．それにたいして，兵藤釗は，生産管理闘争は，あくまで戦後の生活困窮を克服するための手段であると批判している（兵藤釗『労働の戦後史 上』東京大学出版会，1997年，48ページ）．いずれの立場をとるにせよ，生産管理闘争を通じて，日本の労働組合が深く経営権を侵食していた事実を理解する点が重要である．

鉄鋼業における合理化と作業長制度

　作業長制度は，1958年に八幡製鉄所・戸畑製造所で最初に導入された．従来の八幡製鉄所の現場管理制度は，課長（工場長）→掛長→監督技術員→組長→伍長の順であった．現場作業の監督は監督技術員が担う．そのもとに組長と伍長がいる．両者は，事実上広範囲な権限をもつ．すなわち人員の配置，部下の教育，欠勤，休暇の許可，部下の勤務評定に関わる労務管理，機械設備の保全，資材補給等の全般的な工程管理などである．規定上は，これらの機能は，掛長の職務権限であったが，実際には99％は組長と伍長が担っていた[15].

　新たな管理制度（作業長制度）は，課長（工場長）→掛長→作業長→工長の編成とする．指揮命令系統が単純化されるとともに，役付経験2年以上，勤続10年以上，年齢30歳以上のなかから，作業長候補者が選出される．第一に，作業長の仕事の範囲は，従来の組長より狭い．予備品管理や機械修理等の仕事は保全係のものとされている．第二に，作業長は，部下の欠勤・休暇，時間外勤務・休日出勤の命令，作業単位内の異動の決定等の権限を正式に認められている．すなわち生産能率の向上，原価引き下げ等が作業長の正式任務となる[16].

　このように，作業長制度は，①組長，伍長が保持していた作業現場に関わる広範囲な権限を作業長に集約するとともに，②予備品管理，機械保全などの管理業務を，中央集権的に集約している．すなわち，作業長を管理者の一員として位置づけるとともに，労働組合の活動から排除する意図をもっていたといえる（**図表10-1**）.

企業主義的協調組合の成立

　企業主義的協調組合は，企業の利潤を前提として賃金引上げを求めるパイの論理に依拠している．労働組合は，生産性向上に積極的に協力して成果配分にあずかる．こうした労働組合の立場は，企業主義的である．自社の成長

---

(14) 平井陽一「戦後労使関係の転換 三井三池争議」伊丹敬之・加護野忠男・宮本又郎・米倉誠一郎編『日本的経営の生成と発展』（有斐閣，1998年），221〜236ページ.

(15) 戸塚秀夫「八幡製鉄の作業長制度 ——職場調査を中心に」『月刊労働問題』第76号（1964年），63ページ.

(16) 戸塚，同（15），64ページ.

図表 10-1　鉄鋼業における作業長制度の概要

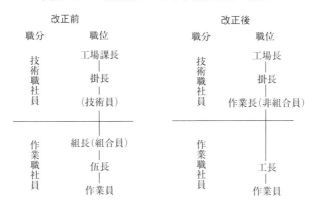

(出所) 原田実「銑鋼一貫生産と現場組織」小林正彬・下川浩一・杉山和雄・栂井義雄・三島康雄・森川英正・安岡重明編『日本経営史を学ぶ3』(有斐閣,1976年),242ページ.
(注) 収録にあたって,加筆をおこなうとともに,もとの図表の位置を変更した.

を前提条件とし,従業員の生活安定を志向する企業主義は,階級視点に立った労働組合活動を否定する.実際,鉄鋼労連(日本鉄鋼産業労働組合連合会)の委員長であった宮田義二は,労働組合主義の理念として,①階級闘争の否定にもとづく相互信頼としての労使協調,②生産性向上・合理化による企業成長への協力,③生産性向上の見返りとしての成果配分要求をあげている[17].

1950年代中葉から1960年代にかけて,企業主義的協調組合が定着する[18].労務管理主導型の労使関係である.労働組合が協力するなかで,労使協議制が導入され,強化される.労使協議制では,団体交渉事項は狭い範囲に限定された.組合はまた,企業主義的性格を強め,職場内での処遇や,生産と労働の秩序を放棄した.

1960年代以降になると,日本的労務管理(＝能力主義管理)が確立し,普及していく.職能資格制度を中核とする能力主義の昇進・昇格が職場を支配する.それを下から支えるQCサークルなどの小集団活動も浸透する.労働

---

(17) 福田泰雄『現代日本の分配構造』(青木書店,2002年),70ページ.
(18) 松崎義は,1959年の鉄鋼労連の敗北は,労使協調を通じて,当該産業の技術革新を浸透させようとする経営側の決意表明が背景にあったと指摘している(松崎義「鉄鋼争議(一九五七‐五九年)―寡占間競争下の賃金闘争」労働争議史研究会編『日本の労働争議1945・80年』東京大学出版会,1991年,193〜194ページ).

者の処遇は，労務管理制度のなかに体系的に組み込まれていく[19]．このように，日本的生産システムの中核をなすQCサークルや改善活動などの原価低減活動の職場での浸透は，労働組合活動におけるパイの論理の広がり，すなわち，企業主義的協調組合の普及を条件としている．

3. 現場労働者の技能形成と労働負担

　日本の現場管理に特徴的なQCサークルや改善活動などの働き方は，労働生産性上昇に協力的な企業主義的協調組合の存在を条件とする．これが前節の結論であった．企業レベルの企業主義的協調組合の成立は，職場レベルにおける労働者の労働負担の問題として現れる．本節では，現場労働者の技能形成と作業スピード，労働負担の関係性を考察する．

付加価値をともなう作業の最大化

　現場労働者がおこなう作業方法は，どのように決められるのか．門田安弘によれば，日本的生産システムにおける標準作業時間は，「必要最小限度の作業者数による生産」と理解される．熱心な労働を通じて高い生産性を達成すること，これが標準作業時間を設定する第一の目標である．必要最小限度の作業者数による生産は，ハードワークを意味するものではない．そうではなくて，「ムダな動作なしに効率的に働くこと」であると理解される[20]．

　現場労働者がおこなう作業は三つに分類される．ここで，付加価値をつける作業とそれ以外の作業（＝ムダ）が峻別される．①手持ち，中間製品の積み重ね，運搬の二度手間など，まったく必要のない活動，すなわち，純粋なムダ，②本来的にはムダだが，現在の作業条件ではやる必要のあるもの．すなわち，外注部品の包装品をとく，工具を片方の手からもう一方の手に持ち替えるなど，付加価値をともなわない作業，③手を加えることで，素形材，

---

(19) 黒田兼一「戦後日本の労務管理と競争的職場秩序——『民主的』労働者支配と『合理化』」戦後日本経営研究会編『戦後日本の企業経営』（文眞堂，1991年），298ページ．

(20) 門田安弘『新トヨタシステム』（講談社，1991年），251ページ．

200　　第Ⅲ部　現代企業の諸問題とその展開

図表10-2　3つの作業カテゴリー

手作業		
純粋なムダ	作業	
	付加価値を伴わない作業	付加価値を伴う正味作業

(出所) 門田安弘『新トヨタシステム』(講談社，1991年)，300ページ．

半製品の価値を増大もしくは変形させる加工作業．すなわち，付加価値をともなう正味作業，である（**図表10-2**）．これらのうち，純粋なムダや付加価値をともなわない作業を徹底的に排除する．他方で，付加価値をともなう正味作業を最大化する．これが貫かれる[21]．

作業スピードの決定

　製品1単位を生産するための必要な時間幅は，サイクル・タイム（cycle time）とよばれる．サイクル・タイムは，1日あたりの生産必要量と，1日の稼働時間で決定される．すなわち，サイクル・タイム＝1日の稼働時間÷1日の必要生産量である．たとえば，1日の稼働時間が8時間，1日あたりの必要生産量が300台であるとすると，サイクル・タイムは，480分÷300台＝1.6分である[22]．

　標準作業時間を決定する際，労働者の生理的休息などもふくまれる余裕時間はなるべく除去される．余裕時間には，用便，水のみ，汗拭きなどの時間がふくまれるが，これは付加価値をともなう正味作業ではない．そのため，余裕時間はできる限り取り除かれることが望ましい[23]．すでにみたように，付加価値をともなう作業を最大化することは，労働者にとっても効率的な働き方をもたらすと認識されているからである．

　こうして，製品1単位を生産する必要な時間幅生産であるサイクル・タイムは，製品の必要量から自動的に決定される．同時に，最小限度の人員で，

---

(21) 門田，同（20），299～301ページ．

(22) 門田，同（20），59ページ．

(23) 標準作業時間の設定方法に関する，通常のIE（industrial engineering）と日本的生産システムの相違については，那須野公人「生産システムと人間労働——効率性と人間性の調和」丸山恵也編『批判経営学』(新日本出版社，2005年)，239～240ページ，を参照．

付加価値をともなう作業が最大化される．ここでは，労働科学的な視点から，労働者の作業負担を軽減するという視点が，乏しい．作業スピードや作業方法の決定に際して，原価低減以外の視野はほとんど組み込まれない．あるいは，末端労働者の労働負荷の視点は優先順位として劣る．これが日本的生産システムにおける作業スピード決定の基本的スタンスである．

現場労働者の技能形成の限界

日本企業の高い競争力の源泉は現場労働者の高い技能形成にある．このことを明確に主張したのは小池和男の研究である．小池は，生産労働者の高い技能形成の根拠を，「ふだんの作業」と「ふだんと違った作業」に分類し，後者の「ふだんと違った作業」のなかに，変化や異常への対応がふくまれること，とりわけ異常への対応では，ライン労働者が，保全工がおこなうべき機械修理等もおこなっていること，おおよそこれらのことを主張した[24]．

こうした労働者の多能工化（小池のいう「ふだんの作業」）にたいして，すでに有力な批判が存在する．それは野村正實による多能工化＝「低位多能工」説である．野村は，労働者の多能工化を，①低度技能と高度技能をともに身につける「混合多能工」，②すでに電気についての専門工の資格をもっている労働者が，油圧や機械等のほかの技能資格を習得する「高位多能工」，③短期間に習得できる職務を複数おこなうことのできる「低位多能工」の三つに分類した．そのうえで，1工程の作業正味時間が26秒程度のデファレンシャルキャリア（differential carrier：差動歯車の支持装置）加工組み付け工程は，典型的な低位多能工化であると指摘した[25]（**図表10-3**）．

大手自動車産業で働く労働者にたいしておこなわれた1980年代の調査では，ライン労働者が従事する工程の多くは，短期間で習得可能であること，繰り返し性が強いこと，組立作業はスピードが大事で，過酷な労働に耐える「体力」が必要であることなどが指摘されている．同時に，QCサークルや改

---

(24) 小池の知的熟練論の概要と問題点については，永田瞬「トヨタ生産システムは構想と実行の『再結合』か？──労働者の『熟練』化の批判的検討をつうじて」『季刊 経済理論』第43巻第2号（2006年），49ページ以下を参照．

(25) 野村正實『トヨティズム』（ミネルヴァ書房，1993年），207〜208ページ．

202　　第Ⅲ部　現代企業の諸問題とその展開

図表 10-3　多能工化の 3 類型

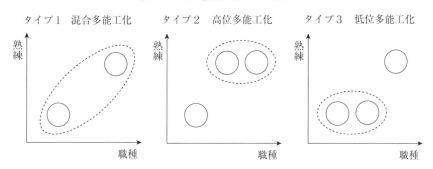

(出所) 野村正實『トヨティズム』(ミネルヴァ書房, 1993 年), 207 ページ.

善活動は, 人員削減と結びついている一方, 労働者の工程改善能力や組織能力を高める条件になることも指摘されている[26].

研究者自身が現場労働に従事することで, 実態に迫る参与観察 (participant observation) の手法でも同様の傾向がみられる. 伊原亮司は, ①ライン労働は, 標準化された反復作業であるが, 決められたスピードでやると難しく, 重さや暑さにたえる「耐力」が必要である, ②製品の変化は労働密度の高まり, 生産量の変化は残業時間での調整を意味する, ③異常への対応は, 異常処理資格者であっても, 機械の再起動などパターン化されたものである, ④ライン労働者にとってのQCサークルは, 大きな負担である, などを主張した[27]. このように, 労働者の多能工化, 変化や異常への対応, QCサークル・改善活動などが, 労働者の技能形成に果たす役割は, 一定の限界がある.

労働負担と労働強化

伊原が指摘する「耐力」の問題は, 労働負担, あるいは労働強化の問題と表裏一体である. ここで, 労働強化とは,「与えられた時間内の労働力支出の増大」を意味する[28]. 労働強化は, 具体的には, ①機械のスピードアップ等

---

(26) 浅生卯一「A 自動車の労働過程——労働能力の質を中心として」野原光・藤田栄史編『自動車産業と労働者』(法律文化社, 1988 年), 43 〜 83 ページ.
(27) 伊原亮司『トヨタの労働現場』(桜井書店, 2003 年), 42 〜 54 ページ.
(28) 『資本論』第 1 巻第 1 分冊 (大内兵衛・細川嘉六訳, 大月書店, 1967 年), 447 ページ.

をおこなうこと（労働強化の時間的方法），②同一労働者が担当する機械や工程を増やすこと（労働強化の空間的方法）などを通じて実現される[29]．現場労働者は，余裕時間の削られた標準作業時間をベースとして，複数の機械工程に従事する．また，作業改善を通じて顕在化した余裕時間は，作業再配分を通じて，人員削減に結びつけられる傾向をもつ．徹底した「ムダ」の排除，とりわけ人的ムダの排除を志向する日本的生産システムは，現場労働者の労働強化を，不可避的にともなっている．

　大手自動車メーカーで参与観察をおこなった大野威は，要員管理を可能にする労務管理の役割に着目している．すなわち，A社では，専門のリリーフパースン（relief person）が存在せず，欠勤者が出た場合，班内の労働者がカバーする．要員が少ないところで，欠勤者が出れば，職場のほかの労働者に迷惑をかける．これが現場労働者にとって大きな負担となる[30]．これは，要員管理における人員削減を通じた，ストレスによる管理（management by stress）といえる．こうして，製造現場では，人員を増やすことなく，現場労働者の労働強化が生み出されている．人員整理もまた，企業成長に寄与する限りで正当化される．日本の現場労働者管理の特質は，従来のような技能形成の視点のみならず，労働強化の視点も加味して把握されなければならないだろう．

4．おわりに

　本章では，日本の労働組合の協調主義化（企業主義的協調組合の成立）が，職場レベルの労働者管理におよぼす影響について考察をおこなった．1960年代以降台頭するQCサークルや改善活動などの労働者の諸活動は，生産性上昇に協力する企業主義的協調組合の存在を前提条件とする．職場レベルの労

---

(29) 森田成也『マルクス経済学・再入門』（同成社，2014 年），127 ～ 129 ページ．森田は，労働組合が強い場合，経営側との事業所別，職種別の交渉にもとづき，それぞれの職場や生産部門ごとに，一定の標準時間を具体的に設定することは可能であるとしている．

(30) 大野威，前掲（1），127 ～ 147 ページ．

働条件規制が十分に機能しない状況では，労働者の作業負担は恒常的に増える可能性がある．実際，ストレスによる管理ともよばれる日本の現場管理制度は，人員が最小限にされているもとで，労働者の相互監視メカニズムを生み出している．

こうした日本的生産システムにおける現場労働者の働き方は，労働組合の職場規制が一定程度残る工場や，そもそもチーム生産などが標準的ではない職場では，労働者側からの一定の抵抗・反発が生ずる．製造現場における海外展開や国内工場のスリム化が進む現状において，労働者管理の日本的特質が一定の修正を加えられるべきことを意味している．

第一に，海外の現場労働者が日常的に原価低減活動に従事することは一般

---

(31) たとえば，トヨタ自動車の海外生産比率は，1990年の13.9％から，2018年の64.7％へと急拡大している（補図）．これは海外市場，とりわけ中国自動車市場の飛躍的発展にも牽引されている．中国の自動車販売台数は，2017年2887.9万台で，同年の日本の523.4万台と比較して5.5倍の規模である．また，中国の電気自動車（electric vehicle：EV）とプラグインハイブリッド車（plug-in hybrid electric vehicle：PHEV）の販売台数は，2017年77.7万台で，欧州の27.8万台，米国の約20万台，日本の5.6万台と比較して圧倒的に多い（鶴原吉郎『EVと自動運転』岩波書店，2018年，66〜67ページ）．

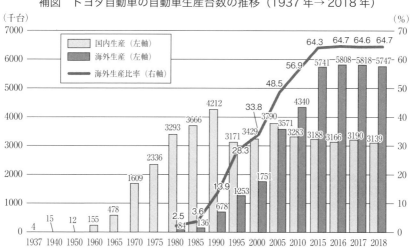

補図　トヨタ自動車の自動車生産台数の推移（1937年→2018年）

（出所）トヨタ自動車company profile（2019年6月）（https://www.toyota.co.jp/pages/contents/jpn/company/about_toyota/outline/pdf/companyprofile.pdf）より筆者作成．
（注）自動車生産台数は，乗用車，トラック，バスの合計．海外生産比率は，国内生産台数プラス海外生産台数に占める海外生産台数の割合．

的ではない．歴史的に形成された労使関係の文脈も異なる．それゆえ，今後は，日本企業の海外展開にともなう新たなラインの立ち上げや大規模な改善活動をおこなう際の，技術労働者の役割に着目する必要がある．[32] 第二に，国内事業所の整理統合と役割変化にともなう品質管理の問題の顕在化である．[33] グローバル化によるコスト削減圧力が，一方的に現場に押しつけられるとすれば，健全な品質管理活動は，後回しにされる．現場労働者の労働負担の増大は，安全性問題も脅かす可能性もある．[34]

　日本の製造現場における労働者管理は，こうした問題をどのように克服するのかが問われている．

【参考文献】
伊藤大一『非正規雇用と労働運動』（法律文化社，2013 年）．
黒田兼一『戦後日本の人事労務管理』（ミネルヴァ書房，2018 年）．
戸室健作『ドキュメント請負労働 180 日』（岩波書店，2011 年）．

---

(32) 日本企業の海外展開にともない，「生産技術者」と比較して，「製造技術者」の役割が増大するとの認識を示す研究として，田村豊「海外進出の生産マネジメントへのインパクト――日本型管理分業への着目とその評価」清晌一郎編『自動車産業における生産・開発の現地化』（社会評論社, 2011 年），155 〜 156 ページ，を参照．また，日本企業の競争優位を規定しうる要素として，Off-JT（Off The Job Training）の役割に注目する研究として，島内高太『『日本型技能形成論』における現実認識と方法論の限界」『企業研究』第 5 巻（中央大学企業研究所，2004 年），263 ページ，を参照．

(33) トヨタ自動車は，研究・開発拠点として，国内 300 万台体制を死守するとしているが，国内工場の整理縮小もみられる．たとえば，最近では，トヨタ自動車の東日本東富士工場（静岡県裾野市）が，2020 年末に閉鎖することが報道されている（「日本経済新聞」2018 年 7 月 21 日付）．

(34) 2017 年に日産とスバルで新車の無資格検査が問題となった．新聞報道によれば，両社の調査報告書では，「慢性的な完成検査員不足」「コストを最優先した日産の工場体制」（日産），あるいは，「過大な業務量が検査員に課せられていた」（スバル）など，現場へのコストダウンの押しつけが背景にあることが指摘されている（「日本経済新聞」2018 年 9 月 29 日付）．日本的生産システムと品質不正の関係について，詳細は，十名直喜『企業不祥事と日本的経営』（晃洋書房，2019 年），50 〜 51 ページ，本書第 7 章を参照．

第11章

情報化と企業の変革

••

インターネットに代表される通信と，スマートフォンやパソコンといったコンピュータを融合した情報通信技術（Information and Communication Technology：ICT）は，企業活動に大きな影響をもたらしている．そこで，まず情報通信技術を活用した企業の情報システムの概念の流れを整理している．次に，インターネットを活用して，さまざまなビジネスをおこなうeビジネス（electronic business）の動向と問題点について考察している．

【キーワード】
情報システム　　IoT　　AI（人工知能）　　オンラインプラットフォーム

1．情報システムの基本的な概念

データ・情報・知識

　情報とは，物的資源，人的資源，資金的資源に次ぐ，第四の経営資源である．情報とは何であろうか．

　たとえば，コンビニエンスストアやスーパーマーケットで買い物をすると，レジで商品についたバーコードを読みとって精算をおこなう．このとき同時に，いつ，どこで，どんな商品が何個売れたといったデータがコンピュータに瞬時に記録・収集される．これらの販売データは，単なる事実にすぎない．

　これらの販売データが，たとえばその時の天候や地域の行事などを参考にして分析・評価されれば，商品の発注量などを決定するために役立つ情報に

なる．つまり情報とは，「ある状況（文脈，コンテクスト）における受信者の判断や行為にとって，受信者自身によって，ある目的のもとで意味あるものとして解釈・評価されたメッセージ（データ）」である[1]．

これらの「情報の中から一般性・普遍性があるものと評価されて，貯蔵されたルーチンやプログラム」を知識という[2]．一般性・普遍性があるかどうかは，体験や学習によって判断される．知識には言葉や数値として表現された「形式知」と，個人に内在化されて言葉で表現することが難しい「暗黙知」がある[3]．企業にとって，特許のような明文化された知識とともに，ノウハウや日常的な業務・慣行のなかに埋め込まれた暗黙知が重要な資源となる．

このような知識は，データを解釈・評価するための枠組みになる．つまり，たとえば特定の日時のおでんの販売データをみた従業員は，みずからの知識にもとづいて，気温と関係しているのではないかといった意味づけをおこなっている．

したがって日々生み出されるデータを在庫管理などの企業活動に活用するためには，より多くのデータを収集するとともに，大量のデータを読み解くことのできる知識が必要になる．企業にとって知識はもっとも中心的な資源としてとらえられるようになり，「個人に，あるいは組織内の各部局に蓄積されている知識を組織的に共有することで，組織効率の向上や価値の増大を図ること」はナレッジ・マネジメント（knowledge management）という[4]．

情報システム

企業は複数の人間がつくる組織体であり，その構成メンバーである人々の意思決定と行動によって動いていく[5]．たとえば，スーパーでは，従業員はどんな商品を何個発注すると決めたり，届いた商品の陳列場所を決めたりしている．

---

(1) 遠山暁・村田潔・岸眞理子『経営情報論 新版補訂』（有斐閣アルマ，2015 年），13 ページ.
(2) 遠山・村田・岸，同 (1)，14 ページ.
(3) 野中郁次郎『知識創造の経営』（日本経済新聞社，1990 年），57 ページ.
(4) 遠山・村田・岸，前掲 (1)，253 ページ.
(5) 宮川公男・上田泰編著『経営情報システム 第 4 版』（中央経済社，2014 年），22 ページ.

208　　第Ⅲ部　現代企業の諸問題とその展開

図表 11-1　意思決定プロセス

(出所) サイモン『意思決定の科学』(稲葉元吉・倉井武夫訳, 産業能率大学出版部, 1979年, 55〜56ページ) より作成.

　意思決定は, サイモン (Simon, H. A.) によれば図表11-1のようなプロセスからなる. 情報活動では, 現在の環境のなかで決定を必要とする問題を見極めるために, 情報を収集する. 設計活動では, 問題の解決として可能な行為の代替案を探索し, 立案する. 選択活動では, 設計された代替案のうちから一つを選択する. 再検討活動では, 過去の選択の結果を再検討する. これら4種の活動は順次実行されるというよりは相互に関わり合っておこなわれ, それぞれの活動の担当者は変わることもある[6]. こうした各活動に必要な情報は, 人々の相互作用を通じて伝達・処理・創造・蓄積されている. このような個人間の情報相互作用を支援するメカニズムが, 情報システム (information systems) である[7].

　近年, インターネットやパソコンに代表されるICTが発展・普及しており, 個人間の情報相互作用の支援をより効率的・効果的におこなう手段として定着している. 電子メールやテレビ会議システムのように空間的・時間的な制約を超えて瞬時に情報伝達がおこなわれ, ネットショッピングのようにインターネット上で商品・サービスの売買契約がおこなわれるようになるなど, ICTはこれまでの企業活動を変革している. したがって, 企業の情報システムは, ICTを抜きにしてとらえることはできなくなっている.

情報システムへのICT活用

　ここでは, ICTがどのように情報システムに活用されてきたのかをみていこう. 企業でコンピュータが活用され始めたのは1960年代に入ってからである. 当時は, 給与支払簿の記録を保管したり, 売掛金や買掛金の処理を助けたり, 在庫管理を支援したりするために使われた[8]. つまり, 定型的な情報

---

(6) 竹田昌弘「ネットワーク学習による意思決定過程の革新」寺本義也他著『学習する組織』(同文舘出版, 1993年), 150ページ.
(7) 遠山・村田・岸, 前掲 (1), 16ページ.

処理を自動化したり、効率的に処理したりすることがコンピュータの役割であった.

1960年代半ばから1970年代にかけて、汎用コンピュータ（情報処理や通信のほとんどをおこなう）が、多数の端末（入出力と送信機能しかない）と接続されるようになる. また、データベースも実装できるようになり、データを一元的に管理できるようになった. このようなICT環境下で、経営管理者が必要とする情報を必要な時に提供しようとするMIS（Management Information System：経営情報システム）がブームとなった. MISは、生産・販売・財務・人事などの定型的な基幹的業務を対象として効率化を図るとともに、これらの業務で使用されるデータ処理を全社的に統合することを目指した. しかし、MISは実現されるにいたらず、ブームは終息していった[9].

一方、MISでは対処できない非定型的でアドホックな意思決定に必要な情報を提供することを目標に構想されたのがDSS（Decision Support System：意思決定支援システム）である[10]. DSSは「『情報を容易に検索、加工できる仕組みを用意する』という発想を持つ」のであるが、それは事前に必要とする情報を想定できないからである[11].

1980年代に入るとパーソナルコンピュータ（以下、パソコン）の高機能化・低価格化が進み、普及していった. パソコンに加えて、ワープロやFAXは、オフィスの三種の神器といわれ、OA（Office Automation：オフィス・オートメーション）によるオフィス業務の生産性向上が目指された. OAとは、ローカルで小規模な定型的・非定型的業務を現場で分散的に処理することによって、省力化、コスト削減、個人の情報処理能力の向上を図ることである[12]. 分

---

(8) チャールズ・ジョンシャー「『情報革命』の経済的インパクト」トーマス・J・アレン、マイケル・S・スコット・モートン編『アメリカ再生の「情報革命」マネジメント』（富士総合研究所訳、白桃書房、1995年）、27ページ.

(9) MISは大きな期待とともに導入されたが、初期の目標を達成した企業は少ない. その理由として、利根川孝一は「『技術の未熟』、『システムの柔軟性欠如』、『システム部門の現場理解不足』」などをあげている. そして、MISの本質的な問題として、「『より広範囲なビジネスプロセスの情報を対象にしている』点」をあげ、MISの導入には「マネジメント・プロセスや協働のシステムの見直しが迫られる」と説いている（利根川孝一「経営情報システム——「場」と「イノベーション」のパラダイム」利根川孝一編『サイバースペース時代の経営パラダイム』同文舘出版、1998年、231ページ）.

(10) 利根川、同（9）、232ページ.

(11) 利根川、同（9）、232ページ.

散処理システムの流れとともに，コンピュータのマルチメディア化，ハードウェアおよびソフトウェアのオープン化が進んだ。[13]

　また1980年代には，1973年に発明されたLAN（Local Area Network：同一の建物内や敷地内など，限られた範囲でのネットワーク）の低価格化にともない，パソコンが相互に通信回線を介してネットワーク化されるようになる．さらに日本では1985年の通信の規制緩和よって，企業間の通信回線の利用が自由化された．それにともない，国内では企業間の通信ネットワーク化が，国際間では本社と海外拠点とを結ぶ通信ネットワーク化が発展していった．[14]

　こうしたなかで1980年代後半に注目を浴びたのは，SIS（Strategic Information System：戦略的情報システム）である．SISは1988年にワイズマン（Wiseman, C.）が提唱した概念で，「競争優位を獲得・維持したり，敵対者の競争力を弱めたりするための計画である企業の競争戦略を，支援あるいは形成する情報技術の活用である」[15]．つまり，企業が競争優位を獲得するための武器としてICTを位置づけ，活用することがブームとなった．SISの事例としては，コンビニエンスストアのPOS（Point of Sales：販売時点情報管理）システムや，ヤマト運輸の荷物追跡システム「NEKOシステム」などがあげられる．POSシステムとは，商品の販売データを記録し，集計した結果を在庫管理などに利活用するシステムである．ただし，これらのSISの成功事例では，業務の抜本的な改革などもおこなわれていた．またSISを導入するには，自社の戦略の明確化あるいは創造することから始めなければならない[16]．したがって，SISを導入したからといって，持続的な競争優位がもたらされるとはいえない．

　1990年代初めには，ICTを活用して業務プロセスの抜本的な見直しを図る，

---

(12) 遠山・村田・岸，前掲 (1)，68 ページ．
(13) 利根川，前掲 (9)，239 ページ．マルチメディア化とは，テキストデータだけでなく，音声や画像も容易に扱えるようになることである．また，オープン化とは，どの機種でも相互につなげることができ，どの機種でもソフトウェアが動くことである．
(14) 経営情報学会情報システム発展史特設研究部会編『明日の IT 経営のための情報システム発展史 総合編』（専修大学出版局，2010 年），81 ～ 83 ページ．
(15) チャールズ・ワイズマン『戦略的情報システム』（土屋守章・辻新六訳，ダイヤモンド社，1989 年），118 ページ．
(16) 利根川，前掲 (9)，16 ページ．

第 11 章　情報化と企業の変革　　211

BPR（Business Process Re-engineering：ビジネス・プロセス・リエンジニアリング）がハマーとチャンピー（Hammer, M. and Champy, J.）によって提唱された．BPRは「コスト，品質，サービス，スピードのような重大で現代的なパフォーマンス基準を劇的に改善するために，ビジネス・プロセスを根本的に考え直し，根本的にそれをデザインし直すこと[17]」である．

ビジネス・プロセスの概念を企業間に広げて，全体の最適化を図るビジネス手法は，SCM（Supply Chain Management：サプライチェーン・マネジメント）である．SCMとは，原材料の調達から最終顧客に製品を届けるまでの一連の流れを一つのビジネス・プロセスととらえ，その全体をデータや情報を共有させることによって最適化させることである．

また，顧客の属性や購買履歴などを一元的に管理して，顧客との好適な関係を確立し，長期的に維持するためのビジネス手法は，CRM（Customer Relationship Management：顧客関係管理）という．

このようにICTは，企業内・企業間のビジネス・プロセスの改革や顧客関係の構築など，企業活動を進めるうえでの解決策・手段として活用されるようになっている．

1990年代後半からのICT環境として，米国国防総省での開発を起源とするインターネットが普及した[18]．インターネットはLANと相互に接続され，世界中のコンピュータとネットワーク化できるようになっている．こうしたコンピュータ・ネットワークを活用して，商品・サービスの売買などをおこなう電子商取引（Electronic Commerce）が拡大している[19]．また企業はインタ

---

(17) ハマー，チャンピー『リエンジニアリング革命』（野中郁次郎監訳，日本経済新聞社，1993年），57ページ．

(18) インターネットの前身となるARPANETの基盤となる技術などは米国国防省の機関としてのARPA（ARPA：Advanced Research Projects Agency：高等研究計画局）の主導で開発された．1962年，米国国防総省は（ARPAとともに），ソビエトの攻撃を受けて一部が破壊されても，できるだけ完全な形で生き残ることのできる通信ネットワークの研究に着手した（ニール・ランダール『インターネットヒストリー』村井純監訳／田中りゅう・村井佳世子共訳，オライリー・ジャパン，1999年，16ページ）．
このARPAネットは，1969年にはすでに誕生していた（脇英世『インターネットを創った人たち』青土社，2003年，9ページ）．

(19) 商取引とは，「経済主体間で財の商業的移転に関わる受発注者間の物品，サービス，情報，金銭の交換をいう」（経済産業省商務情報政策局情報経済課『我が国におけるデータ駆動型社会に係る基盤整備』（2019年，17ページ）．

212　第Ⅲ部　現代企業の諸問題とその展開

ーネットを社内のさまざまな業務に活用したり，新しいビジネスの開拓に活用したりしている[20]．このようにインターネットを活用して，さまざまな企業活動を展開する e ビジネス，あるいはネットビジネスが急速に進んでいる．

2．e ビジネス

ICT の進展と e ビジネス

2000 年代に入り，インターネットの基礎となる通信技術のブロードバンド化が進み，文字だけでなく動画などのマルチメディア情報を高速で送受信できるようになっている．有線ブロードバンドでは，2001 年頃から ADSL（Asymmetric Digital Subscriber Line）が普及し，低価格化がすすんだ．その後，より高速で通信の安定している光ファイバーが低価格化にともなって爆発的に増加している．また携帯電話やスマートフォンの普及にともない，無線ブロードバンドも普及している．

こうした通信環境が整うなかで，「家電製品や産業機器などをインターネットに接続（スマート化）し，各種のセンサーと連動させてその動きを最適制御する」といった IoT（Internet of Things：モノのインターネット）が進展している[21]．ここでは，工場への IoT の活用をみてみよう．ドイツでは「インダストリー 4.0[22]」とよばれる政策のもとで，工場のスマート化といわれるような取り組みをおこなっている．具体的には，IoT で工場や小売現場をインターネットでつなぎ，消費者の購入状況などの細かいデータを製造工程に反映させるような連携をとることによって，一つずつ異なる製品を大量に製造で

---

(20) インターネットをビジネスに活用する仕方として，「企業内業務への活用，商取引への活用，新規事業創出への活用」の三つがあげられる（経営情報学会情報システム発展史特設研究部会編，前掲(14)，87 ページ）．

(21) 遠山・村田・岸，前掲(1)，104 ページ．

(22)「インダストリー 4.0」とは，『『第 4 次産業革命』という意味合いを持つ名称であり，水力・蒸気機関を活用した機械製造設備が導入された第 1 次産業革命，石油と電力を活用した大量生産が始まった第 2 次産業革命，IT 技術を活用し出した第 3 次産業革命に続く歴史的な変化として位置付けられている」（総務省編『平成 30 年度版　情報通信白書』2018 年，143 ページ，2019 年 6 月 2 日閲覧）．
http://www.soumu.go.jp/johotsusintokei/whitepaper/ja/h30/pdf/30honpen.pdf

第 11 章　情報化と企業の変革　213

きるようにするなど，モノづくりのあり方を根本から変えようとしている[23]．また，IoTの活用によって，自動運転などのサービスの実現も目指されている．

　スマート工場や自動運転の実現のためには，まず，インターネットにつながったさまざまなモノから生み出される膨大な規模のビッグデータを収集・蓄積・処理しなければならない[24]．そのためには，ビッグデータを収集・蓄積・処理できるだけのハードウェアやソフトウェアが必要になる．これらのハードウェアやソフトウェアを，「企業自身が所有し，保守・管理するのではなく，インターネットを介して『サービスとして』利用」できるようになっている[25]．このようなインターネットを介したコンピュータの利用形態を，クラウドコンピューティング（cloud computing），またはクラウドという．

　クラウドに蓄積されたビッグデータがAI（Artificial Intelligence：人工知能）によって分析され，機械制御の効率化や予測精度の向上などに活用されることによって，企業活動を変化させたり，新ビジネスを生み出したりする可能性がある．AIとは，「知的な作業をするソフトウェアのことで，コンピュータ上で作動」する[26]．AIはロボットの制御にも使われている．このようなAIは人間が担ってきた業務を一部置き換えることによる業務効率・生産性の向上の可能性があるとともに，新しい仕事を生み出す可能性も秘めている．

eビジネスの動向

　インターネットの発展にともない，商品・サービスの契約・売買・決済といった商取引にインターネットが利用されるようになっている．

　企業間の電子商取引については，1980年代から専用回線が用いられていたが，それをインターネットに置き換える企業が出てきている．1990年代半ばには，検索サービス（searcher）やネットショッピングなどのサービスが

---

(23)　「そこが聞きたい『IoTが社会を変える』インタビュー村井純」「毎日新聞」2016年2月3日付.
(24)　ビッグデータとは，「ボリュームが膨大であると共に，構造が複雑化することで，従来の技術では管理や処理が困難なデータ群」のことである（総務省『平成28年度版　情報通信白書』2016年，435ページ，2016年6月2日閲覧）.
　　　http://www.soumu.go.jp/johotsusintokei/whitepaper/ja/h28/pdf/28yohgo.pdf
(25)　遠山・村田・岸，前掲（1），106ページ.
(26)　井上智洋『人工知能と経済の未来』（文春新書，2016年），20ページ.

214　　　第Ⅲ部　現代企業の諸問題とその展開

図表 11-2　消費者むけ電子商取引の市場規模および電子化率の推移

(出所) 経済産業省商務情報政策局情報経済課『平成30年度 我が国におけるデータ駆動型社会に係る基盤整備』2019年，7ページ（2019年6月2日閲覧）．
https://www.meti.go.jp/press/2019/05/20190516002/20190516002.html
(注) 推計対象は「個人消費におけるすべての財（商品），サービスのなかでインターネットを通じて行われた取引の金額」であり，EC化率は食品・生活家電・音楽ソフトなどの「物販系分野に限定」している（経済産業省商務情報政策局経済課，同上，26～30ページ）．

登場し，アマゾンやヤフーなどのドットコム企業が次々と創業された[27]．

　こうしたICT環境下で，消費者むけの電子商取引が拡大を遂げてきている（**図表11-2**）．また，動画配信サービスや，FacebookなどのソーシャルネットワーキングサービスService：SNS）といった，消費者が情報を発信できるサービスも発展している．

　モノやサービスだけでなく，音楽や動画といったコンテンツなどもインターネットを通じて取引されるなかで，その取引の基盤になるプラットフォーム（platform）が重要になっている．プラットフォームとは，「相互に関連しあえるようなオープンな参加型のインフラを提供するとともに，そのインフラのガバナンス（統治）の条件を整える」ことである[28]．ネット広告，ネット市場，アプリ市場，決済システムなど，ネット上の活動の基盤のことをオン

---

(27) ドットコム（.com）企業とは「インターネットを利用して顧客と直接取引をする」企業である（遠山・村田・岸，前掲（1），2ページ）．
(28) パーカー，ヴァン・アルスタイン，チョーダリー『プラットフォーム・レボリューション』（妹尾堅一郎監訳／渡部典子訳，ダイヤモンド社，2018年），9ページ．

ラインプラットフォームという．オンラインプラットフォームによって，時間と空間の制約を超えて，生産者や消費者が商品・サービスを取引できるようになっている．

こうしたオンラインプラットフォームを使って，個人の保有している空き部屋や不要品，あるいは趣味・特技などのスキルなどを，それらを利用したい個人とマッチングさせ共有（シェア）するサービスが普及している．このようなサービスは，シェアリングエコノミーとよばれ，内閣官房シェアリングエコノミー促進室は，「個人等が保有する活用可能な資産等（スキルや時間等の無形のものを含む．）を，インターネット上のマッチングプラットフォームを介して他の個人等も利用可能とする経済活性化活動[29]」と定義している．たとえば，海外ではウーバー（Uber）が，一般のドライバーが有料で自家用車に顧客を乗せて運ぶライドシェア（相乗り）サービスを展開して，急成長を遂げている．日本の事例としては，メルカリが，個人の保有する中古品を売買できるサービスを提供している．

プラットフォーマーの興隆と問題点

ウーバーやメルカリのような，サービスに必要なオンラインプラットフォームを提供する企業は，プラットフォーマーとよばれる．プラットフォーマーのなかでも，世界を代表する米国巨大企業4社，Google（グーグル），Apple（アップル），Facebook（フェイスブック），Amazon.com（アマゾン）はGAFAとよばれ，eビジネスの市場に大きな影響をおよぼしている．それぞれの企業のビジネスの特徴を簡単にみてみよう．

Googleは1998年に創業した．検索やメール，地図など無料で使える機能を次々と打ち出し利用者を増やしてきた[30]．売上高の9割は広告収入であるが，収集した膨大なデータをAIの研究に生かし，自動運転や医療分野を新たな収益の柱にしようとしている．

Appleは1976年に創業した．2007年に発売したiPhoneなどの機器の販売

---

(29) 政府 CIO ポータル　シェアリングエコノミー促進室 HP（2019 年 6 月 2 日閲覧）.
　　 https://cio.go.jp/share-eco-center/
(30)「GAFA 特集」「日本経済新聞」2018 年 12 月 21 日付朝刊.

で売上高の8割を占めている[31]. また, アプリストアや音楽配信など端末販売後におけるサービス部門の売上げ拡充を図っている[32].

Facebookは2004年に創業され, 世界最大のSNSを運営している. 実名登録を原則としたサービスをおこなっており, これらの個人データを駆使して配信される広告収入が売上高の9割以上を占めている. また, 写真・動画共有アプリの「インスタグラム」などを傘下に収め, 業容を急拡大させている[33].

Amazon.comは1994年にネット書店として創業され, 日用品, 衣類, 家電と取扱品目を広げ, 世界最大の総合ネット通販会社に成長した[34]. 早くから閲覧履歴や購買履歴などのデータを利用し, 利用者の興味のある商品情報を提案するレコメンデーション (recommendation) などのサービスをおこなってきた. 企業むけクラウドサービス「アマゾン・ウェブ・サービス (AWS)」は, eビジネスのインフラとして欠かせなくなっており, 高い収益性を誇っている. その他, 独自物流網の構築に力を入れると同時に, ロボットやAIを活用して倉庫内の作業の効率化にも取り組んでいる[35].

このようなGAFAは, 利便性の高いサービスを提供することによって, eビジネスの発展に大きな貢献を果たした. しかし, 取引業者にたいして大きな力をもつようになり, たとえば, 規約変更の一方的な通知を取引業者におこなうなどの問題が生じている[36].

また, プラットフォーマーは, 自社が提供するサービス利用者の検索や購買履歴, 氏名・性別といった属性, 位置情報などの個人データを収集し, ネット広告配信などに利用している. これらの収集した大量の個人データは, GAFAの競争力の源泉となっている.

しかし, 個人データの収集に関して, 問題も起きている. Facebookは個

---

(31) 同 (30), 18 ページ.

(32) 二階堂遼馬「GAFA 全解剖」『週刊東洋経済』2018 年 12 月 22 日号, 23 ページ.

(33) 前掲 (30).

(34) 2017 年には米食品スーパー「ホールフーズ・マーケット」を買収し, 実店舗にも参入した (同 (30), 18 ページ).

(35) 長瀧菜摘「買い物のすべてを支配 進化続けるアマゾン」『週刊東洋経済』2018 年 12 月 22 日号, 51 ～ 52 ページ.

(36)「プラットフォーマー規制」「日本経済新聞」2018 年 12 月 28 日付朝刊.

第 11 章　情報化と企業の変革　217

人データを流出させてしまっただけでなく，150社もの外部企業と個人データを共有していたのである。(37) こうしたプラットフォーマーの個人データの収集をめぐっては，個人情報保護や独占禁止法の観点から問題視されている。

　さらに，IoTによってあらゆるモノがつながっていくなかで，サイバー攻撃のリスクが高まっている．IoTやAIといったICTを企業が活用して革新を遂げていくためには，セキュリティを確保していくことも不可欠になっている．

【参考文献】
安達房子『ICTを活用した組織変革』（晃洋書房，2016年）．
大嶋淳俊『eビジネス＆マーケティングの教科書 第2版』（学文社，2016年）．
遠山暁・村田潔・岸眞理子『経営情報論 新版補訂』（有斐閣アルマ，2015年）．
中村忠之『ネットビジネス進化論 第2版』（中央経済社，2015年）．
宮川公男・上田泰編著『経営情報システム 第4版』（中央経済社，2014年）．
山本孝・井上秀次郎編『経営情報システム論を学ぶ人のために』（世界思想社，2001年）．

---

(37)「個人データ共有　膨張」「日本経済新聞」2019年1月6日付朝刊．

第12章

現代企業のグローバル化

多国籍企業は，貿易，投資，知識の国境を越えた移動の担い手であり，グローバリゼーションの本質を理解するうえでもかれらの活動の理解は欠かせない．多国籍企業の国際事業活動には出資をともなう企業内国際分業だけでなく，非出資ではあるが長期的関係の持続するグローバル・バリューチェーンとよばれるものがある．こうした国境を越えた生産ネットワークは米中貿易戦争の一因でもある．したがって，これは政治と経済両面から把握される必要がある．

【キーワード】

多国籍企業　直接投資　企業内国際分業　グローバル・バリューチェーン

1．はじめに

　企業が国境を越えて事業活動を展開することは，もはや常識である．たとえば，1990年代以降，日本企業は海外への生産拠点の移転を精力的に進めてきた．なかでも製造業大企業はそのけん引役となってきた．内閣府の「企業行動に関するアンケート」によれば，東京や名古屋の証券取引所に上場する製造業大企業のうち「海外現地生産」をおこなっている企業の割合は7割以上（70.7％）にのぼっている．また，2013年度には海外現地生産比率がはじめて2割を超え21.6％になった．1990年度に海外現地生産をおこなっていた企業の割合は36.0％で，海外現地生産比率はわずか4.3％であったことと比べると，大きな変化である[1]．

第12章　現代企業のグローバル化　　**219**

一般に，国境を越えた事業活動を展開する巨大企業を多国籍企業という．したがって，本章が対象とする「現代企業のグローバル化」とは，多国籍企業のグローバルな活動の進展にほかならない．多国籍企業は，貿易，投資，さらには知識の国境を越えた移動の主体であり，グローバリゼーションの本質を理解するうえでもかれらの活動の理解が欠かせない．そこで以下ではまず，多国籍企業の定義を与えるところからはじめたい（第2節）．次に多国籍企業がおこなう直接投資の理論的理解を試みる（第3節）．

　国際事業活動には直接投資（出資）をともなうものだけでなく，非出資ではあるが長期的関係が継続するものがある．そこで，第4節では出資と非出資の両面から国際事業活動を類型化したい．なお，国際事業活動が生み出す世界的なネットワークは一般にグローバル・バリューチェーン（価値連鎖）とよばれる．本章では，こうした国境を越えた生産ネットワークがはらむ経済的，政治的緊張についても考察する．

2. 多国籍企業とは何か

表現の揺れとグローバル化の進展

　多国籍企業（transnational corporation：TNC）とは，すくなくとも2か国において資産を保有して，直接事業活動をおこなっている企業のことである．これまで，現代企業の国境を越えた直接事業活動を形容するうえで，「多国籍」（multinational）のほかに，「超国籍／跨国的」（transnational），「国際」（international），「グローバル」（global）という言葉が使われてきたが，[2] 日本語訳では「多国籍企業」という表現がおおむね定着している．ただし，1970年代以降，国連は多国籍企業の事業活動を表現するうえで「トランスナショナル」を使用するようになっているし，「グローバル（企業）」という表現もしばしばみられる．

---

(1) 内閣府「平成29年度　企業行動に関するアンケート調査」．2013年度の数字は実績見込みベース．
(2) グラツィア・イェットギリエス『多国籍企業と国際生産』（井上博監訳，同文舘出版，2012年），17ページ．

220　　第Ⅲ部　現代企業の諸問題とその展開

このような表現の揺れがあるのはなぜだろうか．それは，グローバル化の進行が時代ごとに異なるからである．特産物等の遠隔地交易（貿易）は人類の歴史とともに古く，資本主義の成立以前から存在したが，その後次第に資本も国境を越えてやりとりされるようになった．とくに，帝国主義が成立すると帝国主義本国とその植民地との間で証券投資（経営支配をともなわない資本移動）がおこなわれるようになった（19世紀のイギリスがその典型である）．さらに国外で直接に経営をめざす直接投資（経営支配をともなう資本移動）もおこなわれるようになり，おおむね1970年代以降は，先進国間の相互直接投資が一般化した[3]．

　こうしたことが一般化すると，単に資本が国境を越えて移動するだけではなく，国家の規制をすり抜け，場合によっては主権国家に無視できない影響を与える巨大企業——多国籍企業も登場するようになる．つまり「排他的な権力機構としての国家とその支配領域である『領土』とは異なる，独自の経済的支配『領域』を持ち，一面では国家と対抗的ですらある，多国籍企業」[4]も登場してきたのである．多国籍企業は「多国籍性それ自体」によって優位性を生み出している側面があるわけである[5]．こうした現実をふまえると，単に複数国で直接事業活動をおこなっているということを意味する「多国籍」（multinational）ではなく，国を跨って事業をおこなっているという意味での「多国籍」（transnational）という表現が適切であろう．

---

(3) 本章では，第二次世界大戦以前の，企業の国境を越えた活動については取り扱わない．この点については，亀井正義『多国籍企業の研究』（中央経済社，1996年），第1章および第2章が簡潔に整理している．また，古典的な貿易論では「資本（ないし企業）は国境を越えることはないと考えられていた」（島田克美『概説海外直接投資』学文社，1999年，15ページ）が，20世紀になると国境を越えた資本移動は一般化した．この点について，レーニン，ホブソン，ブハーリンらの戦前の議論もふまえた理論的な論争を整理したものとして，グラツィア・イェットギリエス，前掲（2），および藤原貞雄「資本輸出の必然性をめぐる論争」『資本論体系　第8巻　国家・国際商業・世界市場』（有斐閣，1985年），がある．また，第二次大戦後における多国籍企業の世界規模での活動は，アメリカを中心とする国際的な安全保障秩序（パクス・アメリカーナ）の構築抜きにありえなかった．この点につき，坂井昭夫『国際財政論』（有斐閣，1976年），を参照されたい．

(4) 関下稔『国際政治経済学要論』（晃洋書房，2010年），43ページ．

(5) 「多国籍性それ自体」が生み出す優位性という視点については，グラツィア・イェットギリエスの前掲（2）を参照されたい．多国籍性それ自体が生み出す優位性の具体例には，労働者の分断，政府と供給業者にたいしての有利な立場の獲得，税制や通貨の違いの意図的な利用，リスク分散，知識吸収の機会の獲得などがある．

多国籍企業の定義

　以上をふまえたうえで，最低限の多国籍企業の定義を与えておこう．まず，財やサービスの輸出入だけをおこなう企業は多国籍企業ではない．多国籍企業は，国外の資産を所有し経営を支配するために直接投資をおこなう．先に直接投資を「経営支配をともなう資本移動」と述べたが，経営を支配するためには「経営資源の一括移転」（小宮隆太郎）[(6)]が必要となる．これが単に配当や利子を目的とした証券投資とは根本的に異なる点である．

　対外資産の所有と支配のもっともわかりやすい形は，新規に完全所有子会社を設立する場合である．これを「グリーンフィールド投資」とよぶが，今日では，既存企業の合併・買収（M&A）をつうじて国外での直接事業活動をおこなう場合が一般的である．さらに，多国籍企業の海外子会社のなかには，さまざまな中間的な出資形態によって「合弁事業／ジョイント・ベンチャー」を設立するケースも多い．また，出資をともなわず，国外で実質的な事業をおこなう「技術供与／ライセンシング」や「フランチャイジング」，「戦略的提携」，「アウトソーシング」なども増大している[(7)]．

　以上を，簡潔に整理したのが**図表12-1**である．ここでは多国籍企業の海外事業へのアプローチが多様化していることを理解されたい．

3. 直接投資を説明する理論

　直接投資をつうじた多国籍企業の海外アプローチを説明するうえで，これまで独自の蓄積が積み上げられてきた．それは大別して，「なぜ多国籍業は直接投資をおこなうのか」という視点と「多国籍企業はどのような戦略をとるのか」という視点の二つに整理される[(8)]．

---

(6) 小宮隆太郎「直接投資の理論」澄田智・小宮隆太郎・渡辺康編『多国籍企業の実態』（日本経済新聞社，1972年）.

(7) ジェフリー・ジョーンズ『国際経営講義』（安室憲一・梅野巨利訳，有斐閣，2007年），6ページ.

(8) 数ある概説のなかでも，こうした視点から平易かつ的確に直接投資の理論を整理しているのが，板木雅彦「多国籍企業と直接投資」『現代世界経済をとらえる Ver. 5』（東洋経済新報社，2010年），第6章，である．本節の記述はこの整理に依拠している.

図表 12-1　多国籍企業の海外アプローチ

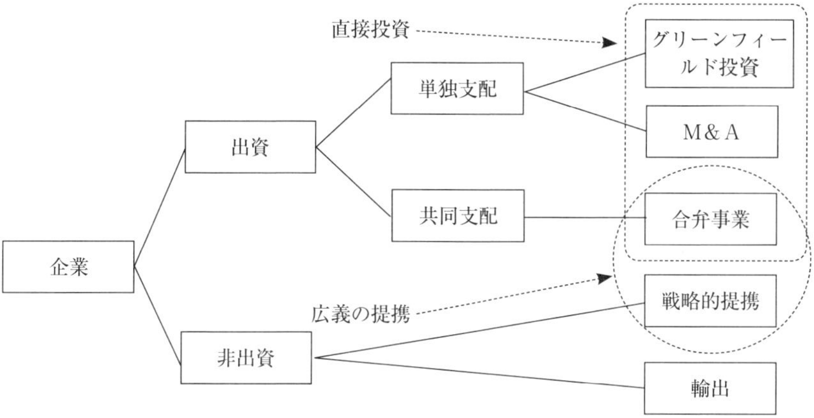

```
                                              ┌─────────────┐
                                   直接投資 ┈┈┈┈┈┈┈▶│ グリーンフィー │
                              ┌──────────┐     │  ルド投資   │
                           ┌─│  単独支配  │──┐  └─────────────┘
                           │  └──────────┘  │  ┌─────────────┐
              ┌──────────┐ │                └─▶│   M＆A     │
           ┌─│   出資   │─┤                   └─────────────┘
           │  └──────────┘ │  ┌──────────┐     ┌─────────────┐
┌──────────┐│                └─│  共同支配  │─────│  合弁事業   │
│   企業   │┤                   └──────────┘     └─────────────┘
└──────────┘│                                   ┌─────────────┐
           │  ┌──────────┐  広義の提携 ┈┈┈┈┈▶│  戦略的提携  │
           └─│  非出資  │─┐                   └─────────────┘
              └──────────┘ │                   ┌─────────────┐
                           └───────────────────│   輸出    │
                                               └─────────────┘
```

(出所) 筆者作成.

なぜ多国籍企業は直接投資をおこなうのか

　なかでも，「なぜ多国籍企業は直接投資をおこなうのか」という点で理論的な「ブレークスルー」[9]を果たしたのが，スティーブン・ハイマーである[10].ハイマーは，外国に進出しようとする企業は進出先国の現地企業と比べて特有の不利（disadvantage）を被らざるをえないという．これは考えてみれば当然で，言語や文化はもとより，商慣習や通貨などが異なる以上，現地企業と外資系企業との間に本来的に対等な競争条件があるわけがない[11].したがって，こうした不利があるにもかかわらず，なおも直接投資をつうじて外国に進出しようとする企業には，不利を相殺して余りある優位性（advantage）——技術，規模の経済，優秀な経営者の存在，天然資源への特権的なアクセス等，なんらかの意味での独占——があるはずである．

　多国籍企業はこのような優位性を利用して海外子会社を設置し，世界規模で利潤を獲得しようとする．さらに，その子会社を設置することで進出先

---

(9) ジェフリー・ジョーンズ，前掲 (7)，9 ページ.
(10) スティーブン・ハイマー『多国籍企業論』(宮崎義一編訳，岩波書店，1979 年).
(11) パンカジ・ゲマワットは，多国籍企業の本国と受入れ国の「距離」に注目して，「距離」が離れれば離れるほどコストとリスクが大きくなるとする．彼があげる「距離」は，地理的距離だけでなく，政治的距離，経済的距離，文化的距離がある（パンカジ・ゲマワット『コークの味は国ごとに違うべきか』望月衛訳，文藝春秋，2009 年).

第 12 章　現代企業のグローバル化　　**223**

国市場から現地企業をふくむ競合企業を競争から排除することもできるだろう．このような独占的な競争条件を実現できれば，多国籍企業はさらなる利潤を獲得することができる（まだ市場が未成熟にもかかわらず，人口の増大その他の理由で「将来有望」とされる新興国市場に先進国の巨大企業が先行的に投資をおこなっている例を考えてみてほしい）．

多国籍企業はどのような戦略をとるのか

次に，「多国籍企業はどのような戦略をとるのか」という点について考えてみたい．**図表12-1**でみたとおり，多国籍企業の海外アプローチはグリーンフィールド投資やM＆Aといった直接投資に限らない．出資によらない方法もあるし，そもそも貿易をつうじて海外市場を攻略する方法もある．ではなぜ直接投資が選択されるのか．この問題を考えたのが，ピーター・バックレーとマーク・カソンの内部化理論である[12]．

そもそも，あらゆる経済活動にはそれ相応のコストがかかる（取引コスト）．輸出をするためには，輸出先市場の市場調査が必要になるだろうし，関税や輸送コストもかかる（輸出費用）．また，技術提携（ライセンシング）をする場合にもコストがかかる．技術の「価値」を算定するには時間も手間もかかるし，契約後も契約どおりに技術を利用しているかどうかを監視する必要もあるだろう（ライセンシング費用）．さらに，海外子会社を設置して海外事業を統合（内部化）するにもコストがかかる．グリーンフィールド投資にせよM&Aにせよ相応の資本が必要だし，海外子会社の管理や通信には本国以上のコストがかかるだろう（内部化費用）．

したがって，それぞれの方法にかかるコストを比較すれば，どの方法がもっとも高い利潤を実現できるかということがわかるだろう．多国籍企業が直接投資をつうじて海外にアプローチするのは，バックレーとカソンの見方にしたがえば，「そのやり方がもっとも取引コストを抑えることができるから」ということになる．

---

(12) ピーター・バックレイ，マーク・カソン『多国籍企業の将来 第2版』（清水隆雄訳，文眞堂，1993年）．

4. 現代企業のグローバル化

多国籍企業のつくりだす企業内国際分業

現代企業のグローバル化の第一の特徴は，企業の内部組織が国境を越え[13]
て拡大するということにある．現代企業は，企業内部に製造，販売，購買，
研究開発，マーケティングといったさまざまな事業単位を内部化していると
いう点で垂直統合企業であるが，かれらは元の事業で寡占的地位を確立する
と，新規の事業分野に進出したり，これまでとは異なる新しい地域（市場）
に進出したりするようになった．

ここで重要なのは，新規市場への進出は国内に限るものではないというこ
とである．先述したように，国外市場に進出しても十分事業が成立するとい
う見込みがあれば，現代企業は積極的に海外にアプローチする．したがって，
現代企業は垂直統合企業あるいは複数事業部制企業であると同時に多国籍企
業でもある．多国籍企業としての現代企業は，世界的規模で製品・半製品の
開発，製造，物流，販売，マーケティング，サービスをおこなう．[14]

こうした世界的規模での企業内分業を企業内国際分業という．企業内国際
分業とは，同一製品系列の地域別分業（生産の水平分業）と，この生産部門が
部品・半製品から完成品への連鎖に応じて国際的に分割・統合されたもの（生
産の垂直分業）の二つの企業内分業が結びついたものである．[15] すなわち，世
界規模に分散するさまざまな工程を結びつけ，それらを適切に配分し，連動
させる手段が企業内国際分業である．したがって，「現代の巨大企業によっ
て編制される共同労働は，いくつもの協業の直接的な垂直・水平結合を情報
と生産諸力の自由移転を通じて国際的に実現する機構」であり，現代におけ

---

(13) 内部組織とは「各部門の自律性を犠牲にしても，その間に生じるコンフリクト（対立）をなんらか
の権限によって調整しなければならない」組織である（今井賢一「内部組織と産業組織」今井賢一・
伊丹敬之・小池和男『内部組織の経済学』東洋経済新報社，1982 年，127 ページ）．市場取引では「権
限」による調整はおこなわれない．

(14) 夏目啓二「多国籍企業の経営戦略と組織」奥村皓一・夏目啓二・上田慧編『テキスト多国籍企業論』
（ミネルヴァ書房，2006 年），37 ～ 38 ページ．

(15) 板木雅彦「企業内国際分業の労働体系」吉信粛編『現代世界経済論の課題と日本』（同文舘出版，
1989 年），43 ～ 44 ページ．

第 12 章　現代企業のグローバル化　　**225**

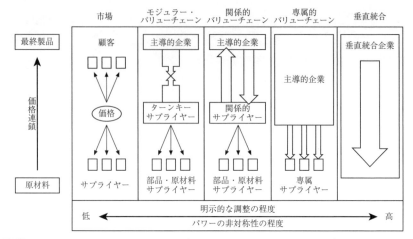

図表12-2 グローバル・バリューチェーンのガバナンスをめぐる五つの類型

（出所）Gereffi, G., Humphrey, J. and Sturgeon, T., "The governance of global value chains," *Review of International Political Economy*, 12(1), February 2005, p. 89.

る共同労働の典型的な形態であるということができよう[16]．

出資をともなわない国際事業活動

　しかし，第二に，現代企業のグローバル化は内部組織の国境を越えた拡大にとどまらない．出資をともなわない，すなわち直接投資によらない国境を越えた事業活動がますます影響力を拡大しているからである．**図表12-1**では非出資型の方法として戦略的提携と輸出をあげたが，主導的な企業（多くの場合先進国のブランド企業）とサプライヤー（多くの場合途上国企業）のバリューチェーンのガバナンス（統治）[17]という観点から整理したものではなかった．そこで，**図表12-2**でこれをみてみよう．**図表12-2**は，現代企業が国際事業活動をおこなう際に典型的にみられるパターンを類型化したものである．

---

(16) 板木，同（15），57ページ．
(17) バリューチェーン（価値連鎖）とは，競争戦略論の大家であるマイケル・ポーターが提唱した概念である．バリューチェーンは，購買物流，製造，出荷物流，販売，サービスの五つの主活動と，調達活動，技術開発，人事・労務管理，全般管理という四つの支援活動からなる．これらの活動は相互に前提しあい機能するとされる（マイケル・ポーター『競争優位の戦略』土岐坤・中辻萬治・小野寺武夫訳，ダイヤモンド社，1985年，61ページ）．

図表12-2によれば，両者のバリューチェーンのガバナンスは，①市場，②モジュラー・バリューチェーン，③関係的バリューチェーン，④専属的バリューチェーン，⑤垂直統合の五つに類型化される．これは国境を越えたグローバル・バリューチェーンを問題にしているのだから，⑤は前節の企業内国際分業と同義である．一方，①は貿易を意味していると考えて差し支えない．

　問題は②③④の，単なる市場取引（貿易）でも企業内国際分業でもないバリューチェーンが近年増大していることである．まずこのうち③と④についてみてみよう．③の関係的バリューチェーンはサプライヤーの能力が比較的高く，取引にあたって主導的企業とサプライヤーの間で緊密な知識のやり取りがおこなわれる．④の専属的バリューチェーンはサプライヤーの能力が比較的低く，主導的企業がサプライヤーに製品の仕様を詳しく伝える．注意したいのは，このいずれの類型でも，多くの場合，主導的企業はサプライヤーに出資していないということである．にもかかわらず，比較的長期にわたって取引が継続する[18]．

　また②のモジュラー・バリューチェーンは，一見すると市場（貿易）をつうじて必要な部品や半製品を手に入れているだけにみえるが，そうではない．顧客企業とターンキー・サプライヤー（完成品受け渡し型のサプライヤー[19]）との関係は，③や④の類型と同様に，一回限りのスポット的な取引ではなく，比較的長期にわたって継続する．②で取引される部品や半製品の製品設計仕様はオープン化されており，仕様さえわかれば比較的簡単にだれでもつくることができるという点でも①③④と区別される．したがって，サプライヤーが顧客企業との取引から離脱するコストは③や④と比べると高くはない．なお，②の類型も，③④と同様に顧客企業のサプライヤーへの出資はほとんどみられない．

---

(18) 丸川知雄は，浅沼萬里のいう「貸与図サプライヤー」を専属的バリューチェーンに，「承認図サプライヤー」を関係的バリューチェーンに類比させている（丸川知雄「垂直統合・非統合の選択とガバナンス」渡邉真理子編『中国の産業はどのように発展してきたか』勁草書房，2013年，56ページ）．

(19) ターンキー・サプライヤーは，製品設計・部品調達・製造・出荷・アフターサービスにいたるまでの総合的なサービスを幅広く顧客に供給する．それで成功した典型例は台湾のパソコン産業であった（川上桃子「価値連鎖のなかの中小企業」小池洋一・川上桃子編『産業リンケージと中小企業』日本貿易振興会アジア経済研究所，2003年，53ページ）．

独占的競争の現実

このように出資をともなわない国際事業活動が拡大しているのはなぜなのだろうか．第3節でみた内部化理論にしたがえば，「内部化よりも市場をつうじた取引のほうが取引費用を節約できるからだ」と説明できそうである．ここから，一部には企業による調整ではなく，市場による調整が現代においては支配的になっているとみる議論もある．たとえば，リチャード・ラングロワのような研究者は，近年，市場の機能が増してきたことで，20世紀に支配的だった「見える手」（企業組織による調整）がふたたび19世紀の「見えざる手」（市場による調整）に戻っていると主張する（「消えゆく手」仮説）[20]．また，カーリス・ボールドウィンとキム・クラークも製品設計仕様のモジュール化とオープン化が進んでいるため，非集権的な——企業による調整を要しない——「設計進化」が可能になったと説く[21]．

しかし，市場の機能に厚みが増したことや製品設計のあり方が変わったことは，「市場による調整」を意味するだろうか．あるいは19世紀のイギリスのような「個人資本主義」への逆戻りを意味するだろうか．ここで注意したいのは，「市場」と「垂直統合」の間にある多様なバリューチェーンの類型には，取引に参加する企業の間に多かれ少なかれパワーの非対称性があるということである（**図表12-2**）．現代の企業間競争の現実は，19世紀の資本主義にみられた単純な自由競争ではない．その競争は，技術，ブランド，プラットフォーム等のなんらかの優位性を独占する者とそうではない者との競争である[22]．

したがって，グローバル・バリューチェーンの「統治」も，多かれ少なかれパワーの非対称性を梃子にしておこなわれる．これは「市場による調整」とはいえないであろう．プラットフォーム・リーダー[23]による企業間関係の調

---

(20) リチャード・ラングロワ『消えゆく手』（谷口和弘訳，慶應義塾大学出版会，2011年）．

(21) カーリス・ボールドウィン，キム・クラーク『デザイン・ルール』（安藤晴彦訳，東洋経済新報社，2004年）．

(22) 本章と問題関心を同じくする論考として，名和隆央「グローバル価値連鎖の統治構造」『立教経済学研究』第69巻第1号（2015年）がある．

(23) プラットフォーム・ビジネスおよびプラットフォーム・リーダーについては，さしあたり拙稿「プラットフォーム・ビジネスとGAFAによるレント獲得」日本比較経営学会編『比較経営研究』第43号（2019年3月），を参照されたい．

図表12-3 グローバル・バリューチェーンの概念図

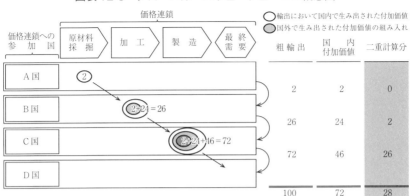

(出所) UNCTAD, *World Investment Report 2013: Global Value Chains: Investment and Trade for Development*, Switzerland: United Nations Publication, 2013, p. 123.

整ないし統治は，19世紀の個人資本主義とは同じではないのである[24]．

5．グローバル・バリューチェーンと経済摩擦

　製品の生産工程を細分化することが可能になった結果，個々の工程を国や地域の異なる多様な企業が担うようになっている．これはグローバルな次元で生じている——すなわち，国・地域の異なる異質な企業が一つの製品の生産に参加するようになっている——ため，一般にグローバル・バリューチェーン（Global Value Chains：GVC）とよばれている[25]．

　図表12-3は，GVCの概念図である．この図では，ある製品を生産するのに「原材料採掘」「加工」「製造」そして「最終需要」（販売）という四つの段階があり，それぞれの段階にA～Dという四つの国が「参加」しているとみている．ここでそれぞれの国に落ちる付加価値が均等ではないことに注目

---

(24) 坂本義和「企業成長様式とその変化」秋野晶二ほか編『グローバル化とイノベーションの経営学』（税務経理協会，2018年），第2章，38ページ．
(25) グローバル・バリューチェーンの概念的整理として，木村誠志「『企業ベース』後発工業化論の概念化——グローバル価値連鎖の視点から」福島大学経済学会編『商学論集』第74巻第4号（2006年3月），がある．

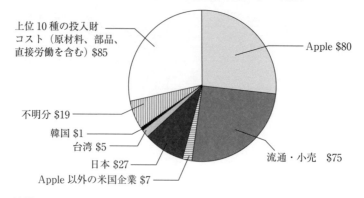

図12-4 iPodの小売価格（$299）の内訳

（出所）Linden, G., Kraemer, K. L. and Dedrick, J., "Who Captures Value in a Global Innovation Network? The Case of Apple's iPod," *Communications of the ACM*, 52(3), March 2009, p. 143.

してほしい．最終製品は72の価値をもつが，たとえばA国はそのうち約2.8％の2しか得られない．

　このことを世界的に普及している iPod を例にしてより具体的に考えてみよう[26]．iPodのような最新のデバイスは，日本，韓国，台湾など各国・各地域の複数の企業の部品が利用されているだけでなく，組み立ても台湾の企業が担っている．Appleが担当するのは基本的に「設計とデザインだけ」である．

　図表12-4によれば，2005年10月発売の30GBビデオモデルのiPodの小売価格は299ドルだった．そのうち，実際に部品を提供したり組み立てを担っている日韓台企業の取り分はわずか33ドルである（約11％）．部品の製造はおろか，組み立てもしないAppleの取り分は80ドルである（約27％）．このように生産工程が細分化され，直接に資本所有関係のない企業が個々の段階に参加しているGVCの内幕は，互恵的でも平等でもない．GVCのごく一角をになう特定の主体が利益の大半を獲得するだけでなく，このようなネットワークを「統治」する力をもっているのが現実である．

　このような産業における付加価値獲得の手段として，物理的な資産の所有よりも「無形資産」[27]の所有の重要性が増大している．この無形資産に該当す

---

(26) 以下，Linden, G., Kraemer, K. L. and Dedrick, J., "Who Captures Value in a Global Innovation Network? The Case of Apple's iPod," *Communications of the ACM*, 52(3), March 2009. を参照．

るのは製品技術に関する情報だけではない．「ビジネスを構築する能力」や，企業と企業の「相互依存関係をもたらすビジネスアーキテクチャ」，あるいはバリューチェーンの支配（コントロール）をもたらす「コア・コンピタンス（中核能力）の確保」といった，「ビジネスモデルとよばれる無形資産が重要」になっている[28]．こうした資産の所有者は——前述の例ではAppleとなる——独占価格を維持できるだろう．

　同時に，物的資産の保有もかつてとはちがったかたちで重要性を増している．Appleにおいて特徴的なのは，「最終組み立てを行わないのに，大量の物的資産を保有していること」である．同社の有形固定資産のうち機械装置等の残高は2009年度から2018年度の10年間にかけて30倍以上に増えた[29]．これは，同社が新興国の最終組み立て工程を担う企業を支配する重要な手段になっている．

　それゆえ，GVCに参加する各国・各地域の企業は，できるだけ「付加価値の大きい工程」に上昇しようとこころみる（このことを「産業アップグレード」とよぶ）．

　しかしそれは容易ではない．第一に，Appleのような先進国のブランド企業が所有している無形資産は強固なブラック・ボックスに包まれているため，模倣が困難だからである．また仮に模倣の対象がわかっていても，その内実が複雑で把握しきれない場合もある．たとえば，iPodやiPhoneのもつ競争力は，単にハードウェア（製品）そのものの魅力によって生み出されるわけではない．iTunesのような補完的なサービスが重要である．これは「さまざ

---

(27) 無形資産の確定的な定義はいまだに存在しないが，さしあたり本章では「財の生産もしくはサービスの提供に貢献もしくは利用されるか，またはそれらの利用を支配する個人や企業に将来の生産的便益を生ぜしめると期待される，非物質的な諸要素」（ジョン・ハンド，バルーク・レブ編『無形資産の評価』広瀬義州他訳，中央経済社，2008年，545ページ）という広い理解をしておきたい．無形資産の典型例はアイデアや特別な技術，組織能力，ブランドなどがあげられる．

(28) 石田修『グローバリゼーションと貿易構造』（文眞堂，2011年），201ページ．なお，「ビジネスモデル」というタームはジャーナリスティックな文脈でも使用されることが多く，意味内容にも揺れがあるが，本章では以下のような理解をしている．すなわち，「経営資源を一定の仕組みでシステム化したものであり，①どの活動を自社で担当するか，②社外のさまざまな取引相手との間にどのような関係を築くか，を選択し，分業の構造，インセンティブのシステム，情報，モノ，カネの流れの設計の結果として生み出されるシステム」である（加護野忠男・井上達彦『事業システム戦略』有斐閣，2004年，47ページ）．

(29) 拙稿「垂直分裂と垂直再統合——IT／エレクトロニクス産業における現代大量生産体制の課題」京都大学経済学会編『経済論叢』第193巻第2号（2019年4月），167ページ．

まなノウハウの複合から生じている」[30]がゆえに，真似することが困難なのである．

　第二に，ブランド企業の競争力は，先進国に立地していることそれ自体が生み出す優位性によっても支えられている．アメリカに固有のカルチャーが世界化されているという条件のもとではじめて人びとはAppleの製品を欲望する．アメリカ以外に立地する企業は，そうしたカルチャーを簡単に模倣することはできない．地価や賃金が高いにもかかわらず，多国籍企業は依然として先進国の大都市に本社をおいている．それは，マーケティングをはじめとした情報機能がこれらの都市において発達しているからである[31]．

　その結果，経済的な非対称性を政治的に解決しようとする動きが生じてこざるをえない．2014年7月11日，中国中央テレビは，中国人民公安大学の研究所所長の見解を伝えるかたちで，iPhoneの機能の一部が国家機密の収集に利用される可能性があると指摘した．一方，2019年に入ると，アメリカのトランプ政権は中国の巨大通信機器メーカーのファーウェイやZTEを目の敵にした政策をとるようになった．GVCの統治構造は互恵的でも平等でもない．また，その内幕は経済的次元だけで理解することもできない[32]．

【参考文献】
石田修『グローバリゼーションと貿易構造』（文眞堂，2011年）．
吉信粛編『現代世界経済論の課題と日本』（同文舘出版，1989年）．
グラツィア・イェットギリエス『多国籍企業と国際生産』（井上博監訳，同文舘出版，2012年）．
坂井昭夫『国際財政論』（有斐閣，1976年）．
秋野晶二ほか編『グローバル化とイノベーションの経営学』（税務経理協会，2018年）．
ジェフリー・ジョーンズ『国際経営講義』（安室憲一・梅野巨利訳，有斐閣，2007年）．
スティーブン・ハイマー『多国籍企業論』（宮崎義一監訳，岩波書店，1979年）．
奥村皓一・上田慧・夏目啓二編『テキスト多国籍企業論』（ミネルヴァ書房，2006年）．
関下稔『国際政治経済学要論』（晃洋書房，2010年）．

---

(30) 青島矢一・加藤俊彦『競争戦略論（第2版）』（東洋経済新報社，2012年），83ページ．

(31) サスキア・サッセン『グローバル・シティ』（伊豫谷登士翁監訳，筑摩書房，2008年）．

(32) 以上は，「米中二極体制」（イェン・シュエトン「流れは米中二極体制へ──不安定な平和の時代」竹下興喜監訳，『フォーリン・アフェアーズ・リポート』2019 No.1，2019年1月）とよばれる今日の国際関係を読み解くうえでカギとなる．

論 点

技術進歩と「雇用なき成長」

　英『エコノミスト』誌シニア・エディターのライアン・エイヴェントは，『デジタルエコノミーはいかにして道を誤るか』(月谷真紀訳，東洋経済新報社，2017年)で，「デジタル革命」が仕事を変質させ，労働力を過剰化すると指摘している．その理由の第一は自動化が進んでいるからである．AI(人工知能)の進歩に代表される情報処理技術の発達は，一部の職業の「機械」への代替を進める．

　第二に，デジタル革命が進むことでグローバル化に拍車がかかり，先進国の雇用が喪失したからである．情報技術なくして，過去20年間に世界で広がったサプライチェーン(部品供給網)を先進国の多国籍企業が管理することは不可能だった．また，もし，こうした条件がなければ，中国をはじめとした新興諸国の成長はもっと遅かったはずだ．

　第三に，スキルの高い労働者の生産性をテクノロジーが大きく押し上げたことで，以前なら大勢の人員を要した仕事が高技能労働者だけでできるようになったからである．こうした自動化，グローバル化，スキルの高い少数の人の生産性の向上という三つのトレンドが重なって労働力の過剰化が進んでいる．

　しかも，エイヴェントは，将来の雇用機会は，仕事を自動化するテクノロジーと労働力の過剰化によって制限されるだろうと予想する．また氏は，この二つの要因は，①高い生産性と高い給料，②自動化にたいする抵抗力，③労働者の大量雇用の可能性の三つを同時に達成することはできないという「雇用のトリレンマ」につながるとも指摘する．

　しかし，雇用が失われ，一部の高技能者のみが富を獲得する経済は，長くはもたないということがこれまでの常識だった．これは単に経済が「需要不足」に直面するからということだけではなく，中長期的にみた供給面

での制約も生じるからである.

　すなわち，多くの人が職を失ってしまうと，職業生活をつうじた新技術の発見や導入が滞り，結果として広い意味での技術進歩も低迷してしまう. つまり，技術進歩と雇用は互いに補完性があるものと考えられてきた.

　しかし，ダロン・アセモグルらの論文「ロボットと雇用」(Daron Acemoglu and Pascual Restrepo, "Robots and Jobs: Evidence from US Labor Markets," *NBER Working Paper* No. 23285, March 2017）は，労働力を代替するという今日の技術進歩の特徴をふまえるなら，経済が成長する下でも，労働者の所得が低迷し，所得格差が拡大する可能性があると指摘する. つまり，雇用が失われ労働者の所得も低迷しているのに技術は進歩し，その結果経済も成長を続ける，という.

　このシナリオが正しいとすれば，すくなくとも経済的にみれば，所得格差の拡大の歯止めはないということになってしまう. 政策の役割は大きい.

終　章

現代の企業統治と倫理・社会的責任

本章では，企業統治および企業倫理・社会的責任における概念について述べた後，それら機関・制度の具体的構造について解説する．また，統治構造が形骸化している現状や機能不全を発生させている原因についても概観する．

【キーワード】

株式会社　　企業統治　　企業倫理　　企業の社会的責任　　商法・会社法

1．企業統治

経営者の専横と株主権益の侵害

　企業統治（corporate governance）とは，簡単にいえば企業（corporation；enterprise）の行動を方向づけするためのシステムである[1]．この用語が世界で初めて用いられたのは1960年代末から70年代初頭にかけてのアメリカであるが，日本では90年代初頭におけるバブル経済（economic bubble）の崩壊をきっかけとして徐々に用いられるようになっていった．では，なぜ企業統治といわれるシステムが社会的に重要視されるようになってきたのか．そこには大きく二つの理由があったといえる．

　まず理由としてあげられるのは，株主（stockholder，shareholder）の権

---

(1) 重本直利編著『ディーセント・マネジメント研究』（晃洋書房，2015年），218ページ．

終章　現代の企業統治と倫理・社会的責任　　**235**

益を侵害するにいたった経営者（manager）の行動である．現在，日本における企業形態としては，個人企業（proprietorship）および合名（general partnership），合資（limited partnership），合同（limited liability），株式の各会社がある．そして，株式会社（joint-stock company, corporation）以外の形態では，一部を除き基本的には所有と経営が一致している．つまり，出資者（investor）がかならず1名である個人企業はもちろんのこと，法人化された会社においても社員（1名〔合資会社のみ2名〕以上から成る出資者＝所有者）が直接経営をおこなっているわけである．しかし，すべての出資者が会社の代表権や業務執行権をもって直接経営をおこなうとなると，考え方の違う者どうしが会社を一つの方向へ進めていくことが困難となるため，おのずと出資者数に限界が出てくる．また，個人事業主と合名会社の社員，および合資会社の社員のうち，無限責任社員にたいしては出資額を上限としない無限責任（unlimited liability：企業の負債額全額が出資者個人の責任とされる）が課せられる．こうしたことも出資者に出資を躊躇させる要因となっている．よって，これらの企業においては事実上調達できる資金に限度があることから，多額の資金を必要とする大規模事業を展開することはほぼ不可能となっている．そのため，大規模事業をおこなうには，こうした状況を打開する必要があったわけだが，そうしたなかで生み出されたのが株式会社制度である．

　株式会社は，他の会社形態とは異なり大規模事業をおこなうために生み出されたもので，言い換えれば事業に必要な多額の資金を調達しやすくした制度ということになる．つまり，株式会社とは社会的遊休資金を広く多方面から集めやすくするために，資本の証券化と証券の譲渡自由性，および出資者全員の有限責任（limited liability）制を法的に確立した制度なのである．

　一方，株式会社においては，所有と経営の分離（separation of ownership from management）が進むことにもなった．つまり出資者であり所有者でもある株主が，直接経営をおこなう存在ではなくなっていったということである．というよりもおこなえなくなったといったほうが正確かもしれない．広く出資を募るということは，株主が何千，何万という数にいたるケースもあるわけであり，そうなると何か議題があるたびに株主全員が集まることは現実的ではなくなってくる．また株式譲渡により，いつでも会社を離れること

ができる株主にたいして，経営権を与えたり会社の機密事項を教えたりする
わけにもいかない．さらに事業が拡大するにともない会社組織や管理のあり
方も複雑化することから，出資をしたというだけでかならずしも経営能力を
有しているとは限らない株主が直接的に会社を経営することは次第に困難と
なってくる．そのため会社の管理・運営にはその能力に秀でた経営のプロ，
すなわち専門経営者（professional manager）が必要となってくる．この専門
経営者は取締役（director）とよばれ，彼らは株主によって構成される株式会
社の最高意思決定機関である株主総会（general meeting of stockholders）によ
って選出される．

　さて資本金（capital）を増額するため発行株式数を増やしていくと，株式
の分散化が進むとともに発行株式総数に占める個々の株主の持株比率は次第
に低下していくことになる．そうした状況が進んでいくと，会社経営に影響
をおよぼすだけの力をもつ株主が存在しないという状況が現れてくる．いわ
ゆる経営者支配（management control）である．この経営者支配の状況になる
と，最終的に経営者は株主総会をも支配するようになり，その結果，取締役
の選任さえ意のままにおこなえるようになってくる．そのため何者にも束縛
されず自由の身となった経営者のなかには暴走や不正をおこなう者が現れる
ようになり，その結果，会社資産や株主の権益が脅かされるという事態がし
ばしば発生するようになっていった．そこで，こうした状況にメスを入れ，
株主の所有者権益等を守るシステムの必要性が増していくことになる．この
ことが，企業統治が重要視されることになった一つめの理由である．

現代企業の大規模化と社会性の増大

　展開する事業や企業規模が拡大すると，企業に関わるステークホルダー
（stakeholder）の種類や人数も増加していくことになる．ステークホルダーと
は利害関係者のことで，株主，従業員（employee），顧客（customer）・消費
者（consumer），および地域住民（local resident）などのことである．本来，
企業とは継続的に商品（merchandise）やサービス（service）を生産・提供す
ることによって利益を獲得するための経済単位にすぎないが，規模が拡大
してくると単に利益を出せばよいという存在に収まらなくなってくる．たと

えば大企業が利益を優先するあまり不採算部門の切り捨て，大量リストラ（restructuring）等を実施すれば，そのことは多くの従業員に困窮をもたらすだけでなく，社会全体にたいしても大きな悪影響をおよぼすことになる．

現代企業は単なる経済単位の枠を超え，社会的性格を強く帯びた社会的制度にもなってきており，株主利益さえ考えていればそれでよいという立場からは，もはや大きくかけ離れてしまっているのである．そこで大規模な株式会社では，株主利益の考慮だけでなくさまざまなステークホルダー間の利害調整をもおこなう必要性が出てくることになるのだが，このことが企業統治の重要性が増す二つめの理由といってよい．

企業統治構造

企業統治の目的は，資本主義経済の下で確実に利益を出し，かつ不正を起こさない経営をおこなっていくことである．そしてこの目的のために規律づけられるのは，株式会社における経営者である．では経営者を規律づけるために，どのようなシステムが構築されているのであろうか．以下では，上場している会社法（corporation law；company law）上の大会社[2]を前提に話を進めることとする．

経営者の規律づけシステムとして，どの企業にも設置されてきたのが会社機関である．すなわち株主総会，取締役会（board of directors），および監査役会（board of company auditors）などである．これらの設置は会社法（2006年以前は商法）で定められているのだが，形骸化が進んでいるという状況があった．そこで経営者行動にたいするモニタリングをいっそう機能させるために，これまで株主や監査役の権限を高めるための法改正が数度にわたりおこなわれてきた．

まず株主権の強化であるが，経営者に牽制を加えるうえでもっとも効果的であったのは株主代表訴訟制度の改正であろう．これは取締役の法令や定款に反する行為等によって会社が損害を被った際，会社自身がもつ損害賠償請求権を株主が代行し，責任ある取締役に民事訴訟を提起できるという制度で

---

(2) 資本金 5 億円以上または負債総額 200 億円以上の会社．

ある．原告である株主が勝訴した場合，被告の取締役は個人財産でもって賠償しなくてはならないことから，同制度は取締役に大きなプレッシャーを与え健全経営を目指すには大変効果的であると思われた．しかしながら，訴訟手数料が請求額に見合うだけのものとされ高額であったことなどから，商法に定められた1950年以降，同制度の利用者は年間1件あるかないかという状況であった．ところがバブル経済崩壊後における企業の業績悪化，不正頻発などを背景として，1993年に訴訟手数料が請求金額に関係なく一律8200円（2003年より1万3000円）とされると，翌年には訴訟の係属件数が早くも100件を超える状況となり，原告側の勝訴または事実上勝訴といえる和解で結審するケースも増加していった．

　株主権の強化と同様，法改正ごとに監査役による経営者へのモニタリング機能の強化もはかられてきた．紙幅の関係上詳細は割愛するが，大会社における機能強化のために採られてきた主な改正点は，監査役の人数増員と任期の延長（現在は3名以上，任期4年），社外監査役導入の義務化（現在は監査役の半数以上）と「社外」規程の厳格化，監査役会設置や監査役の取締役会出席の義務化などである．

　取締役会の改革を中心とした会社機関設計の根本的見直しも進んできている．もともとは従来型といわれる監査役会設置会社しかなかったのだが，現在はそれに加え指名委員会等設置会社や監査等委員会設置会社を任意で選択することができるようになっている．指名委員会等設置会社では，取締役会内に過半数を社外取締役（outside director）とする3名以上の取締役で構成された指名委員会，監査委員会（これにより監査役は設置しない），および報酬委員会を設ける必要がある．たとえば指名委員会では，株主総会に提出する取締役の選任・解任議案を決定し，報酬委員会では各取締役や執行役（executive officer）の報酬内容を決めることとなっている．こうした形をとることにより，特定の取締役による独断専行を防ごうというわけである．

　なお執行役とは業務執行をおこなう者のことであり，指名委員会等設置会社にのみ設置される役員のことである．執行役は取締役会によって選任され，取締役は彼らの職務執行の監督業務に専念することになる．しかしながら，取締役と執行役（任期はどちらも1年）の兼任は可能となっており，また

実際に兼任者は多いことから，この点が同制度のもつ問題点の一つとなっている．

　監査等委員会設置会社は，平成26（2014）年会社法改正により導入されたものであり，現在選択できる三つの形態のうちもっとも新しいものである．監査等委員会設置会社では，監査役会設置会社と同様に株主総会で取締役を決定するのであるが，その際，業務執行をおこなう取締役と監査等委員会を構成する取締役の2種類の取締役を別々に選出する．監査等委員会は社外取締役を過半数とする3名以上の取締役で構成され，業務執行取締役を監査・監督する役割を担う．よって指名委員会等設置会社と同様に監査役はおかれない．任期は監査等委員である取締役は2年であり，業務執行を担う取締役は1年となっている．

　以上のように，法改正では経営者（取締役）行動にたいする監視・牽制機能を向上させるため，株主総会では影響力を発揮できない群小株主でも取締役を訴えることができるようにしたり，取締役と監査役の双方において外部から招いた社外役員（社内役員のように企業内でのしがらみ等がなく，健全経営にむけた役割が期待されている）の導入を義務づけたり，監査・監督者側の任期を業務執行者側の任期よりも長く設定したりするなど，実にさまざまな試みがおこなわれてきた．また個々の企業において個別のガバナンス改革もおこなわれてきているが，それらは法改正とリンクしながら進められているといってよい．

　なお金融庁と東京証券取引所がとりまとめをおこなったコーポレートガバナンス・コード（corporate governance cord）が，2015年6月から適用開始（2018年6月改定）されている．同コードは上場企業が遵守すべき規範を示したものであり，「株主の権利・平等性の確保」「株主以外のステークホルダーとの適切な協議」「適切な情報開示と透明性の確保」「取締役会等の責務」および「株主との対話」といった5つの基本原則（基本原則の下に原則が31，補充原則が42ある）が謳われている．これら各項目のなかでは，経営者支配を助長し企業の成長・発展に何ら寄与しないと考えられる政策保有株（相互持合株）の削減や独立社外取締役（independent outside director）2名の選出など，法的拘束力のない要件が求められている．ただし，法的拘束力はないといっても，各

企業が同コードの求める要件や基準を満たさない場合には，コーポレート・ガバナンス報告書においてその理由を説明することが必要となっている[3].

2. 企業倫理・社会的責任

企業倫理

　企業倫理（business ethics）に確定した定義はないが，おおよそ「企業活動において個人（経営者から各従業員まで企業活動に関わるすべての会社構成員）や機関・組織，および法人としての会社それ自体が遵守すべき道徳的規範（moral model；moral standard）」として理解されている．この企業倫理が近年特に注目されるようになった背景には，企業の社会的影響力の増大といったことが大きく関わっている．つまり大企業による反倫理的・反社会的行動の頻発によって，多くのステークホルダーが甚大な被害を被っているという現状を改善するために，企業倫理は企業統治と同様に必要不可欠なものになってきたのである．

　また企業倫理は企業統治と同じく企業不正を防止するという目的をもっているが，その達成にむけた方法は根本的に異なる．企業統治はシステムで経営者に圧力をかけ，それによって企業不正の発生を防ごうとする．一方，企業倫理は会社構成員の倫理観，道徳心を高めることによって，不正の発生を抑えようと試みる．

　さらに企業統治の規律づけの対象が経営者であるのにたいし，企業倫理の規律づけの対象は企業目的に則して活動するすべての会社構成員となる．この規律づけは，会社構成員全員が高い倫理観をもっていれば個々の構成員はもちろんのこと，彼らによって構成される企業それ自体も不正や反倫理的行為は起こさないであろうという考えのもとで実施されているといってよい．

---

(3) 日本取引所グループホームページ https://www.jpx.co.jp/news/1020/20180601.html（2019 年 4 月 5 日アクセス），および樋口達・山内宏光『コーポレートガバナンス・コードが求める取締役会のあり方』（商事法務，2016 年），5 ～ 11 ページ.

なお企業統治には，不正防止以外に効率的な意思決定による適正利潤獲得という目的があった．しかし企業倫理には従業員にたいして労働の対価に見合った賃金を支払うといった経済的責任はあるものの，業績向上や株主利益の最大化に関わる目的はない．

さて企業倫理はシステムではなく規範であるが，この規範を会社構成員に浸透させるためのものとしての制度・システムは必要となってくる．主なものをあげると，企業倫理綱領，企業行動指針，企業倫理委員会，企業倫理教育・研修，企業倫理相談窓口，および内部通報制度（internal reporting system；whistleblower system）などである．企業倫理綱領と企業行動指針は規範そのものを明文化したものである．この二つの間に厳密な区分けがあるわけではないが，一般的に前者は幾分抽象的で大まかな方向性のみ示しており，後者は状況ごとに採るべき詳細な行動内容が示されているものが多い．片方のみ設けている企業もあれば，双方を設置している企業もある．また行動指針に関しては携帯用のハンドブックを別途従業員に配布している企業も多い．

上にあげたもののうち，企業倫理委員会以下は倫理綱領，行動指針を職場に浸透させ，構成員にそれを遵守させるためのサポート機能を担わされたものである．その中心となるのが常設の専門部署である企業倫理委員会であり，通常，同委員会が綱領や指針の見直し・改訂，倫理教育・研修の計画や実施等，多くの役割を果たすことになる．また内部通報制度は行動指針に反する行為等を目にしたが，相談できる相手がいない場合（職場全体で不正をおこなっていることから上司にも相談できない等）に用いるもので，通報先は1か所の企業もあれば複数設けている企業もある．複数の場合，社内と社外の双方に設置しているケースがほとんどで，社外の窓口は企業が委託契約をしている弁護士事務所などが多い．なお企業倫理相談窓口を内部通報の連絡先とは別に設置している企業も多い[4]．

---

(4) 田中照純・劉容菁・西村剛編著『企業倫理を歩む道』（晃洋書房，2010 年），51 〜 52 ページ，55 〜 57 ページ.

企業の社会的責任

　企業の社会的責任（Corporate Social Responsibility：CSR）とは，企業が社会にたいして果たすべき責任のことである．そのため，社会から求められるものが異なると，おのずと社会的責任も変化する．よって，国や時代が異なると社会的責任も違ったものとなってくる．

　日本においては，終戦直後から高度成長時代にかけて企業にもっとも求められた社会的責任は，生産活動によって利益を出し，従業員にたいして生活できるだけの賃金を支払うことにあった．しかし高度成長後は，四大公害病などをきっかけに環境問題を起こさない責任にも重きがおかれるようになっていった．さらに2000年代に入ると，企業の社会的責任は一般にCSRとよばれるようになり，これまで求められていた経済的責任，法的責任，社会的責任に加え，新たに社会貢献的責任も求められるようになっていった[5]．社会貢献的責任とは，企業が本業での貢献だけに限らず，本業以外の分野においても果たすべきとされる社会的立場に見合った責任のことである．こうした責任を果たすために，各企業は植樹などの環境保全活動，スポーツ・文化芸術支援活動，および各種ボランティア活動などに積極的に取り組んでいる[6][7]．

3. 企業不正と機関・制度の形骸化

　ほぼすべての上場企業は，一見完璧なまでに不正防止のための機関・制度を重層的に構築してきている．しかしながら，そうした状況にありながら不正は繰り返されており，なくなる気配はない．今，こうしている瞬間にもおそらくどこかの企業で不正はおこなわれていることであろう．では，なぜ機関・制度が機能不全に陥り，形骸化してしまうのか．

　企業統治の役割を果たす機関としてまずあげられるのは，株主総会，取

---

(5) 産業界において CSR に関する議論や取り組みが活発化した 2003 年は，日本における CSR 元年といわれている．

(6) 田中・劉・西村編著，前掲（4），54 ～ 55 ページ．

(7) なお，企業は本業に専念して利益を出し，法人税等の税金を納めさえすればよいのであって，本業以外の社会的な活動は本来，国や地方自治体に任せるべきものであるとする主張も根強く存在する．

締役会，および監査役会である．しかしこれらの機関は長年多くの企業で形骸化しているといわれてきた．たとえば最高意思決定機関である株主総会では，経営陣が株式の相互持ち合いをおこなっているグループ企業等から委任状を取得，総会が始まる前に議決権の過半数を確保し，総会での決議は形式的におこなわれているにすぎない企業が圧倒的に多い．定時株主総会は年に1回でありながら，1時間以内で終了するといった具合である．よほどのことがない限り経営陣側が選任した役員が否決されることはなく，きわめて業績が低迷していたり，不正が発覚したりした一部の企業を除けば，持株数の少ない多くの個人株主などは質問や意見する機会すら与えられていないのが現状である．

　取締役会や監査役会はどうであろうか．たとえば外部から選出される社外取締役や社外監査役は社内におけるしがらみなどもなく，経営において問題点があればそれらを端的に指摘することなどが期待されている．しかしながら，社内事情に詳しくない外部の者が果たせる役割はそう大きなものではなく，むしろ限定的だと考えるのが賢明である．また多くの企業では最高経営会議や常務会などと名づけられた一部の取締役だけでおこなわれる会議があり，重要な議題はすべてそこで話し合われ，取締役会ですらそうした会議の事後承認機関になっているともいわれている．当然，外に漏れると都合の悪い情報は取締役会でも取り扱われないので，社外取締役や取締役会に出席する監査役でさえも，不正を指摘するどころか問題点を把握することすらできない状況になっている．

　健全経営にむけてもっとも効果を発揮している制度として株主代表訴訟制度があるが，情報が隠蔽，または虚偽の情報が流されている状況の下では，当然のことながら株主は同制度を利用して問題ある取締役を訴えることはできない．実際，これまで上場企業の取締役らにたいして提起された訴訟の多くが，新聞紙上などで不正の詳細が報じられた後になされたものであった．

　企業倫理制度についてもみてみよう．まず綱領や行動指針についてであるが，そもそもこれらの明文化された規範を確認していない者が多い．以前，筆者がトヨタ自動車の従業員にたいして実施した調査でも，グループマネージャーという立場にある者ですら3か月前に発表されたばかりの行動指針に

ついて，内容はおろかその存在すら知りえていなかった．指針には罰則規定がないものも多いことから，さほど重要視していない従業員が多いことは想像に難くなく，どれだけの効果が発揮されているのかは未知数である．東芝，三菱自動車，および神戸製鋼所などのように職場全体で不正がおこなわれていたようなケースでは，上司の指示に逆らってまで行動指針に従う者がどれほどの数いるであろうか．周りに相談できる相手がいない環境下では，内部通報制度を利用するといった方法もある．しかし過去には通報先の相談窓口担当者（社外弁護士やコンプライアンス室の室長）が守秘義務を守らず相談内容が漏洩し，その結果，通報者が報復措置（自宅待機命令）や組織的嫌がらせ（人事権の乱用による違法配転など）を受ける事態にまで発展したケースもあった．こうなると，誰もが内部通報制度を信用できなくなり，利用したくてもそれをためらうことになってしまう．まさに形骸化である．

　以上，機関や制度が形骸化してしまっている主な原因について述べたが，こうしたシステムが経営者に少なからずプレッシャーを与え，緊張感をもたらしていることもまた事実である．よって，企業不正をなくしていくためには，消費者や市民による企業行動への監視を強めていくとともに，今後も地道に職場風土の改善に努め，不正防止のための制度改良をおこない続けていくほかはないものと思われる．

【参考文献】
佐久間信夫・田中信弘編著『現代 CSR 経営要論［改訂版］』（創成社，2019 年）．
樋口達・山内宏光『コーポレートガバナンス・コードが求める取締役会のあり方』（商事法務，2016 年）．
重本直利編著『ディーセント・マネジメント研究』（晃洋書房，2015 年）．
井上泉『企業不祥事の研究』（文眞堂，2015 年）．
樋口晴彦『企業不祥事研究』（白桃書房，2012 年）．
田中照純・劉容菁・西村剛編著『企業倫理を歩む道』（晃洋書房，2010 年）．

事項索引

あ

ICT　28, 114, 170, 207, 209, 210, 211, 212, 213, 215, 218
アウトソーシング　165, 222
アニマル・スピリッツ　61
アメリカ経営学　10, 38, 40, 41, 49, 50, 51, 52
アライアンス　122, 137, 138
暗黙知　cf. 形式知　120, 121, 208
E コマース（EC, 電子商取引）　29
EC（E コマース, 電子商取引）　29, 215
e ビジネス　207, 213, 214, 216, 217
e-ラーニング　167
育児・介護休業法　162
意思決定　40, 44, 50, 57, 68, 91, 102, 107, 108, 109, 111, 112, 113, 156, 170, 208, 209, 210, 242
意思決定指向的経営経済学　40
一元論　34, 36, 37
1 個流し　183
イノベーション　30, 121, 122, 135, 136, 137, 139, 149
イノベーターのジレンマ　137
インターディシプリナリー（学際的研究）　37
インターネット　31, 113, 121, 135, 207, 209, 212, 213, 214, 215, 216
インターバル制度　170, 171
インターンシップ　159
インダストリー 4.0　213
インタビュー　35, 50
売上高利益率　97, 98, 99
売り手の交渉力　⇔買い手の交渉力　131, 132
営利社会　21, 22
AI（人工知能）　46, 64, 114, 207, 214, 216, 217, 233
SNS（ソーシャル・ネットワーキング・サービス）　29, 31, 171, 215, 217
M&A　56, 71, 72, 73, 222, 224

か

ME 化　66
エンプロイアビリティ　168
OR（オペレーションズ・リサーチ）　40, 95
OEM　137
オートメーション　58, 93, 148
オペレーションズ・リサーチ（OR）　40, 95
オンラインプラットフォーム　207, 215, 216

GAFA　21, 29, 30, 31, 216, 217
海外現地生産　219
会社法　68, 235, 238, 240
改善活動　192, 195, 200, 203, 204, 206
買い手の交渉力　⇔売り手の交渉力　131, 132
外部労働市場　⇔内部労働市場　158
乖離品質　148, 149
価格管理　97, 98
価格競争　⇔非価格競争　96, 98, 143
科学的管理法　41, 42, 45, 66, 74, 75, 78, 80, 83, 84, 85, 86, 87, 90, 101, 166
課業　79
学際的研究（インターディシプリナリー）　37
格差社会　26
学習理論　49
確率論　149, 150
寡占　22, 130, 225
価値増殖過程　11, 37, 38, 45, 90, 97, 152
家内工業　cf. 家内労働　51
家内労働　cf. 家内工業　51, 160
金のなる木　128, 129
カフェテリア・システム　165
株式　69, 100, 236, 237, 244
株式会社　10, 22, 38, 56, 59, 68, 69, 70, 71, 72, 73, 99, 100, 103, 235, 236, 237, 238
株式の分散化　237
株主　38, 56, 57, 69, 70, 73, 100, 118, 235,

索　引　247

236, 237, 238, 239, 240, 242, 244
株主主権論　56
株主総会　68, 109, 237, 238, 239, 240, 243,
　　244
過労死　26, 54, 64, 161, 169
川上統合　⇔川下統合　126
川下統合　⇔川上統合　126
関係人口　172
監査役　238, 239, 240, 244
監査役会　238, 239, 240, 244
かんばん　177, 178, 179, 180, 186, 187
管理価格　22
管理過程　88, 89, 90, 92, 99
管理過程論　42
管理監督労働者の二重性　154
管理の二重性　37, 38, 90
管理論のジャングル　41
機会原価　93, 95
機会主義　112
機会主義的意思決定　44
機械制大工業　21, 22, 51, 64, 66, 147
企業形態　10, 22, 57, 58, 59, 60, 67, 68,
　　70, 71, 73, 236
企業系列　59, 96
企業結合形態　59
企業行動指針　242
企業社会　22
企業集団　22, 59, 71
企業主義　192, 195, 198, 199, 200, 204
企業戦略　47, 122, 123, 124
企業中心社会　21
企業統治　235, 237, 238, 241, 242, 243
企業内組合　158
企業内国際分業　219, 225, 227
企業内労働組合　50
企業の社会的責任（CSR）　21, 70, 235,
　　241, 243
企業文化　30, 51, 118, 157
企業文化論　49
企業への忠誠心　157, 165
企業倫理　235, 241, 242, 244
企業倫理委員会　242
企業倫理教育　242

企業倫理綱領　242
擬制資本　102
技能形成　192, 200, 202, 203, 204
機能別戦略　123
規範論　37, 39, 40
キャリア・ゴール　168
キャリア開発　156, 168
キャリア形成　160
QC（品質管理）　147
QCサークル　192, 195, 199, 200, 202,
　　203, 204
供給者選択の機能　148
協業　21, 22, 56, 58, 61, 62, 63, 64, 66, 89,
　　90, 153, 154, 225,
業績評価　166
競争戦略　122, 123, 130, 134, 211
競争優位　47, 123, 124, 133, 134, 211
競争優位戦略　47
協調主義　192, 195, 204
共通目的　107
協働体系　43, 44
業務プロセス　211
業務予算　102
巨大 IT 企業　29, 30, 31
ギルド　61
金融資本　10, 26, 27, 39, 72, 100
組合対策　47
クラウド　187, 214
クラウドコンピューティング　214
グラウンデッド・セオリー　37, 55
グリーンフィールド投資　222, 223, 224
グローカル　26
グローバリゼーション　27, 219, 220
グローバル・スタンダード　27
グローバル・バリューチェーン　219,
　　220, 226, 227, 228, 229
グローバル戦略　23
経営技術　52
経営協議会　196
経営計画　91, 93, 96, 102
経営経済学　38, 39, 40, 48, 49, 52
経営形態　10, 37, 56, 57, 58, 59, 60, 62,
　　64, 68, 70, 73

経営権　195, 196, 237
経営参画　166
経営資源　47, 112, 114, 115, 122, 123, 124, 126, 129, 134, 135, 137, 139, 140, 156, 207, 222
経営者　24, 25, 38, 47, 50, 65, 69, 70, 72, 73, 76, 78, 80, 90, 91, 111, 112, 113, 115, 118, 126, 138, 161, 196, 223, 235, 236, 237, 238, 239, 240, 241
経営者支配　69, 237, 240
経営情報システム　210
経営戦略論　46, 50
経営組織論　50
経営分析　35
計画　79, 88, 89, 91, 92, 94, 102, 188, 211, 242
計画室　79
計画的陳腐化　149
経験曲線効果　127, 128, 129, 132
経済主体　24
経済のグローバル化　26, 27, 28, 47, 68
形式知　cf. 暗黙知　120, 208
系列化　71, 96
ケーススタディー（事例研究）　37
決定論　51
原価改善　93
原価管理　93, 94, 97, 101
原価計画　93
減価償却　41, 100
原価中心点（コスト・センター）　94
原価低減　92, 176, 185, 186, 192, 200, 202, 205
原価統制　93
研究方法論　34, 36
健康経営　170
現象学　37
現状分析　10, 25, 145
コア・コンピタンス　134, 231
コアタイム　162
交換価値　cf. 使用価値　143
貢献意欲　107
合資会社　59, 67, 68, 236
公式組織　⇔非公式組織　43, 44, 106, 108

工場制手工業（マニュファクチュア）　21
工数　185, 186
構想と実行の分離　78, 85, 86
工程計画　93
行動科学　40
高度プロフェッショナル制度　169, 170, 171
合弁会社　138
合名会社　59, 67, 68, 236
コーポレート・ガバナンス　56
コーポレートガバナンス・コード　240
顧客　94, 110, 126, 133, 136, 176, 177, 180, 181, 182, 183, 184, 186, 212, 216, 226, 227, 237
国際分業　27
個人企業　58, 59, 67, 236
コスト・センター（原価中心点）　94
コスト・リーダーシップ戦略　132
国家独占資本主義　47, 92
固定費　65, 157
古典派理論　42
雇用管理　156, 157, 159, 160
雇用システム　156
雇用のトリレンマ　233
コングロマリット　72, 125, 126
コンティンジェンシー・アプローチ　115
コンティンジェンシー理論　36, 45
コンテンツ　215
コントローラー制度　101

さ

サービス　23, 24, 25, 29, 30, 89, 110, 111, 112, 120, 127, 131, 132, 133, 134, 139, 143, 187, 188, 209, 212, 214, 215, 216, 217, 222, 225, 231, 237
財貨　135, 143, 144, 152, 153
サイクル・タイム　181, 183, 201
在庫管理　94, 95, 131, 208, 209, 211
最終製品としての理論　cf. プロセスとしての理論　35
財閥　25
財務過程　88, 99, 101

索　引　　249

財務管理　101, 102
裁量労働制　163
作業長制度　198, 199
サプライチェーン　233
サプライチェーン・マネジメント　212
サプライヤー　178, 179, 181, 182, 183,
　　　187, 226, 227
３６協定　161
差別化戦略　132, 133
産業アップグレード　231
産業革命　21, 22, 27, 40, 48
産業クラスター理論　47
産業構造の高度化　152
産業合理化運動　92, 96
産業資本　10, 27, 89, 95, 142, 145,154
産業の空洞化　27
産業の二重構造　25
産業予備軍　52
三種の神器　158, 210
三段階論　25
参入障壁　131, 149
参与観察　43, 203, 204
C-V-P 関係管理　97
CSR（企業の社会的責任）　21, 70, 243
時間研究　77, 78, 83, 84
自給自足生産　147
事業戦略　123
事業部制組織　111, 112
資金管理　102
資金予算　102
資源ベース学派　cf. ポジショニング学派
　　　130, 134
自己金融　99, 100, 101, 102
自己啓発　165, 167, 168
仕事給　cf. 属人給　164
市場開発　124, 125
市場原理　25, 146
市場浸透　124, 125
市場占有率　30, 99
市場調査　93, 224
システム論　51
自生的発展　145
持続的技術　⇔破壊的技術　136

七五三現象　159
執行役　239
実証研究　cf. 理論研究　34, 35
シナジー　124, 126
支配集中機能　cf. 資本集中機能　10, 22,
　　　100
地場産業　23, 52
資本回転率　95, 97, 98, 99
資本金　237
資本構成の高度化　98
資本指向的経営経済学　40
資本集中　56, 57, 59, 60, 68, 69, 71, 72,
　　　73, 100
資本集中機能　cf. 支配集中機能　10, 22,
　　　100
資本主義　10, 21, 24, 26, 27, 29, 34, 37,
　　　41, 45, 51, 67, 70, 88, 89, 90, 95, 96,
　　　99, 142, 144, 145, 152, 153, 154, 221,
　　　228
資本主義的形態規定　cf. 本源的規定
　　　152, 154
資本主義的蓄積の一般的法則　26
資本主義の原理　11, 51, 145
資本蓄積　57, 59, 71
資本調達　59, 99
資本の証券化　236
資本の有機的構成の高度化　98, 99, 100
資本の論理　21, 22
資本予算　102
資本利益率　97, 98, 99
事務労働　152, 154
指名解雇　197
社会システム論　43
社会的生産過程　63, 153
社会的分業　143, 153
社外取締役　239, 240, 244
ジャスト・イン・タイム　46, 174, 176,
　　　181, 188, 193
ジャパナイゼーション　146
従業員　44, 110, 116, 119, 123, 162, 164,
　　　168, 199, 208, 237, 238, 241, 242, 243,
　　　244, 245
就業規則　161, 162

自由主義　10, 145
重商主義　10, 145
終身雇用制　50, 158
集団主義　50
集団的意思決定　50
集中戦略　132, 133
熟練　74, 75, 76, 77, 78, 79, 85, 86, 203
出資者　67, 68, 69, 236
ジョイント・ベンチャー　138, 222
使用価値　cf. 交換価値　11, 89, 90, 143, 152
状況適合理論　45
状況の法則　42
商業排除　96
証券投資　221, 222
消費　⇔生産　23, 29, 45, 63, 88, 89, 96, 143
消費者　22, 23, 41, 87, 95, 112, 126, 132, 143, 147, 148, 213, 215, 216, 237, 245
商品　23, 27, 30, 37, 45, 60, 62, 66, 89, 94, 96, 117, 135, 139, 143, 147, 148, 152, 154, 181, 207, 208, 209, 211, 212, 214, 216, 237
商品回転率　98
商品の二要因　143
上部構造　11
商法　235, 238, 239
情報　49, 110, 112, 119, 120, 132, 139, 156, 170, 180, 188, 207, 208, 209, 210, 212, 215, 225, 231, 244
情報システム　207, 208, 209
剰余価値率　98
職能給　cf. 職務給　164
職能資格制度　199
職能別組織　111, 112
職場規制　195, 197, 205
職務給　cf. 職能給　164
所有と経営の分離　58, 68, 91, 92, 100, 155, 236
所有と支配の分離　56, 69, 70
事例研究（ケーススタディー）　35, 37, 49, 51
新規参入の脅威　131

人工知能（AI）　46, 64, 114, 207, 214, 233
新古典派理論　42
人事管理　47, 48, 165
人事考課　160, 166
新時代の「日本的経営」　46, 158
新実証主義　40
新自由主義　46
人的資源管理　48, 156, 165, 172
垂直分業　cf. 水平分業　225
水平分業　cf. 垂直分業　225
数理統計学　149, 151
ステークホルダー　56, 143, 237, 238, 240, 241
ストック・オプション　72
ストレスチェック　171
ストレスによる管理　204, 205
スマート化　213
スマート工場　214
生産　⇔消費　11, 22, 23, 26, 27, 37, 38, 41, 42, 57, 60, 62, 65, 66, 73, 75, 76, 80, 81, 82, 83, 88, 89, 90, 91, 93, 95, 96, 99, 101, 102, 123, 127, 138, 142, 143, 144, 147, 148, 152, 153, 154, 175, 177, 180, 182, 183, 184, 186, 192, 193, 194, 199, 200, 201, 210, 225, 229, 237
生産過程　45, 58, 61, 62, 63, 64, 76, 81, 86, 88, 89, 90, 91, 92, 93, 96, 142, 143, 148, 152, 153, 154
生産関係　144
生産管理　74, 75, 81, 86, 87, 90, 92, 147, 192, 196
生産管理闘争　195, 196
生産技術　174
生産計画　92, 93, 177, 180
生産システム　57, 142, 144, 194
生産手段　24, 58, 61, 89, 143
生産的労働　⇔非生産的労働　152, 153, 154, 159
生産と消費の矛盾　41, 92, 95, 96, 142, 143, 147
生産の平準化　181, 183, 193
生産の無政府性　96
生産様式　37, 56, 60, 64, 66, 73, 144, 145,

索引　251

147, 154

生産力　22, 56, 60, 61, 62, 63, 64, 95, 99, 144

政商　25

製造間接費　41

製造技術　cf. 整品技術　174, 187, 188

製品開発　124, 125

整品技術　cf. 製造技術　174, 231

製品差別化　130, 131

整品ポートフォリオ・マネジメント　126, 127, 129

整品ライフサイクル　127, 128, 129

政府　23, 24, 25, 28, 38, 106, 131, 168, 169, 172, 196

性別役割分業　157, 169

世界経済　23, 25, 29, 145

世界市場　27, 92

赤色経済学派　53

責任センター（責任中心点）　94

責任中心点（責任センター）　94

折衷主義　36

前資本主義的な労働関係　146

選択と集中　72, 139

全般的管理　90, 97, 101, 148

専門経営者　91, 92, 100, 101, 237

戦略的情報システム　211

戦略的提携　137, 222, 223, 226

総合的品質管理（TQC）　93, 148

相対的剰余価値　60, 64, 66, 67

ソーシャル・ネットワーキング・サービス（SNS）　29, 215

属人給　cf. 仕事給　164

組織影響力　108, 109, 110

組織均衡　108, 110

組織的怠業　75, 76, 78, 80

組織的知識創造　50, 106, 116, 118, 120, 121

組織の生産性　22

組織理論　49

た

ダイバーシティ　169

ダイバーシティ・マネジメント　169

代表権　236

多元論　34, 36, 37

多工程持ち　185

多国籍企業　23, 25, 27, 68, 72, 219, 220, 221, 222, 223, 224, 225, 232, 233

棚卸資産　94, 99

多能工　⇔単能工　93, 185, 186, 192, 193, 194, 195, 202, 203

タレントマネジメント　48

段階論　10, 25

単純協業　21, 22, 62

単能工　⇔多能工　194

知識　50, 75, 76, 77, 78, 109, 114, 118, 120, 126, 137, 167, 168, 207, 208, 219, 220, 227

知識創造理論　50

中小企業　22, 23, 25, 27, 52, 98

中小企業論　51

中心極限定理　149, 150

長期経営計画　93, 96, 102

長時間・過密労働　169

長時間労働　52, 64, 65, 66, 157, 158, 163, 169, 170

直接投資　26, 28, 29, 219, 220, 221, 222, 223, 224, 226

賃金管理　156, 163

つくりすぎのムダ　174, 177, 183, 184, 193

提案制度　194

TQC（総合的品質管理）　93, 148

ディーセントワーク　146

帝国主義　28, 144, 145, 221

テイラー・システム　41

データ　30, 37, 156, 188, 207, 208, 210, 212, 213, 216, 217

デファクト・スタンダード　138

テレワーク　113, 172

伝記　37

転勤　160

電子商取引（EC, Eコマース）　29, 136, 212, 214, 215

伝達　63, 107, 111, 120, 209

ドイツ経営学　10, 37, 38, 39, 40, 49, 52

同一労働同一賃金　164, 168

252

同期化　74, 82, 83, 84, 86, 183, 194, 195
統計的管理状態　149, 150, 151
統計的品質管理　148, 150
同職組合　61
動態論　40
道徳的規範　241
独占価格　96, 98, 143, 231
独占禁止法　22, 31, 218
独占資本主義　10, 27, 34, 38, 39, 40, 48,
　　51, 92, 101, 145
特別剰余価値　60, 67
独立社外取締役　240
土台　11
ドットコム企業　215
トップ・マネジメント　91, 92, 93, 101
トヨタ生産方式　174, 175, 176, 180, 181,
　　183, 184, 186, 187, 188
取締役　237, 238, 239, 240, 244
取締役会　109, 238, 239, 240, 244
取引　25, 31, 111, 143, 215, 216, 227, 228

な
内部化理論　224, 228
内部通報制度　242, 245
内部留保　100
内部労働市場　⇔外部労働市場　158
流し作業　180
ナラティブ　37
成行管理　90
ナレッジ・マネジメント　50, 208
二大集中機能　10, 22, 38, 100
日本的経営　10, 46, 49, 50, 51, 121, 158,
　　192
日本的生産システム　142, 144, 145, 146,
　　192, 194, 195, 200, 202, 204, 205
日本的労働編成　144
日本の経営学　34, 39, 48, 49, 50, 52
ニューディール政策　70
任意抽出法　149, 150, 151
人間関係管理　43, 166
人間関係論　42, 43, 48
ネットショッピング　209, 214
ネットワーク型組織　112, 114

ネットワークの外部性　29
根回し　50
年功序列制　158
年功制賃金　163
能率　44, 76, 107, 110, 184
能力開発プログラム　168
能力主義管理　199
能力評価　166

は
バーチャル・チーム　114
ハーバード・グループ　42
配置転換　160, 168
配当の利子化　102
破壊的技術　⇔持続的技術　136
派遣労働　65
パターナリズム　162
働き方改革　156, 168, 169, 170
花形商品　128, 129
バブル経済　157, 235, 239
パラダイム論　51
バラツキ　150, 182, 183
バリュー・チェーン　132, 133
反トラスト規制　72
販売時点情報管理　211
非営利組織　59
非価格競争　⇔価格競争　96, 98, 143
非公式組織　⇔公式組織　43, 107, 108
ビジネス・プロセス・リエンジニアリング
　　212
ビジネスアーキテクチャ　231
ビジネスモデル　31, 231
非生産的労働　⇔生産的労働　152, 153,
　　154
ビッグデータ　214
批判経営学　49, 52, 53
批判的合理主義　40
評価制度　156, 165
標準化　74, 82, 83, 138, 185, 186, 194, 203
標準原価計算制度　101
標準作業時間　200, 201, 204
標準作業量　79
貧困化　26

索引　253

品質　79, 93, 132, 142, 143, 146, 147, 148, 149, 176, 185, 186, 190, 212

品質管理　142, 147, 148, 149, 187, 193, 206

品質の作り込み　193

ファイブ・フォース　130

ファブレス企業　138

フィナンシャル・グループ　22

フォード・システム　41, 74, 75, 81, 82, 83, 84, 85, 86, 87

福利厚生　156, 157, 165

不等価交換　28

ブラック・ボックス　57, 231

ブラック労働　26

プラットフォーム　215, 228

フランチャイジング　222

プル生産方式　178

フルライン政策　87

フレキシブル生産　146

フレックスタイム　162

プロジェクト・チーム　113

プロセスとしての理論　cf. 最終製品としての理論　34, 35

分業　21, 22, 42, 56, 62, 63, 64, 66, 175

分散処理システム　210

弁証法　36

変動費　65

法定外福利　163, 165

法定福利　163, 165

ホーソン実験　42, 43, 108

ポートフォリオ　127, 129

ホールディングス　22

ポジショニング学派　cf. 資源ベース学派　130

母集団　149, 150

ポスト・フォーディズム　46

ボトムアップ　50

ホワイトカラー　158, 193

本源的規定　cf. 資本主義的形態規定　152, 154

ま

マーケティング　87, 93, 126, 138, 142, 225, 232

マクドナルド化　46

負け犬　128, 129

マトリックス組織　113

マニュファクチュア　21, 22, 51, 58, 62, 63, 64

マルチメディア　211, 213

三井三池争議　197

みなし労働時間　163

民族誌学　37

無限責任　⇔有限責任　68, 236

無駄排除　90, 96

面接調査　35

メンター　167

目標管理　91, 166

モジュール化　132, 228

モチベーション　156, 163

モデル・チェンジ　148, 149

モニタリング機能の強化　239

問題児　128, 129

や・ら・わ

有限責任　⇔無限責任　68, 236

有効性　44, 45, 107

予算統制　92, 97, 100, 101

ライセンシング　222, 224

ライフステージ　157, 160, 168, 169, 172

ライン労働　202, 203

リーマン・ショック　28, 65, 157

利益計画　91, 96, 97

利益責任単位　111

利害関係者　24, 38, 56, 143, 237

利子生み資本　154

利潤極大化　37, 96

利潤率の傾向的な低下　98

リストラ　238

リストラクチュアリング　72, 134

リテンション　163

流通過程　88, 95, 96, 154

リリーフパースン　204

理論研究　cf. 実証研究　34, 35

稟議制　50

輪番制　197

ルールなき資本主義　146
レギュラシオン学派　46
レバレッジ　134
労使関係　47, 144, 146, 192, 195, 199, 206
労使協議制　199
労働過程　11, 37, 45, 46, 62, 63, 76, 90,
　　154
労働基準法　161
労働強化　65, 90, 96, 203, 204
労働組合　41, 47, 53, 146, 161, 164, 195,
　　196, 197, 198, 199, 204, 205
労働組合主義　199
労働経済学　47
労働時間管理　156, 160, 171

労働指向的経営経済学　40, 53
労働対象　89, 153
労働の人間化　86
労働日　66
労働負担　84, 192, 200, 203, 206
労働力　23, 24, 27, 45, 47, 60, 63, 64, 65,
　　88, 89, 99, 158, 163, 233, 234
労務管理　47, 134, 149, 165, 192, 198, 199,
　　200, 204
ロット　175, 182, 183
ワーク・ライフ・バランス　156, 169
ワーケーション　171
Y 理論　166

人名・企業名・機関名索引

あ

アージリス, C.　119
IMF（国際通貨基金）　28
ILO（国際労働機関）　160
IBM　31
浅野敏　52
アセモグル, D.　234
アップル（Apple）　29, 31, 216, 230, 231, 232
アベグレン, J. C.　127, 128, 129
アマゾン（Amazon）　29, 31, 136, 215, 216
アンゾフ, H. L.　47, 124, 125
井原西鶴　10
伊原亮司　203
岩尾裕純　52
ウィリアムソン, O. E.　112
ウーバー　216
ウェスタン・エレクトリック　43, 108,
　　147
植竹晃久　59
牛尾真造　52
ウッドワード, J.　45
宇野弘蔵　10, 145
エイヴェント, R.　233
エン・ジャパン　171
エンゲルス, F.　35, 54, 55
OECD（経済協力開発機構）　28

OJT ソリューションズ　188

か

海道進　52
カソン, M.　224
片山伍一　52
加藤哲郎　46
川端久夫　52
神田秀樹　68
上林貞治郎　52
儀我壮一郎　52
北川宗蔵　52
キヤノン　134
ギャロウェイ　29, 31
グーグル（Google）　29, 31, 216
グーテンベルク, E.　40
クーンツ, H.　41
クラーク, K.　228
クラウゼヴィッツ, K.　46
クリステンセン, C. M.　136, 137
クレスウェル, J. W.　36
京成電鉄　196
ケインズ, J. M.　64
ケニー, M.　46
ケネディ, A. A.　118
小池和男　202

索引　255

神戸製鋼所　245
コッター，J. P.　118
古林喜楽　52
小松章　59, 67
小宮隆太郎　222

さ

サイモン，H. A.　44, 108, 110, 209
佐々木吉郎　52
サットン，R. I.　35
GM　87, 97, 98
シェーンブルーク，F.　39
篠原三郎　52
シャイアー　71
シャイン，E. H.　117
シャンド，A. A.　48
シューハート，W. A.　147
シュマーレンバッハ，E.　40
シュレー，E. C.　166
シュンペーター，J. A.　135
正力松太郎　196
スズキ　191
鈴木式織機製作所　191
スティーブン，R.　46
ストゥ，B. M.　35
ストーカー，G. M.　45
スノー，C. C.　116
スミス，A.　40, 62
ZTE　232
センゲ，P. M.　119
ソフトバンク　29, 138

た

武田薬品工業　71
タニタ食堂　165
チャイルド，J.　116
チャンドラー，A. D. Jr.　47, 115, 116, 122
チャンピー，J.　212
中部品質管理協会　187
ディール，T. E.　118
テイラー，F. W.　41, 42, 75, 76, 77, 78, 80, 90, 91, 101

デュポン　97, 99
東芝　196, 245
ドッジ，W. F.　147
トヨタ（自動車）　93, 138, 175, 181, 184, 185, 187, 188, 190, 194, 205, 244
豊田自動織機　190
豊田佐吉　184
ドラッカー，P. F.　166

な

ナイチンゲール，F.　54, 55
中西寅雄　52
中村常次郎　52, 58
西成田豊　196
ニックリッシュ，H.　40
日産自動車　137, 190, 206
日産テクシス　190
日本鋼管　196
野口祐　52
野中郁次郎　50, 120
野村正實　202

は

ハーヴェイ，D.　61, 63, 66
バージニア・メイソン・メディカル・センター　187, 188
ハート，O.　57
バーナード，C. I.　43, 44, 106, 107, 109
ハーバード大学　43
バーリ，A.　69, 70
バーンズ，T.　45
ハイマー，S.　223
バックレイ，P.　224
パナソニック　111, 162
馬場克三　52, 59
バベッジ，C.　40, 41
ハマー，M.　212
ハメル，G.　134
ファーウェイ　29, 232
ファヨール，J. H.　42
フェイスブック（Facebook）　29, 31, 214, 215, 216, 217
フォード，H.　41, 43, 85, 100

フォード（自動車）　81, 84, 85, 87, 98, 174, 194
フォレット，M. P.　42
福沢諭吉　49
フッサール，E.　37
プラハラード　134
プリンス自動車工業　190
ブレイヴァマン，H.　45, 46
フロリダ，R.　46
ヘスケット，J. L.　118
ベネッセコーポレーション　165
ベネフィット・ワン　165
ペンシルベニア鉄道会社　69
ホーソン工場　43, 108
ポーター，M. E.　47, 130, 131, 132, 133, 226
ボールドウィン，C. Y.　228
本田技研　93

ま

マイクロソフト　31
マイルズ，R. E.　116
マグレガー，D.　166
マッキンゼー，J. O.　101
松下幸之助　162
松下電器産業　111, 162
マルクス，K.　26, 35, 52, 60, 63, 75
三池炭鉱　197
ミーンズ，G.　69, 70
三井鉱山三池鉱業所　197

三菱自動車　245
三菱美唄炭鉱　196
三戸公　52
宮田義二　199
メイヨー，E.　42, 108
メルカリ　216
モルガン　100
門田安弘　179, 200

や・ら・わ

安田洋史　137
八幡製鉄所　198
ヤフー　215
ヤマト運輸　125, 211
山本潔　196, 197
ヨーダー，A.　47
ライプチヒ商科大学　39
ラングロワ，R.　228
リクルート　188
ルドヴィチ，C. G.　39
ルノー　137, 190
レスリスバーガー，F. J.　42, 43, 108
ロイクス，J. M.　10, 39
ローシュ，J. W.　115
ロート製薬　165
ローレンス，P. R.　115
ロックフェラー　100
ロミッグ，H. G　147
ワイク，K. E.　35, 114, 116

欧文索引

A

administered price　22
advantage　223
Artificial Intelligence　114, 214
Asymmetric Digital Subscriber Line 213
Aufheben〔独〕　36

B

Betriebswirtschaftslehre〔独〕　39

biography　37
blue collar worker　193
board of company auditors　238
board of directors　238
budgetary control　92, 101
built in quality at the production process　186
business　143
business enterprise　143
business ethics　241

索 引　257

business organization 58
Business Process Re-engineering 212

C

capital 237
capital budget 102
capitalism 21, 88
Career Development 168
Career Development Program (CDP)
168
Career Goals (CG) 168
case study 37
cash budget 102
changeover 183
cloud computing 214
company law 238
competitive advantage 133
competitive strategy 130
consumer 237
consumption 143
controller 101
co-operation 22, 58
core competence 134
core time 162
corporate culture 30
corporate governance 235
corporate governance cord 240
Corporate Social Responsibility (CSR)
21, 70, 243
corporation 100, 235, 236
corporation law 238
cost center 94
cost control 93
cost improvement 93
cost management 93
cost planning 93
cost reduction 93
Cost-Volume-Profit relation 97
customer 237
Customer Relationship Management
(CRM) 212
cycle time 183, 201

D

de fact standard 138
decent work 146
Decision Support System (DSS) 210
decision-making 108
differential carrier 202
director 237
disadvantage 223
disruptive innovation 136
diversification 125
Diversity Management (DM) 169
division of labor 22, 175
drifting management 90

E

economic bubble 235
economic principle 145
effectiveness 107
efficiency 107
e-learning 167
electronic business 207
Electronic Commerce (EC) 29, 212
employability 168
employee 237
enterprise 235
equilibrium of the organization 110
ethnography 37
exchange of non-equivalents 28
executive officer 239
experience curve effect 127

F

fabless 138
financial group 22
flexible manufacturing 146
flexible-manpower line 185
flextime 162
Ford Model T 175
FORD Production System 194
formal organization 106
functional organization 90
fund management 102

258

G

general management   90
general meeting of stockholders   237
general partnership   236
global   26, 220
Global Value Chains (GVC)   229
globalization   27
glocal   26
great industry by machinery   22
grounded theory   37

H

high-mix low-volume production   182
holdings   22

I

independent outside director   240
industrial organization   58
industrial relation   192
informal organization   107
Information and Communication Technology (ICT)   28, 114, 170, 207
information systems   209
Information Technology (IT)   29
innovation   135, 149
innovator's dilemma   137
interdisciplinary   37
internal reporting system   242
international   220
international division of labor   27
International Labour Organization (ILO)   160
International Monetary Fund (IMF)   28
Internet of Things   213
inventory   176
investor   236

J

Japanese management   192
Japanese production system   192
Japanization   146
JIDOKA   176

Joint Venture (JV)   138
joint-stock company   236
Just In Time (JIT)   176, 193

K

KAIZEN   186
KANBAN   177
knowledge management   208

L

leveled production   193
life stage   157
limited liability   236
limited partnership   236
local   26
local industry   23
local resident   237
loosely coupling system   114
lot   175

M

management by objectives   91
management by stress   204
management control   237
Management Information System   210
management theory jungle   41
manager   236
manpowersaving   185
manufacture   21, 58
manufacturing systems   142
manufacturing technology   174
mass production   174
mathematical statistics   149
merchandise   237
Mergers and Acquisitions (M&A)   71
moral model   241
moral standard   241
motivation   156, 163
multinational   220, 221
multinational enterprise   23
multiskilling   185

索 引   **259**

N

narrative　37
non-price competition　143

O

Off The Job Training (Off-JT)　167, 206
Office Automation (OA)　210
On The Job Training (OJT)　167
operating budget　102
Operations Research (OR)　40, 95
Organization for Economic Co-operation and Development (OECD)　28
organizational culture　116
organizational influence　109
organizational knowledge creation　120
organizational learning　118
Original Equipment Manufacturing (OEM)　137
outside director　239

P

participant observation　203
paternalism　162
phenomenology　37
platform　215
portfolio selection　127
positioning school　130
price competition　96, 143
process of production　143
product life cycle　127
Product Portfolio Management (PPM)　127
product technology　174
production　143
production leveling　181
production scheduling　92
production systems　142
productive forces　144
professional manager　100, 237
property　143
proprietorship　236

pull system　178
push system　180

Q

Quality Control (QC)　147
quality control circle　192

R

relations of production　144
relief person　204
resource based view　134
responsibility center　94
restructuring　238
retention　163
Return On Investment (ROI)　98

S

Saburoku Agreement　161
sampling　149
scientific management　90
searcher　214
self financing　101
separation of ownership from management　236
service　237
shareholder　235
skilled worker　175
small business　23
small lot production　183
social division of labor　143
Social Networking Service (SNS)　171, 215
society　21
stakeholder　143, 237
Statistical Quality Control　148
stockholder　235
strategy　122
structure follow strategy　115
Supply Chain Management　212
synchronization　193
synergy　124

T

the law of the situation　42
top management　91
Total Quality Control（TQC）　93, 148
total system　142
TOYOTA Production System　174
transnational　220, 221
transnational corporation　220

U

unlimited liability　236

V

value chain　133
volume efficiency　175

W

whistleblower system　242
white collar worker　193
Work Life Balance（WLB）　169
world economy　145

索　引　**261**

執筆者一覧（執筆順）　＊は編者

井上秀次郎（いのうえ・ひでじろう）＊　序章・第1章・第4章・第7章
　京都経済短期大学名誉教授・元愛知東邦大学経営学部教授（経営学／生産管理論，経営情報論）
　『地域活性化のための地場産業研究』（唯学書房，2004年）．
　『経営情報システム』（光陽出版社，2000年）．

安達房子（あだち・ふさこ）＊　第1章・第5章・第11章
　京都先端科学大学経済経営学部教授（経営学／経営組織論，経営情報論）．
　『ICTを活用した組織変革』（晃洋書房，2016年）．
　「組織学習における情報共有――電子コミュニケーションを利用した情報共有の分析」『組織能力と企業経営』（共著，晃洋書房，2008年）．

柴田 努（しばた・つとむ）　第2章
　岐阜大学地域科学部准教授（経済学／日本経済論，コーポレート・ガバナンス論）．
　『［新版］図説 経済の論点』（共編著，旬報社，2019年）．
　「日本における株主配分の増加と賃金抑制構造――M&A法制の規制緩和との関わりで」経済理論学会編『季刊 経済理論』第46巻第3号（桜井書店，2009年）．

牧 良明（まき・よしあき）　第3章
　大阪市立大学大学院経営学研究科准教授（経営学／工業論）．
　「環境統合型生産システムにおける動脈・静脈循環」『環境統合型生産システムと地域創生』（共著，文眞堂，2019年）．
　「日立製作所による戦前期自動三輪車用電装品供給体制の構築」『日本経営学会誌』第40号（2018年）．

岩橋建治（いわはし・けんじ）　第6章
　沖縄国際大学産業情報学部教授（経営学／経営組織論，人的資源管理論）．
　『わが国タクシー産業における規制緩和プロセスの経営学的研究』（関西学院大学出版会 Book Park，2006年）．
　「組織環境の脱制度化プロセスと組織間コンフリクト」『日本経営学会誌』第11号（2004年）．

木村三千世（きむら・みちよ）　第8章
　四天王寺大学経営学部教授（経営学／人的資源管理論）．
　『テキスト マネジメント』（共著，学文社，2004年）．
　「女性の働き方改革」『価値創発（EVP）時代の人的資源管理』（共著，ミネルヴァ書房，2018年）．

木野龍太郎（きの・りゅうたろう）　第9章
　　福井県立大学経済学部教授（経営学／工業経営論，生産管理論）.
　　『ホンダらしさとワイガヤ』（共著，同友館，2016年）.
　　「繊維産地における企業間分業を通じた染色加工技術形成──福井産地の事例より」『福井
　　県立大学経済経営研究』第36号（2017年3月）.

永田　瞬（ながた・しゅん）　第10章
　　高崎経済大学経済学部教授（経済学／経営労務論，社会政策論）.
　　「賃金格差とジェンダー平等──同一（価値）労働同一賃金論の批判的検討」『労務理論学会
　　誌』28巻（2018年3月）.
　　「児島繊維産業における人材育成の課題──技能実習生活用のジレンマ」『サステイナブル
　　な地域と経済の構想』（共著，御茶の水書房，2016年）.

森原康仁（もりはら・やすひと）　第12章
　　専修大学経済学部教授（経済学／国際経済論，アメリカ経済論，産業論）.
　　『アメリカIT産業のサービス化』（日本経済評論社，2017年）.
　　『[新版] 図説 経済の論点』（共編著，旬報社，2019年）.

芳澤輝泰（よしざわ・てるやす）　終章
　　近畿大学経営学部准教授（経営学／企業統治論，企業倫理論）.
　　『中国国有企業改革とコーポレート・ガバナンス』（関西学院大学出版会，2004年）.
　　「企業不正の発生メカニズムと不正防止策の効果」『社会共生学研究』（共著，晃洋書房，
　　2018年）.

装幀　森デザイン室
DTP　編集工房一生社

シリーズ　大学生の学びをつくる
企業と社会が見える経営学概論

2019年10月11日　第1刷発行　　　　　　　　定価はカバーに
2024年3月5日　第3刷発行　　　　　　　　　表示してあります

編　者　　井上秀次郎
　　　　　安達房子

発行者　　中川　進

〒113-0033　東京都文京区本郷2-27-16

発行所　株式会社　大月書店　　印刷　三晃印刷
　　　　　　　　　　　　　　　製本　中永製本

電話（代表）03-3813-4651　FAX 03-3813-4656　振替00130-7-16387
http://www.otsukishoten.co.jp/

©Hidejiro Inoue, Fusako Adachi 2019

本書の内容の一部あるいは全部を無断で複写複製（コピー）することは
法律で認められた場合を除き、著作者および出版社の権利の侵害となり
ますので、その場合にはあらかじめ小社あて許諾を求めてください

ISBN978-4-272-11127-5　C0033　Printed in Japan